「ポスト・グローバル時代」の地政学

杉田弘毅

新潮選書

「ポスト・グローバル時代」の地政学　目次

図版制作　アトリエ・プラン

「ポスト・グローバル時代」の地政学

まえがき

世界情勢を追いかけていると、地球がどこへ向かっているのか、指示してくれる羅針盤があればどんなに楽か、と思う。だが、そんなものはない。できることは、日々のニュース、起きている現象を分析し、歴史をひもとき、その時々の潮流をつかみ、そして将来を冷静に予想していく。その積み重ねでしかない。

冷戦が終わり、世界が民主化と市場経済の果実を味わうと予想した途端に、パンドラの箱を開けたように民族の怨念が噴出し、民族対立が続発した。その代表である旧ユーゴスラビアの流血は10年近くに及び、冷戦時代の方が世界は安定していたとの郷愁さえうんだ。冷戦に勝ちグローバル化の波にも乗り、「一人勝ち」と満足感に浸る米国をあざ笑うように9・11テロが襲い、イスラム圏の憤りの深さを見せつけた。モノ、ヒト、カネ、サービスの相互の流れが太くなれば、中国は民主化されるとの楽観を裏切り、米中は抜き差しならぬ対立が常となっている。

そして欧州の統合プロセスが足踏みし、ドナルド・トランプ米大統領が誕生した。民主主義は世界に広まるどころか、欧米先進国で悪性のポピュリズムの興隆を招き後退を始めた。資本主義経済も格差を拡大するばかりで、このまま続くとは予想できない。分断と怒りが基調となった世界に、このままではいつか破局がやってくると覚悟すべきではないか。

トランプは「自由、民主主義、人権」という普遍的価値観を掲げない。開放された市場経済よりも「米国第一主義」のドクトリンの下で保護主義を基軸とする。世界秩序は自由で開かれた国際秩序から、地域覇権国を中心とした圏域が乱立する仕組みに変わりつつある。地政学の時代である。ついこの間まで世界は自由、民主主義、市場経済の思想に基づく共同体に向かっていくと信じられてきた。しかしトランプ時代の世界では普遍的価値観が軽視されると言うなら、まさに軍事力や資源力、そして広大な国土を持つ大国が大手を振って歩く弱肉強食の時代に逆戻りである。そうなれば、日本のような国は、大国間のパワーゲームの中で埋もれてしまう。不吉な予感がする。

＊　＊　＊

この本は今の世界を「地政学」と人々が抱く「怒り」という二つの軸で分析し、将来を予想したものである。地政学と怒りは、本来まったく異なる性格のものだ。「地政学」とは地理、地形、自然環境、資源など、人間の知恵をもってしても変えられない、いわば不変の要素を基に、政治や戦略を分析し立案していく。

一方、人々の「怒り」とは人が属する民族や宗教、あるいは個人が持つ価値観からして許せない、侮蔑されたと感じた時に持つ感情だ。極めて人間的、個人的な営みであるが、それが国家や国際社会の行方に影響を与えることがある。人間の知恵では変えられぬ国家の運命論である地政学と、生身の人間の思いを一緒に論じることは、無謀に見えるかも知れない。

しかし、30年間の私の国際情勢の取材を通して得た結論は、「地政学」と人間の「怒り」が相互に作用し合って世界を動かす、新しい時代が到来したという認識である。

それは白人の非熟練労働者が抱くグローバル化や移民流入への「怒り」がトランプ大統領を生みだし、そのトランプが、米国が築いてきた自由で開かれた国際秩序に背を向けて、地政学的な戦略をとっていることに表れている。同じ「怒り」は英国を欧州連合（EU）離脱という決定に導き、イスラム圏との間に「壁」もつくった。これも欧州が地続きのイスラム圏に対抗する地政学である。

イスラム圏ではアラブの春とその失敗からくる内戦の中で、人々がたぎらせる「怒り」が、過激なイスラム主義に引き付けられ、結果的に過激派組織「イスラム国」（ＩＳ）の悪魔的な統治を生んだ。欧州のイスラム系移民の2世、3世によるテロも同じような文脈で分析できる。

現在の地政学大国と言えば、何と言っても中国とロシアであろう。中国の習近平国家主席が進める「一帯一路」構想や南シナ海への軍事進出は、地政学で読み解ける。しかし、統治の行き詰まりを対外進出で打開しようという狙いや、かつての大帝国復活の「夢」を中国人に抱かせる様子を見れば、やはりその地政学戦略の裏側には中国人の「怒り」をコントロールし、時に発散させるという思惑が浮上してくる。

ロシアのクリミア半島併合やウクライナ、そしてシリアへの軍事介入は、まさに地政学戦略と評されている。オバマ米大統領の内向き路線で生じた「空白」を埋めるあざとさを印象付けた。

だが、大国の復活を国家目標として掲げるプーチン大統領の地政学戦略を支える一つの柱は、冷戦敗北の屈辱にさいなまれ、行き場のない怒りを蓄積するロシア人の心情である。

水と油のような「地政学」と「怒り」の感情が実は、相互に影響し合っているのだ。

＊　＊　＊

もともと地政学は19世紀の後半に欧州大陸で盛んになったものだ。これはドイツ統一（1871年）に代表される国民国家の出現と軌を一にしている。国民国家の誕生が国家戦略を意識させ、地理や地形、資源が国力をどう決定し、その中で影響圏をどう拡大し国益の実現を図るかという要請が地政学を生んだ。この時期、後進のパワーであったドイツが生存空間の拡大の夢を託して地政学を育てたのもうなずける。

国民国家の誕生とは民主主義の発展プロセスの開始でもあるから、国民の声を政策に組み込んでいく必要性を指導者は意識することになる。普通選挙制度の導入で国民の政治参加が保証され、人々の意向が政治や外交に反映される道が開けたわけだが、国民の感情を基盤にしたポピュリズムの隆盛も始まった。そうした感情が国家の拡張政策を推したという事実は歴史が確認している。この頃「地政学」と「怒り」は表裏一体の関係だったのである。

地政学とポピュリズムは第1次大戦と第2次大戦という悲劇を生み、戦後の世界は侵略を否定し、そして地政学に封印をし、ポピュリズムをどうコントロールするかに知恵が絞られた。国際連合の創設や欧州統合の歩みがそれに当たるし、イデオロギーによる東西対立がグローバルに広がったため、地政学もポピュリズムも一時《いっとき》の力を失った。そして冷戦後は米国が、地政学的な発想を超克する、民主主義と市場経済を共通基盤とするリベラルな国際秩序を打ち立てた。永続的に平和と繁栄をもたらす秩序がようやく確立されたと信じたものだった。

今、そのリベラルな国際秩序は、それぞれの国の外と内で大きく揺らいでいる。

まず外を見てみよう。リベラルな国際秩序を担保するには軍事力を援用し、そうした秩序を破壊する国家を潰す決意をしばしば示さなければならない。リベラルな秩序の中であっても暴力的な独裁国家はある。しかし、国際秩序の担い手だった米国は今、国民が「世界の安定よりも米国の回復」を求め、そうした独裁国家を封じ込める決意があるとは思えない。

内はもっと問題が多い。リベラルな国際秩序のリーダーシップを握る国々は、その民主主義や市場経済が正義を実現していなければ、国際秩序を担う裏付けにならない。だが、格差拡大に象徴される経済の歪み、移民排斥に表れる文化の衝突、そして党派対立から問題を解決できない政治を見れば、欠陥が目に余る。それぞれの国民は怒りや屈辱感をため込み、政治や民主主義への不信を募らせている。これでは国際秩序のリーダーにはなれない。

このように外と内の問題を見て行くと、国際社会を牽引するという責務に背を向けるトランプ大統領は、決して突然変異のように誕生したのではなく、米国、そして広く先進民主主義社会の潮流に乗って登場したと言える。トランプの政権は激しい批判にさらされているが、トランプ後もリベラル、つまり寛容な価値観ではなく、地政学を重んじる大統領が引き続き米国を率いるとみるべきだろう。

となれば、今後の世界は、弱肉強食の地政学的な発想を持つ指導者と人々の「怒り」が作用し合って、もう一度破局に向かうのだろうか。それとも国際協調主義は復活するチャンスをつかむのだろうか。

＊　＊　＊

歴史は鏡になる。ここでは日本で「地政学」と人々の「怒り」が交差し、政府の対外「弱腰」政策を叱咤した日比谷焼打ち事件に触れたい。「地政学」と「怒り」が交差すると、往々にして国は道を誤る。

日露戦争のポーツマス講和条約に反対する国民大会（1905年9月5日）をきっかけに起きた日比谷焼打ち事件は、「民衆が政治上に於て一つの勢力として動くという傾向の流行に至った初め」（吉野作造）と位置付けられる。

日露戦争は日本にとって地政学的な課題である朝鮮半島をめぐる戦争だった。朝鮮半島は日本にとってロシアの南下をストップさせる緩衝であり、日本の本土防衛のための「利益線」とされたから、日清戦争も日露戦争もその支配をめぐって、日本は戦争に出た。

当時は国民国家の誕生から大正デモクラシーが生まれる民主主義の胎動期であり、国民の政治参加が促されていった時期だ。戦争を可能とするには兵士の徴集と軍事費を賄う増税が必要だったが、それを正当化するために選挙権の付与が拡大していった。ポピュリズムの土壌が出来上がったわけだ。日本人は日清戦争の6倍もの死者を出すという多くの犠牲を払った日露戦争での賠償金獲得を当然視していた。しかし米国の仲介でまとめられたポーツマス講和条約は、朝鮮半島の日本の支配権を認めたものの、ほかには南サハリンの日本への割譲だけで、日本人が期待したロシアによる対日賠償金の支払いを認めなかった。

日露戦争は日本の勝利で終わったのだが、実際は軍事力、経済力とも疲弊した日本は戦争継続の余力が残っていなかった。それなのに、新聞は日本の完勝を伝え、国民のナショナリズムを煽り続け、ロシアから賠償金を取れなかった政府批判を先導した。10年前の日清戦争では三国干渉で日本は遼東半島を放棄させられたものの、政府が国民の反発を押さえた。さらに遡れば、同じ朝鮮半島が対象となった明治初期の征韓論は、大久保利通ら岩倉具視遣外使節団派遣の欧米派が「時期尚早。日本は殖産興業に徹すべし」と反対し潰した。しかし、世紀がかわり、選挙権の拡大という民主主義プロセスの進展で政治への参加意識が高まった分だけ、人々の「怒り」は日露戦争では抑制不能となった。

日露戦争は、「昭和の戦争の始まり」と位置付けられる。ポーツマス講和条約はロシアの満州での占領を認めず、よって日本の満州進出を可能とした。これ以降、日本では「日露戦争で費やした20億の金と20万の生霊によって獲得された満州の権益を守れ」とナショナリスティックな掛け声で、満州への地政学的な進出が国民的な課題として唱えられた。やがて満州事変（1931年）が起こり、国民は満州に向けて生存空間を得ようと移住し、そこから日本は泥沼の戦争に突入していった。日比谷焼打ち事件で最初に表れた「地政学」と「怒り」の交差は、半世紀もたたずに、日本を破局に陥れた。

＊　＊　＊

歴史は繰り返すのか、それとも人間の知恵が勝るのか。私は悲観的にならざるを得ない。それは現代の「地政学」と「怒り」の交差の状況は、二つの世界大戦が起きた前世紀前半と比べて、さらに事態を悪化させる環境にあるからだ。ポピュリズムが国の方向を間違えさせた例は歴史上多々ある。だが、今の世界はその危険がかつてなく増している。ここでは三つの理由を挙げたい。

一つは、20世紀前半よりも人々は当然ながら大きな政治的発言権を持っている。選挙権の拡大など広範な民主化とその深化の結果であり、それ自体は素晴らしいことであるのは間違いない。だが、それだけ人々が「怒り」をぶつけ、政治を動かす機会が増えたことになる。しかし政治の方は「怒り」をうまく吸収して穏健な政策に転換する知恵を持っていない。

二つ目は「怒り」の源である。ここ数十年の技術革新とグローバル化の結果、人々の職の環境が大きく変わった。非熟練労働者を吸収する製造業の雇用のかなりの部分が先進国から消えた。しかし新たに大型の雇用を生み出す産業は育っていない。悪化する一方の格差を修正する手立ても見つからない。グローバル化がもたらした、異質な文化を持つ移民とのさまざまな衝突も日常的になった。「怒り」は解消されずに蓄積、凝縮するばかりである。

そして三つ目に、メディアの「民主化」がある。伝統的メディアが独占してきた言論空間は、デジタルメディアやソーシャル・ネットワーキング・サービス（SNS）に開放され、誰もが政治的なメッセージを不特定多数の人々に発信できるようになった。時には荒唐無稽のフェイクニュースも流れ、人々の心に影響を与える時代が到来したのである。中東の民主化運動「アラブの春」、過激派組織「イスラム国」（IS）の台頭、英国の欧州連合（EU）離脱、そしてトランプの大統領選当選など、世界を揺さぶった最近の激動はすべて「民主化」されたメディアを駆使して実現した。

これらの三つの新しい現象を考えると、現代とは過去のポピュリズムが国の道を誤らせた時代よりもはるかに危険な状況であることが理解できる。そんな問題意識を基に、世界の現状を描き、その行方を探ってみた。

第1章は自由で開かれた国際秩序の担い手であった米国に、トランプ大統領というリベラルな価値観に重きを置かないリーダーが誕生し、大国間の地政学ゲームが始まった世界を描いた。プーチンという地政学の天才が仕掛けたゲームに引き寄せられて、米国がその土俵に乗った経緯を写実してみた。

第2章は地政学の歴史、特に日本との因縁や、現代の大国地政学のルールである地経学について説明した。第3章はリベラルな秩序の担い手である米国でなぜ、地政学的な思考をするトランプ大統領が誕生したのかを分析するのに欠かせない「忘れられた人々の怒り」を分析した。英国の欧州連合（EU）離脱でも同じ傾向が読み取れる。経済格差、文化摩擦、そしてフェイクニュースがキーワードである。

第4章は世界の「怒り」の震源地であるアラブ世界の実情と、地政学ゲームで主役を占めるロシアと中国の戦略の背後にある人々の価値観や「怒り」の相関関係を描いた。第5章は歴史上もっとも人が移動する時代である現代において、現状への「怒り」を抱きよりよい生活を求めて動く移民が国家の性格、世界の力のバランスを変えていく様子に焦点をあてた。移民が集まるリベラルな都市と保守的な地方の対立も、現代世界の分析には欠かせない。

第6章は歴史を背景に地政学と「怒り」が交差する現在のホットスポットを見てみた。いずれも緊張や衝突の火薬庫であり国際政治の矛盾の凝縮点である。

大国地政学、人々の怒りという二つの一見無関係な、しかし底流で密接に関連する現象に注目し世界の動きを追って行くと、その先に未来の行方を決めるいくつかの分岐点が浮かんでくる。これらの分岐点を世界を見る指標として第7章でまとめた。その未来像がどこまで説得力を持つかは、読者の判断を待ちたい。

第1章

「第二のヤルタ」への道

思い起こすと、随分奇妙な会話だった。

2016年6月17日、ロシア・サンクトペテルブルク。エネルギーメジャーを中心に世界のトップ企業の最高経営責任者（CEO）らが集う世界経済フォーラムであったウラジーミル・プーチン大統領の講演でのことだ。この講演会では第二部としてプーチンとCNNキャスターで国際政治の専門家ファリード・ザカリアとの対談が行われた。

ちょうど米大統領選の予備選で泡沫候補と言われたドナルド・トランプが共和党の指名獲得を確実にし、民主党のヒラリー・クリントンとの一騎打ちの構図が固まったころだった。トランプ現象に世界は驚いたが、まださまか大統領になるとは思っていなかった。

ザカリアは聴衆の思いを代弁して聞いた。「大統領、あなたはドナルド・トランプのことを『輝かしく、傑出していて、才気煥発』と言っています。なぜそこまで持ち上げるのですか」。プーチンはいつものしかめ面で「彼は個性豊かであるのは間違いない。それにロシアと全面的に関係を復活したいと言っている。歓迎しない方がおかしい」と答えた。

プーチンがオバマ大統領とその後継者であるクリントンのことを嫌っているのは良く知られていた。2012年のロシア大統領選挙で、当時首相だったプーチンの返り咲きを阻止しようと国務長官だったクリントンは反プーチンデモをロシアで起こすなどの工作を仕掛けたと、プーチンは見ていた。ロシアがクリミア半島を併合する引き金となった2013年暮れのウクライナの反ロシア派デモでは、ビクトリア・ヌーランド米国務次官補（欧州担当）が中心となって多額な資金援助などデモを支援したことが明らかになったが、ヌーランドはクリントンの側近だった。だからプーチンがクリントン嫌い故にトランプを応援する発言をしてもおかしくない。だが、この後プーチンは聞かれてもいないのにひとり言のように長い話を続けた。

「しかし、強調したいのはロシアは外国の政治には干渉しないということです。特にアメリカの政治には干渉しない。だからロシアの内政にも干渉してほしくないのです」「それにしても米国では一般投票で負けた候補が2回、選挙人をたくさんとったということで大統領になった。これって民主主義なのでしょうかね」と語ったのだ。灰色の目を光らせて、冗談なのか真剣なのか、米国の政治を嘲笑し続けた。

私は会場でこのやりとりを聞きながら、なぜこれほど米国の大統領選挙について語るのか、と首を傾げた。「ロシアへの内政干渉」とは、米国がロシアに対して民主化を指図していることを指すのは明らかだ。プーチンは、ほっといてくれと言いたいわけだ。だが、当時のオバマ政権はウクライナ問題でロシアと対立していたものの、ロシアの政治体制にまでは表立って口を挟んではいなかったから、奇異に聞こえた。そして米国の選挙制度に疑問を示し、その上でロシアが米国の政治に干渉していない、となぜ今強調する必要があるのか。ピンとこなかった。

しかし、2016年11月の米大統領選の結果を知った今は、「アメリカ政治への干渉」について別のことがプーチンの頭の中にあったと確信する。

2017年1月、米情報機関の最高責任者であるジェームズ・クラッパー国家情報長官が、『米大統領選におけるロシアの行動と意図』と題する調査報告書を公表した。報告書のポイントは、プーチンの指示で、ロシア軍参謀本部の情報機関GRUが組織したAPT28というグループが米民主党全国委員会（DNC）のサーバーにサイバー攻撃を仕掛けて、ヒラリー・クリントンの選挙戦で不利になる情報を盗み出した、というものだ。ロシア情報機関はクリントンをおとしめるこれらの情報を内部告発サイトに渡して、公表させたというのだ。

ロシアの干渉は、米中央情報局（CIA）、連邦捜査局（FBI）、国家安全保障局（NSA）という米国のインテリジェンスの核をなす三つの情報機関がそろって確認しており、「トランプを当選させるためだった」との判断で一致している。クリントンは民主党の中でもネオコン（新保守主義者）的な対ロシア強硬策を提唱しており、プーチンはクリントンの当選は何としても阻止したかったはずである。

米大統領選へのロシアの干渉は、ロシア政府のお抱えメディアであり米国でも放映されている「今日のロシア（Russia Today）」を使ったクリントン攻撃やトランプをベタ褒めする放送など幅広い。中でもクリントンに打撃となったのは、DNCへのサイバー攻撃だ。報告書によれば、GRUが2016年3月からDNCの情報を盗み始め、それは6月まで続いたという。

米タイム誌によると、米国の情報機関はGRU情報将校がDNC情報をせっせと盗んでいた5月の段階で「これでクリントンに一泡吹かせる準備ができた」と豪語した発言を入手した。もっとも当時米国は、この会話が何を意味するのか理解できなかったという。

そして7月にはGRUはウィキリークスなど、機密情報を公開するウェブ組織にDNC情報を公開させたと報告書は指摘する。その内容は、本来中立であるべきDNCがクリントンの民主党対抗馬で若者や低所得者層に圧倒的な人気を得ていた上院議員バーニー・サンダースの運動を妨害したことや、クリントンが米金融界から講演料の形で膨大な資金援助を受けていたことを明らかにし、DNCとクリントン陣営によって、いかにサンダースが潰されていったかが克明に分かるようになっている。クリントンを陥れるに十分な内容だった。

米情報機関は、ロシアの政府系シンクタンクが作成した、サイバー攻撃やフェイクニュースを使って親ロ派の候補を応援する計画書も入手しているという。この大統領選ではトランプがほとんどの激戦州で勝利したことが決め手となったが、ミシガン、ウィスコンシン、ペンシルベニアなどの激戦州では「クリントンは児童売春組織の黒幕だ」といった、反クリントンのフェイクニュースがあふれたと民主党は非難している。

ロシアのクリントンへの妨害工作を、トランプ陣営が当時知っていたのではないか、あるいは何らかの共謀関係にあったのではないか、という疑惑を、米司法省に任命された特別検察官ロバート・モラーが2017年春から捜査している。いわゆるロシアゲート疑惑である。共謀はもちろん、トランプが事前に知っていてそれを捜査機関に告発しなかったというだけでも政権を吹き飛ばすようなスキャンダルである。

ロシアの積極工作

サンクトペテルブルクでの奇妙な会話が行われたのは、DNCへのサイバー攻撃が本格化していた6月中旬のことだ。聞かれたわけでもないのに、「アメリカの政治には干渉しませんよ」と言ったプーチンは、こうした米情報機関の報告からすると、ロシア情報機関の入手情報がもたらすインパクトを予想しながら、「米国には干渉しない」と事前に予防線を張ったということになる。

もちろんロシアが外国の政治や外交に関する情報を盗み、ロシアの有利になるように世論工作をするのは、今回が初めてではない。ソ連時代はコミンテルン、コミンフォルムを使って政治家やジャーナリストへの資金提供や買収を行った。外国政府の機密電報を盗む、今で言うハッカーの活動もソ連以前の帝政時代から積極的に行っており、こうした情報戦で常に米国よりも有利な地位にたっていた。スパイ活動として有名なのは第2次世界大戦中に、フランクリン・ルーズベルト米大統領の側近らを親ソ派に転じさせて、米国の世界戦略をソ連好みのものに変えさせようとしたことだ。第2次大戦の戦略や戦後の世界統治の在り方を決めたテヘラン会談(1943年)やヤルタ会談(1945年)では、ルーズベルトの宿舎に盗聴機を仕掛け交渉の手の内を事前に入手していたことも分かっているし、戦後も原爆の秘密を盗んでソ連に渡したというローゼンバーグ夫妻らの事件が有名だ。

冷戦中のソ連の究極の目標は、最大の敵である米国に親ソ派の政府をつくることだった。そのためには大統領選挙への干渉が必要となる。

1976年の大統領選挙では、民主党のジミー・カーターの人権重視外交が対ソ強硬策を招くとして、共和党のジェラルド・フォードを応援した。また1984年の大統領選挙では、対ソ軍拡であるスターウォーズ構想を提唱していたロナルド・レーガンの再選を封じるために、「レーガン政権では第3次世界大戦が起きる」などの情報を流布する撹乱戦を行っている。同じように対ソ強硬派だった英国のマーガレット・サッチャー首相の再選を阻止するために、彼女を「労働者階級に戦いを挑む冷血漢」などと宣伝するキャンペーンを英国で行った。

世論工作のためのフェイクニュースもその歴史は古い。西ドイツでは反ユダヤの落書きをでっち上げて、「西ドイツは依然ナチス問題を解決できない無能な国だ」との中傷を広めた。米国に対してもソ連国家保安委員会（KGB）は、「エイズウイルスは米国防総省が開発した秘密兵器である」といったフェイクニュースの拡散に手を染めた。

ソ連は東欧に衛星国をつくり、ハンガリー、チェコスロバキア、ポーランドでは民主化運動を弾圧した。1979年のアフガニスタン侵攻でも軍事力を使って親ソ政権を打ち立てる露骨な介入を行っている。ロシアになってからも、モスクワの意向にそぐわない国家に対しては、ジョージア（2008年）やウクライナ（2014年）など露骨な軍事圧力を加えた。外国政府の政治に干渉しその方向を変えようとする工作を、ソ連は「積極工作」と呼んだが、それはロシアに引き継がれている。

冷戦の終結でソ連はロシアに生まれ変わった。しかし、民主化も市場経済化もうまくいかない。加えてプーチンというＫＧＢ出身の大統領が権力を握っている。今のロシアからすれば、外国の政治への干渉はかつてのソ連のように当たり前の活動になりつつあるのではないか。

サイバーという新兵器

最近のロシアの対外工作は年とともに精錬され、しかも攻撃的になっている。それはこれまでの工作に加えて、サイバー攻撃という使い勝手の良い兵器が登場したからに違いない。

タイム誌が米情報機関幹部からのリークを基に伝えたところによると、２０１６年の米大統領選では、全米50州の中で39州の投票システムにロシアのハッカーが侵入した形跡があり、12以上の州で有権者登録結果が変更された疑いがあるという。それは６月のカリフォルニア州の予備選で始まり、イリノイ、フロリダ、ニューメキシコ、テネシーと全米に拡大した。９月上旬には報告を受けたオバマがプーチンとの中国・杭州での首脳会談で「もうやめろ」と非公式に警告し、いったん終息したものの10月から再開したという。そもそもデマや偽情報の流布も含めてスパイ行為を一般国際法は禁じていない。だから、二国間関係への悪影響を理由に「やめろ」と脅すのが精一杯だ。米政府は11月８日の大統領選投票日には、ハッカーによる投票システムの妨害を懸念して、国土安全保障省、司法省、ＦＢＩ、軍、警察を動員した有事対応をとった。結局大きな混乱はなかった。

ロシアは実は2008年の米大統領選でも、民主、共和両党本部にハッキングしていたと報じられている。それにしても米情報機関が今になってロシアの選挙介入を断定するのであれば、なぜもっと早く、選挙前にロシアの動きを糾弾しなかったのだろうか。オバマは情報機関からロシアの動きを伝えられたが、「投票日前にロシアが選挙妨害をしていると騒げば、大統領や連邦政府がクリントンに肩入れしている、と受け取られ逆効果が予想された」と言う。

ロシアのサイバー攻撃は米国だけを狙っているわけではない。2007年には旧ソ連エストニアに対するものが最初に大きく報じられた。欧州志向を強めていたエストニアに対する組織的なサイバー攻撃で、政府や金融機関が機能停止に追い込まれた。エストニアはネット化に力を入れ、電子政府、ネット金融に移行していたため、その分被害は大きかった。2016年にはロシアの五輪選手たちのドーピングを告発した世界反ドーピング機関（WADA）へのサイバー攻撃が知られている。

反ロシア的な政策をとるドイツの政党、北大西洋条約機構（NATO）、米国の民間軍事企業などのサイバー空間への侵入もロシアが行っているとみられている。もちろんこれらがすべてロシア政府の指示で行われたものだとは言えない。ハッキングは技術さえ持っていれば一人でも可能だ。だが、反ロシア的な活動をする個人、組織、政府が狙われており、ロシアの国益のためのサイバー攻撃と位置付けられる。

あのプーチンの奇妙な会話から1年後の2017年6月。サンクトペテルブルクで再び開かれた世界経済フォーラムで、プーチンはロシアによるトランプ当選のためのサイバー攻撃があったとの米情報機関の指摘を、「くだらないでっちあげだ」と述べて全面的に否定した。しかし、またもプーチンは含みを持たせた。世界の通信社代表との会合で「ハッカーとは芸術家のような者だ。愛国的ロシア人ハッカーがある朝目覚めて、ロシアを悪く言う人に怒り、戦いを挑むことで、彼らなりの貢献をしようとするのだ」と語った。プーチンがロシア人の関与の可能性を認めたのだ。「ロシアを悪く言う人」とはクリントンのことを指すのだろう。プーチンは「トランプがうまい選挙戦をしたのは間違いない」と嬉しそうに付け加えた。

米国だって褒められたものではない。「民主化支援」の名の下に、ロシアの反体制派支援の工作を長年行ってきた。プーチンが激怒したという2012年のロシア大統領選挙での反プーチン派への応援や、その後のウクライナの政変への肩入れが最近の例である。冷戦時代はイランやベトナム、チリなどで反米政権を潰すクーデターも工作したし、日本などでは親米派を助ける資金援助も行った。キューバでは、失敗したものの政権を潰す目的で軍事作戦にも踏み切った。イラクでは2003年の戦争で政権を倒した。

世界の民主主義団体を支援している米政府系組織「全米民主主義基金」(NED)幹部を取材したことがあるが、「脱北者を組織化して、北朝鮮の体制転換のさまざまな工作を進めている」と言う。まるでCIAの秘密工作のようだが、あまりにあっけらかんと語るのに拍子抜けしたほどだ。サイバー攻撃では、スタクスネットというコンピューターウイルスを使い、イランの核開発計画を一時的にマヒさせたことが知られている。2016年には過激派組織「イスラム国」

（ＩＳ）にもサイバー攻撃を行った。

米軍のサイバー司令部の任務は、サイバー攻撃からの防御、相手国軍のサイバー空間へのスパイ行為とともに、サイバー攻撃作戦そのものを担うことである。サイバー攻撃が明確に任務として規定されているのだ。民間の被害を出さずに敵軍の指令機能をいかに破壊するかなどの軍事作戦マニュアルや交戦規定もあるという。２０１３年に中国人民解放軍総参謀部の対米、対日サイバー攻撃を暴露した元米海兵隊サイバー部隊員をインタビューしたが、驚いたのは、長時間いたちごっこのように「敵」とサイバー空間で攻防を続けていると、相手の心理や性格が手にとるように分かるというのだ。コンピューター画面で数千キロ離れた国にいる兵士と向き合う現代の戦争の実像である。

トランプとプーチンの蜜月

ロシアによる過去の大統領選への工作と今回の大きな違いは、プーチンとトランプのあからさまな蜜月を背景に遂行されたことだ。

選挙戦の最中からプーチンがトランプのことを「輝かしく、傑出していて、才気煥発」と呼べば、トランプはプーチンを「賢く、明晰で、大国の指導者として素晴らしい」と繰り返し褒め讃えた。トランプの選対本部長だったポール・マナフォートは、ウクライナの親ロシア派大統領だったビクトル・ヤヌコビッチ陣営から多額の資金を受け取ったことが判明している。クリントンをおとしめるためのハッキング文書の公開はウィキリークスが行ったが、トランプの旧友である選挙コンサルタントのロジャー・ストーンが、ウィキリークス創設者で現在亡命生活を送っているジュリアン・アサンジと連絡をとっていたことを認めている。

ロシアによるDNCへのサイバー攻撃に対して、オバマは実行部隊であるロシアGRUと連邦保安局（FSB、KGBの後継組織）を対象にした制裁を科したが、プーチンはこうした場合の当然の対抗措置である報復制裁に踏み切らず、トランプ政権の対ロ融和策に期待するとして静観を決めた。プーチンのこの決断をトランプは称賛した。

当初トランプは今回の選挙に対するロシアのサイバー攻撃を認めようとせず、逆にその情報をメディアに漏らした情報機関員に対して「彼らの人生に大きな汚点がついた」と厳しく叱っている。米国民主主義の基盤である選挙プロセスにロシアがサイバー攻撃で「干渉」したとすれば、党派を超えてもっと怒るべきだろう。しかし、トランプは「ロシアはこれを繰り返すべきでない」と言っただけで、ロシアを非難していない。

トランプ政権入りした閣僚、高官らも親ロ派がずらりと並んだ。国務長官として米外交のトップに立ったレックス・ティラーソンは、エクソンモービルのCEOとしてロシアの石油・天然ガス生産プロジェクトに深く関わり、プーチンから直接「ロシア友好勲章」を受けている。国家安全保障問題担当補佐官の職にあったマイケル・フリンは短期間で解任されたが、駐米ロシア大使セルゲイ・キスリャクと頻繁に接触し、ロシアの対米情報工作の窓口である「今日のロシア」に出演し、モスクワでプーチンと面会するなどロシアとの太いパイプを持つ。

プーチンはヒーロー

もう一人無視できないのが、2017年8月まで首席戦略官だったスティーブ・バノンの存在だ。選挙対策本部の最高責任者としてトランプを当選させた立役者であるバノンは、少数派の権利擁護など多文化主義への敵意をむき出しにするオルト・ライトの理論家だ。オルト・ライトとは旧来の右翼思想の代替（オルタナティブ）として現れた右翼思想である。旧来の右翼が家族の価値やキリスト教の意義など社会問題での保守主義と経済における市場経済志向、国家の規制撤廃、そして国防強化を唱えるのに対して、オルト・ライトは社会問題での保守主義は維持するものの反移民、反グローバル化などを唱えて国際主義に背を向け、さらに「西欧文明の防衛」を掲げ、白人至上主義的な思想を持つ。ポピュリズム、民族主義の色が濃い。民主党リベラルへの対抗はもちろんだが、「エリート中心の資本主義を打破しよう」などと、共和党主流派をも痛烈に攻撃する。もちろん妊娠中絶や同性婚にも極めて厳しい姿勢をとる。バノンはイスラム過激派に対する全面的な戦争の提唱者でもある。

トランプのオルト・ライトとの結び付きを示すのは、2017年8月にバージニア州で起きたKKKやネオ・ナチなど白人至上主義組織と反人種差別団体との衝突で死者が出た際の発言である。トランプは「双方とも悪い」と述べて、白人至上主義者への明確な非難を控えたのだ。白人至上主義者の暴走した車が女性を死に至らしめたことやKKKなどが黒人リンチを続けた米国の歴史を踏まえるなら、大統領は明確な非難の声明を出すべきだったため、トランプは広く米政界から攻撃された。だが、トランプの姿勢はオルト・ライトの喝采を浴びたのだった。

「白人至上主義反対」のプラカードを摑みとる。
2017年8月、バージニア州シャーロッツビル（ロイター＝共同）

そのオルト・ライトはプーチンをヒーローとしてあがめているのだ。

プーチンは同性婚や中絶に反対し、ロシア東方正教を中心としたロシア民族主義の高揚を国家目標に据えることで、多文化主義や世俗主義と戦う構図をつくってきた。2013年にプーチンの戦略ブレーンがつくった文書は、同性婚や女性の権利拡張など進歩派のエリートが好む多文化主義の運動を、キリスト教世界に住む人々の大多数が嫌っているとして、「プーチンは保守主義運動の世界的なリーダーになるべきだ」と提言している。この頃から、プーチンはキリスト教西欧文明の道徳、伝統、民族、文化、宗教、そして性の価値観が欧米で拒絶され嘆かわしい、と文明論的な演説をするようになった。プーチンの意向を受けてロシアは、同性愛者の権利を損なう同性愛宣伝禁止法を2013年に成立させた。プーチンは同法の署名にあたって、「欧州人はこのままでは死に絶えてしまう。同性婚では子どもが産まれない」と述べた。このようなプーチンの言葉はもともとロシア正教の教徒など国内の支持基盤を固める狙いを持つのだが、それは国境を越えて欧州や米国の保守的な人々の支持を得ることとなった。

同性婚への反対とイスラム過激派に対する徹底的な戦いが、プーチンの核となるメッセージである。男性らしさ、政治的な建前発言への侮蔑、テロや犯罪に寛容な態度はとらない、などの姿勢が人々の喝采を浴びるのだ。トランプの支持基盤である「忘れられた人々」に1990年代から注目していた米国の政治思想家パット・ブキャナンは2013年に、「プーチンはすべての大陸、国家に住む保守主義者、伝統支持者、民族主義者を束ねて、文化的、思想的に腐敗した敵への戦いを促している」と評価している。

トランプの首席戦略官だったバノンも、今の戦いを冷戦時代の東西陣営の戦いとは打って変わって、国境を越えた「保守・伝統主義者」対「多文化主義のグローバルエリート」と位置付けている。米欧の支配層に背を向け多文化主義を否定し、ロシアの伝統文化を徹底的に守ろうというプーチンは、その意味でヒーローになるのだ。

また、プーチンはチェチェン紛争やシリアでの「イスラム国」（IS）攻撃など、イスラム過激派掃討作戦でも、人道無視の戦争犯罪人と非難されるほど容赦ない姿勢で臨んでいる。ここでもオルト・ライトの称賛を浴びている。

ポスト真実の世界

2016年の大統領選挙では、フェイクニュース、つまり事実に基づかない、でっち上げのニュースがウェブサイト上に大量にあふれた。ほとんどがトランプに有利に働くもので、トランプの熱烈な支持者が製造元と疑われた。「ローマ法王がトランプ支持を表明した」といった具合で、荒唐無稽なものばかりだ。信仰や感情が真実を凌駕する時代を指す「ポスト真実の時代」である。フェイクニュースについては第3章で詳述するが、簡潔に言えば、もはや客観的な事実を受け入れる理性を失うほどの、「怒り」と「不満」に人々はさいなまれているのだろう。

フェイクニュースは、ロシアではかなり前から流行しており、反プーチン派をおとしめる内容が多いと分析されている。ロシアのフェイクニュースの拠点となっているサイトには、「有害物質が上水道に大量に見つかった」などと米国の混乱を誘発する情報を発信するものもある。ロシア発のフェイクニュースを調べている専門家は、これらのサイトでは2016年に入るとトランプを応援する内容のものが急激に増えていたのに驚いたと言う。フェイクニュースを媒介としたトランプ支持派とロシアのコネクションは否定できないのだ。

冒頭に紹介したプーチンが「米国の政治への干渉」について語った2016年のサンクトペテルブルクでの世界経済フォーラムで、プーチンはメディアとの懇談会も行った。その中で英国の通信社社長が1週間後に迫ったEU離脱の是非を決める英国の国民投票について聞いた。英国がEUを離脱した場合に、ロシアと英国の関係はどうなるかと聞いただけなのに、プーチンはまた色々と話し始めた。

「欧州で洪水が起きたら、ロシアが罪を感じなければならない、と冗談で言ったことがあります。世界で何が起きても、ロシアは汚れ役です。私自身は英国のEU離脱の可能性について、良いか悪いかの判断はあります。ただ、何を言っても一定の方向で解釈されてしまう」

私もこの懇談に出席したが、プーチンの冷笑を浮かべる横顔を見ながら、ロシアの立場を聞かれただけなのに、「汚れ役」と踏み込んで語るのは何を意味するのだろうか、と考えた。米情報機関報告書は「プーチンは世界各国のポピュリズム運動を助けている」と指摘している。今となっては、ポピュリズムがうなりを上げた英国の国民投票でも介入したのだろうか、と推測したくなる。

米誌フォーブスは２０１６年12月、世界でもっとも影響力がある人物に、プーチンを4年連続で選んだ。石油・天然ガス資源や保有する核戦力、そしてクリミア併合、さらにはＩＳ空爆といった伝統的なパワーだけでなく、サイバー攻撃や情報戦でリベラルな政治体制を揺さぶっているとなれば、まさに世界でもっとも影響力のある人物である。

ロシアの「夢」

冷戦時代から一貫してロシアには「夢」があった。それは米国や西欧主要国の政治を「親ロシア」に変えることだ。サイバー攻撃やフェイクニュースを駆使して、トランプというかつて見たことのないような「親ロシア」米大統領を誕生させたとすれば、ロシアは「夢」を実現したことになる。トランプ当選の発表に、ロシア下院では「嵐のような拍手」が沸き起こったという。もちろんその後は報道の通り、トランプ陣営がロシアの米大統領選への干渉に共謀・協力していたのではないか、というロシアゲート疑惑の深まりや対ロシア強硬派の軍人らが政権内で主導権を握ったことで、トランプはロシアとの関係改善に動けない。米議会はロシアに対する制裁を強化し、米ロ関係に好転の兆しはない。プーチンの「夢」はお預けである。

しかし、こうした表面的な米ロ関係の浮沈とは別に、この二人の存在が現代世界の大国地政学の実像を象徴していることに注目したい。米国は自由で開かれた国際秩序（リベラル・インターナショナル・オーダー）の覇権国として、地政学を超越した存在だった。第2次大戦後からそうした性格の超大国として世界に君臨し、冷戦が終わった後は、米国を中軸に両脇を欧州と日本が固める秩序が世界に君臨してきた。しかし、今、普遍的な価値観を重視しないトランプと、欧米中心の自由で開かれた国際秩序への挑戦を明言し地政学的な対外政策をとるプーチンが国家を動かし世界に影響力を行使していることは、まさに大国地政学の時代の到来を意味する。

果たしてこの地政学的世界が何を意味するかを考えるのが、ここからの課題である。まず二人の思惑から探っていこう。

トランプのプーチンへのラブコールは異常だ。その理由はいくつかある。

まず考えられるのは、「イスラム国」（ＩＳ）など中東の問題を解決するためにロシアと協力して軍事作戦を行うという狙いだ。「西欧文明の防衛」のためにイスラム過激派の掃討は最優先課題であるとトランプは明言しているのだ。実際にＩＳは２０１７年に入って勢力を失い敗走を続けた。ＩＳの版図をすべて奪還しＩＳを壊滅できれば、トランプは「勝利」を宣言できる。

そして米ロ蜜月が実現すれば、中国は孤立感を深めて冒険的な行動に出られない。中国に対しては貿易赤字の問題など経済面でも叩く材料はいくらでもある。米ロが手を握り、安全保障と経済で中国を揺さぶるという憶測も流れた。中国が孤立感を感じたところで、トランプが手を差し伸べて中国ともデタント（緊張緩和）を図るという方向にも進める。米国の覇権を脅かすのは中国しかいない。ますます勢いを持つ中国を封じ込めるのには、米国だけでは無理だ。中国に脅威を感じるロシアと組むしかない、との判断である。

北朝鮮の核ミサイル危機が突然喫緊の課題として浮上したことで、米国は中国と連携せざるを得ない。このため米ロ蜜月ではなく米中協調が実際には起きた。しかしトランプの当初の対ロシア・シナリオは、よく考えられた戦略である。リチャード・ニクソンは1969年に政権を発足させて以来、ヘンリー・キッシンジャー国家安全保障問題担当補佐官とともに、米中和解に踏み切ってベトナム戦争を終結させ、その上でソ連とのデタントを実現した。この歴史をベースにトランプの戦略は読み解ける。

トランプは2017年1月の就任演説で、おやっと思わせる言葉を使った。イスラム過激派のテロに対する戦いの中で、「文明国を一つに束ねて新しい同盟をつくる」と言っている。「新しい同盟」とはロシアを念頭に置いているのではないか。

首席戦略官だったバノンはイスラム過激派からの「西欧文明の防衛」のために、ユダヤ・キリスト教国家の同盟を呼び掛けている。国家安全保障問題担当補佐官だったフリンも、「イスラム教徒が世界最終戦（ハルマゲドン）を仕掛けている」などと物騒なことを言っていた。ハルマゲドンとは聖書の「黙示録」に源がある、世界の「善」と「悪」との最終決戦を指す。イスラム教徒に敵対心を持つ勢力が好んで使う表現だ。

トランプが彼ら側近たちの思想に影響を受け、ロシアは頼もしい同盟国になると見ていたのではないか。イスラム過激派対策でのロシアとの同盟、さらにそれを超えて、より広い世界のさまざまな問題に対応する同盟の構築を構想しているとすれば、それは世界構造の大きな転換となる。

トランプは「忘れられた人々」「法と秩序」など、ニクソンが１９６８年の選挙戦で使ったキーワードを巧みに復活させて大統領に当選した。外交でもニクソンの成功にあやかりたいと思っても不思議ではない。トランプはキッシンジャーとも会談し、外交のアドバイスを求めている。

トランプのプーチンへのラブコールは、プーチンが持つ反グローバリズムや民族主義、保守主義、自国第一主義の思想への共感もあるだろう。トランプの政策の大原則であり、トランプ・ドクトリンとも呼べる「米国第一主義」は、リベラルな国際規範を唱えるオバマ型の政治家とは相いれない。

一方、トランプの保護主義は国際的な批判を浴びているが、今の世界でトランプの「米国第一主義」に異論をはさまないのはプーチンだろう。米国が内向きになり、国際的な安全保障コミットメントを弱めるのは歓迎するに違いない。トランプの知恵袋であるバノンはリベラルな国際機関や地域機関よりも、いくつかの強い国家が共同で統治した方が、世界は安定するとの論をとっている。この意味でもプーチンはトランプ政権が描く世界観にピッタリ当てはまるのだ。

そして、先述した通り、プーチンがオルト・ライトのヒーローであるならば、トランプは支持層のオルト・ライトを満足させるためにも、プーチンとの融和を演出したいに違いない。2018年の中間選挙、そして2020年にやってくる自らの再選を懸けた選挙で勝たなければならないトランプは、共和党・民主党の党派を超えて膨大な票田として存在する低所得労働者層を統合する象徴として、オルト・ライトが決定的な役割を果たせると確信しているはずだ。

それではプーチンがトランプを支える狙いは何だろう。

生かせぬエネルギーの宝庫

札幌から航空機で約1時間。ロシア・サハリン州のサハリン島の都市ユジノサハリンスクには忠魂碑や神社跡などかつての日本統治の痕跡があちこちにある。そのユジノサハリンスクから1時間半ほど車を走らせサハリン島の南端に着くと、銀色に輝く未来都市のような建物が目に飛び込んでくる。周辺はひなびたロシアの漁村と低木が並ぶ殺風景な土地だが、銀色の建物の鉄塔の先端からはオレンジ色の炎がゆらめいている。

ロシア国営ガス生産企業ガスプロムに、ロイヤル・ダッチ・シェルや三菱商事、三井物産が加わった国際企業体サハリン・エナジーが運営するサハリン2の液化天然ガス（LNG）施設だ。2009年2月に操業が始まり、今は年間1000万トンのLNGを生産する世界最大級のLNG基地である。

私は2013年6月にこのLNG基地を取材したが、運営するサハリン・エナジー社幹部は、生産量1000万トンのうち約9割が日本向けにLNGタンカーで輸出されていると説明し、日本の需要があれば、もっと生産量を増やすことは可能だ、と語っていた。サハリンには膨大な量の石油、天然ガスが眠っていて、現在サハリン1、2、3と三つの生産プロジェクトが国際協力で進んでいる。

この頃は東京電力福島第一原発の事故で日本はエネルギー源の獲得に躍起になっていた。稚内から目と鼻の先と言ってよいところに、化石燃料の中では比較的クリーンで二酸化炭素排出量も少ないLNG基地があるのだから、ロシアからのエネルギー輸入を拡大できないものか、と誰しもが考える。LNG基地の隣接地にはいつでも増設が可能な平地が用意されているのも確認できた。

それから3年半たった2016年12月17日、安倍晋三首相とプーチン・ロシア大統領との首脳会談でのエネルギー協力拡大の合意を受けてサハリン2のLNG生産規模を年間1000万トンから1500万トンに増大する事業計画に、ガスプロム、シェル、三井、三菱が正式に合意した。

2014年2月にロシアがクリミアを併合したことで科された制裁以来、ロシアのエネルギービジネスは滞り、ロシア経済は冷え込んだ。15年6月、プーチンと会った際に、サハリン2に水を向けると、プーチンはLNG基地の増設への期待を力説した。「日ロ協力の重要な一歩となる」と言うのだった。プーチンの肝いりで進んだだけあって1年半で待望の合意にこぎ着けた。

しかし、LNG基地の増設だけでは、ロシア経済の復活の原動力には足りない。クリミア併合に伴う制裁とエネルギー価格の低下はロシア経済を痛めつけている。

2016年12月にはロシアの国営石油企業ロスネフチの19・5%の株を、スイスの資源企業グレンコアとカタール投資庁が共同で取得すると発表し世界を驚かせた。ロスネフチは現在日量400万バレルの石油を生産しているが、グレンコアは5年間にわたり日量22万バレルの石油供給を受けるという有利な株取得である。

ロスネフチの株売却はプーチンが9月にその方針を示し、日本も含めて国際的な競り合いが水面下で演じられた。結局EUに加わっていないスイスの企業のグレンコアがEU制裁に違反せず、カタールは湾岸アラブ産油国とロシアのエネルギー業界の連携の象徴であるということで選ばれた。それにしてもロシアのドル箱国営企業が2割もの株の売却を迫られたとは、ロシア経済の逼迫を物語る。

ダイナミックな市場経済の育成に失敗した上に、エネルギー価格の下落、そしてクリミア併合以来の制裁という三つの要因を理由としてロシア経済は過去3年間マイナス成長を続けている。プーチンが大統領としてロシア政治の頂点に立った2000年は、エネルギー高価格を背景に二ケタの成長率を記録していたのだから、まさに暗転である。クリミア併合に伴う欧米との対決という「敵」を外につくる手法で、プーチンは何とか支持率を維持しているが、それと引き換えに経済制裁を科され、不満はロシア国民に広がっている。

プーチンがトランプに期待するのは制裁の早期解除にほかならない。実際トランプは核軍縮合意と引き換えに対ロシア制裁を解除するという「取引」を観測気球として上げている。国務長官のティラーソンはエクソンモービルのCEO時代に対ロシア制裁は「効果がない」と断言しており、プーチンにとってはトランプ政権の当初の方向性は望み通りだった。ロシアゲート疑惑の浮上で、米ロ接近はしばらくお預けだが、思想や根本的な利害で両者は同じ船に乗っている。

制裁解除というのが直近の狙いであるならば、長期的なプーチンの目標は世界のエネルギー市場を握ることにある。プーチン側近でロシア最大の国営石油企業ロスネフチの社長イーゴリ・セーチンは、かねてからロシア、米国、サウジアラビアの三大石油産出国が産油国連合を結成し、石油価格を調整すべきだとの提案をしている。そうなれば、エネルギーの価格決定権を手にすることになり、原油安に苦しむロシアには救いの神となる。

帝国復活の方策

プーチンの遠大な目標には自由、民主主義など普遍的な価値観を基礎としたリベラルな国際秩序を、骨抜きにすることもある。

筆者はプーチンとの記者懇談に3回出席したが、クリミア併合の年である2014年5月の懇談では、経済制裁の一環として主要国首脳会議（G8）から追放されたことについて、「G8がお茶を飲むための場なら参加したくない」と語っていた。米国と西欧が西側の価値観や利害を基に議論の結論を事前に決め、ロシアはそれに従うことを求められるだけなら、意味がないと言う。

プーチンは、覇権国家としてのロシアの復活を目標に掲げている。しかし、自由や民主主義、市場経済が規範となる国際社会の中では、プーチンが強権的に支配するロシアは主役になれない。G8は西側の原則である自由と民主主義、そして市場経済を国是とする国々の集まりであるから、ロシアの復活はG8主導の世界ではありえない。

むしろロシアでは西側がロシアを包囲し西側好みの民主化を促そうとしているとの陰謀論が優勢だ。ロシア軍参謀総長のワレリー・ゲラシモフ上級大将は「新しい戦争」を西側は仕掛けているという自論を持っている。西側は情報戦で標的国の反体制派デモを巻き起こし、体制を転覆させて民主化を促すというシナリオを描いていると言うのだ。アラブ世界に２０１０年から11年にかけて巻き起こった「アラブの春」はまさにそうした「新しい戦争」であり、ロシアも標的であると危機感を煽っている。ウクライナで続く混乱や米大統領選挙の結果を見ると、ロシアの方が「新しい戦争」を始めていると思いたくなるが、この包囲され攻勢を仕掛けられているという心理がプーチン政権を支えるロシア人の特徴である。

ところが、トランプは選挙期間中から自由や民主主義といった理念を口にせず、就任演説では、「われわれのやり方（西側の原則）を他国に押し付けない」とまで言った。プーチンにしてみれば、まさにロシアの世界帝国としての復活に望ましい、自由や民主主義といった理念をかざして妨害することのない米大統領の誕生である。しかも、トランプはプーチンに好意的なわけだから、中東を手始めに米ロによる世界共同統治という取引も可能となるのだ。

それにしても、トランプとプーチンは誰かが振りつけているのではないか、と疑りたくなるほど、符牒が合う言葉を使う。トランプが就任演説で語った「われわれのやり方を押し付けない」という言葉は、プーチンが前年6月にサンクトペテルブルクで語った「ロシアの内政に干渉しないでくれ」という警告への返答の形を取っているように聞こえるのだ。

第二のヤルタ体制

トランプとプーチンの思想がいかに符合するかという話の最後に、70年以上も前、第2次大戦末期の歴史に目を向けなければならない。

プーチンは2015年9月、ニューヨークで開かれた国連総会で演説を行った。その演説はちょうど70年前の1945年2月4日から11日まで、クリミア半島にあるヤルタで開かれたヤルタ会談に触れることから始まった。ヤルタ会談はフランクリン・ルーズベルト、ウィンストン・チャーチル、そしてヨシフ・スターリンの米英ソの連合国三巨頭が集い、戦後世界の分割支配を秘密裏に決めた会談だ。

プーチンはその会談で生まれたヤルタ体制の意義を演説冒頭で語った。

「ヤルタ体制は苦しみの末に生まれました。数千万人の人命と世界を襲った二つの戦争の犠牲の上に誕生したのです。ヤルタ体制は人類が過去70年の荒れ狂う劇的な年月を過ごすのを助けたのです。世界が再び大動乱に陥るのを救ったのです」

さらにプーチンはその現代における意味も説明した。

「かつてヒトラーに対する連合をつくり上げたように、ナチスのような悪と憎しみを植え付けるテロリズムに対して立ちあがる人々が力を合わせるべきだ」と語った。

もちろん前後の文脈からとらえれば、プーチンはここでは、ISなどイスラム過激派のテロに対する戦いのための協力について語ったのだと分かる。さらに言えば、テロとの戦いを超えて世界の諸問題を解決する大国連合の体制構築への意欲を示したつもりだろう。しかし、ドイツの敗北が決定的になった時点で開かれたヤルタ会談は、大戦後の世界を東西に分けて安定させる秩序を決めた。欧州とアジアにおける米ソの勢力圏の相互尊重で世界を安定させるというヤルタ体制とは、弱小国を無視する大国体制である。日本やドイツなど敗戦国の国民感情や、アジア・アフリカの人々が当時のパワーゲームの中でまったく無視されていた事情などを考慮せずに、ヤルタ体制に対する高い評価を国連総会の場で口にするのは違和感がある。この辺が地政学志向の限界でもある。

ヤルタ会談でルーズベルトとスターリンは、アジア太平洋地域と西欧においては米国の優位を、東欧・中欧においてはソ連の優位を、お互いに認めた。またドイツ降伏後にソ連が対日参戦する方針で合意し、千島列島のソ連引き渡しを決めた秘密協定があったため、日本では評判が悪い。

プーチンがヤルタ体制を今になって高く評価するのは、この体制こそがソ連が米国と並び立つ超大国として行動する基盤になったためである。いわば大国の誇りの源泉である。プーチンはソ連の崩壊を「20世紀最大の地政学の悲劇」と語るが、まさに、ヤルタ体制の終結であるソ連崩壊は、ロシアを普通の国家の地位に降格させ、世界の嘲笑を浴びる悲劇だったのだ。こうして見ると、プーチンの発言には、第二のヤルタ体制とも呼ぶべき新しい大国協調体制をつくり、その一角をロシアが占めて地域の覇権を維持しようという思惑が浮かび上がる。冷戦時代に郷愁を感じているようでもある。

実はトランプも「文明国を糾合した新たな同盟」（就任演説）などの表現で、大国協調を目指している。ここでもプーチンとトランプは世界観、世界に向けた統治の仕方で、符合する。

しかし、冷戦時代は米国とソ連という二つの超大国が世界を取り仕切ったが、現代の世界は米国と並ぶ力を持つのは中国であり、欧州連合（EU）やインドも将来は大国の仲間入りをするだろう。ロシアは米国の8分の1、中国の4分の1の経済力だから、明らかに米ロだけで新国際体制をつくるのは無理がある。

そうした現状を反映してプーチンはかねてから、「世界はいくつかの大きな地政学ユニットから成り、ロシアはその一つだ」と語っている。プーチンが考えている新しいヤルタ体制とは、米国とソ連の二極体制だったかつてのそれとは異なり、むしろナポレオン戦争後の世界秩序を決めたウィーン会議（1814〜15年）の大国協調による勢力均衡体制に近いのかもしれない。ウィーン体制は英国、ロシア、オーストリア、プロイセンの欧州4大国による協調支配であり、第1次大戦までの100年間、クリミア戦争や普仏戦争など地域紛争は勃発したが、欧州全体に広がる大戦争は起きなかった。一方でウィーン体制の下では、各国で芽生えつつあった自由主義運動が圧殺された。このことから考えを巡らせば、今の時代に大国協調体制ができれば、大国間の安定や秩序の維持が優先されて自由や民主主義といった価値観が国際社会の後景に追いやられると推測できる。少数民族の権利や小国の思いは封殺されるだろう。

プーチンの第二のヤルタ体制構想は、米国が圧倒的なパワーを持ちながらも内向きに転じて国際関与から後退し、一方中国は世界に覇権を確立するほどの力を持ち合わせていないという世界情勢を反映している。米国の撤退で中東をはじめ世界に空白が生じている。そこをロシアや中国が埋めようと進出しているわけだが、安定をもたらすに至っていない。だから大国協調で臨もうというわけだ。

かつてのヤルタ体制は、戦後の米国が自由、民主主義、人権といった普遍的な価値観を掲げたため、それを欠く大国との協調関係を認めずに骨抜きとなった。ヤルタの協調は枢軸国との戦争とその戦後処理のために生まれたが、冷戦とともにイデオロギーの戦いが激化し、構造的な対立に変質、冷戦後には米国は自由主義が社会主義に勝利したとしてイデオロギーに基づく外交を一層強化した。

トランプの登場でイデオロギー、価値観、理念は米国の対外政策から消えた。トランプはウォールストリート・ジャーナル紙のインタビューで「イデオロギーの構築はすべきでない。その効果は大きくない」と述べている。「われわれのやり方を押し付けない」との発言もそうだが、要するに社会主義体制であれ、強権独裁国家であれ、その大国が持つ力を活用して一緒に世界を治めていこうという極めて実利的な外交姿勢だ。トランプが得意とする「取引（ディール）」で大国と合意をつくっていくなら、理念やイデオロギーは邪魔にしかならない。

「理念の大国」である米国は、第1次大戦のさなかの1917年4月、大統領ウッドロー・ウィルソンが「民主主義国の協調のみが平和を維持できる」と宣言して参戦を決めて以来、民主主義を世界に根付かせることで平和が生まれるという思想を対外政策の原則に掲げてきた。価値観外交である。トランプがこれを投げやり、実利優先の大国協調に転じることは、過去100年間の理念の放棄でもある。これは、国内政治への非干渉を原則とするプーチンの第二のヤルタ体制にぴったりあてはまるのだ。

それにしても、なぜ自由で開かれた国際秩序の覇者として世界に君臨していた米国が、その地位を捨てて、ロシアのような、あるいは中国のような、理念抜きの大国になろうとするのだろうか。実は自由で開かれた国際秩序に背を向けて、自分のことしか考えないという地政学的な自国第一主義に転じる米国は、国民の意向を正直に反映している。国民が外国への軍事介入のような国際秩序の維持に米国が力を注ぐのを許さないのである。その理由は第3章で詳しく述べるが、大きく言って三つの要素がある。

まず、自由な国際秩序の担い手だった米国の国民が、資本主義やグローバル化が生んだ格差の犠牲になり、こうした価値観に疑問を突き付けている。二番目には政治面では自由民主主義が生んだ多文化主義の行き過ぎ、つまり異質な文化を持った移民の大量流入に白人層が嫌悪感を抱き、「外国的」なものへの寛容さを失ってしまった。そして三番目として国際的には、外国は安全保障でも貿易でも米国を騙し、犠牲にして儲ける一方だ、という被害意識が抜き差しならないほど固定してしまっている。そしてフェイクニュースなどで巧みに操作されて、こうした認識は深く確立されてしまうのだ。

第1次大戦、第2次大戦と自由、民主主義を守るために多大な犠牲を払った米国の、国際協調主義の守護神としての役割はこうして終わろうとしているのだ。

価値観同盟の終焉

ロシアゲート疑惑や米政界全体がロシアに敵対的な姿勢をとっていることで、第二のヤルタ体制の成立は当面あり得ない。しかしこの二人の指導者がともに自由で開かれた国際秩序に背を向けていることは不吉な見通しを世界に与える。寛容でなく敵対的であり、自由民主主義の価値観が軽視される世界が訪れそうだ。それは日本にとっては心地よくないものであろう。

2017年2月10日、ホワイトハウスでトランプと安倍晋三は首脳会談を行った。1月20日に就任したトランプとの首脳会談は、英国首相のテリーザ・メイに次いで二番目である。日本の首相でこれほど早く就任直後の米大統領と会談した例はない。しかも二人は首脳会談後フロリダ州のトランプの別荘でゴルフを楽しみ、気心の知れた関係であることを印象付けた。

だが、この会談は米国の変質、日米同盟の変質をも浮き彫りにした。それは発表された共同声明が物語っていた。一般的にこの声明は、尖閣諸島を日米安全保障条約第5条の適用対象、つまり米国の防衛対象とすることを明言するなど、日本からすれば100点満点の声明だ、と評価された。

しかし、この声明からは、日本と米国が「自由、民主主義、人権」などの普遍的価値観を共有する「価値観同盟」であるという重要な要素が抜け落ちていた。声明の冒頭にこそ「日米同盟はアジア太平洋地域における平和、繁栄および自由の礎である」とうたいあげたが、「ルールに基づく国際秩序を維持する」、「適法な海洋の利用の自由」、「国際法に従って行動する」などと、法の支配を繰り返すだけで、もっと踏み込んで民主主義、人権などの価値観を共有し、世界に広めるための同盟である、と力強く宣言することはなかった。

この声明から「価値観同盟」の趣旨が落ちたのは、その前の日米共同声明である2014年4

月にオバマが来日し安倍と首脳会談を行った際のものと比べると明白だ。

2014年の共同声明は冒頭で、「日本と米国との関係は、相互の信頼、ルールに基づく国際的な秩序への共通のビジョン、民主的な価値の支持及び開かれた市場の促進に対する共有されたコミットメント、並びに深い文化的及び人的な絆の上に築かれている」と高らかに、価値観の共有をうたっている。トランプとの声明が、日米同盟が平和と自由のために役立っていると確認しただけなのに対して、オバマとの声明は国家の基本原理、その存在目的が民主主義と国際協調主義の促進であることを、日米は共有していると言っているのだ。

「価値観同盟」とは、冷戦が終わりソ連という日米共通の敵が消えた後に、同盟の存在意義が問われ、「同盟漂流」と称された1990年代に徐々に出来上がっていった概念だ。それは日米同盟が目に見える敵を想定していなくとも、民主主義的な価値観を前に出すことで、中国という新大国に対峙する性格を帯びさせ、ロシアや東欧、中東、アフリカなど民主主義や市場経済の遅れた地域を牽引する役割を持ち、普遍的価値観こそが黄金律であることを世界に広める狙いがあった。

「価値観同盟」は日米首脳会談のたびに確認され、日米同盟がアジア太平洋地域を超えたグローバルな問題を協調して解決する役割を担うと、意気込んで位置付けられたのである。自由、民主主義、人権、法の支配、市場経済など普遍的価値観を共有する国々や人々と連携する外交として、「価値観外交」が第1次安倍政権で唱えられ、さらに北欧から東欧、中央アジア、中東、南アジア、東南アジアをぐるりと回り北東アジアまでを囲む地域に普遍的価値観を根付かせようという外交戦略「自由と繁栄の弧」も構築された。

しかし、価値観外交・同盟も自由と繁栄の弧も、地理的に見て、またその原理を考えれば、中国とロシアを封じ込める狙いを持つことは明らかだった。

トランプと安倍の共同声明作成に携わった政府当局者は、「トランプは『取引の人』だから、価値観を声明の軸に据えられなかった。価値観が異なる中国とも、さあ取引だ、と手を結ぶ可能性があるのだから、価値観を嫌う恐れがあった。『ルールに基づく秩序』を書きこむので精いっぱいだった」と言う。この会談では、トランプ政権が発足間もないために、共同声明は日本側が用意した。日本案に米国はほとんど同意したと言うが、日本側はトランプが嫌う「価値観同盟」はあらかじめ外していたのだ。

価値観同盟が崩れていく過程が始まった。価値観の共有が軽んじられれば、何が日米同盟を支えていくのだろうか。

むき出しのパワーの時代

自由で開かれた国際秩序の覇者であった米国が、そうした秩序を捨て去ることは、むき出しのパワーを競い合う地政学の時代に突入することを意味する。むき出しの地政学の時代がどんなものかは、地政学パワーであるロシアや中国の行動を見れば分かる。自由や民主主義、人権などの原則に関心がない強権国家であり、外に空白があれば軍事的に進出して影響力を確保し、常に地域の、そして将来的には世界の覇権を狙う。

価値観同盟の崩壊は地政学時代到来の一つの現象であろう。地政学時代の同盟とは、露骨な取引がその基盤となる。そしてその基盤は常に揺らいでいる。同盟相手の国はどれほど自分の役に立つか、こちらの負担に見合う貢献をするのか。そんな疑問を、トランプの米国は抱いている。

トランプは選挙期間中に、ロシアの軍事的圧力にさらされているバルト三国（エストニア、ラトビア、リトアニア）を米国が防衛するかどうかを聞かれて、「これらの国が米国への義務をはたしているかどうかで決める」と答えた。バルト三国は冷戦末期にソ連から独立し、自由民主主義と市場経済を国の基盤とし、しかも北大西洋条約機構（NATO）のメンバーであるから米国には防衛義務がある。だがこの冷淡な姿勢は本音だろう。

バルト三国だけでない。日本も常に同じ質問を突きつけられているのだ。「あなたの国は米国への義務を果たしているか」。安全保障でもそうだが、貿易や為替など日米間の懸案でトランプは日本に不満を突きつけ、価値観同盟よりも米国第一主義を貫く決意である。

あまりに多くの問題を抱えるトランプが大統領をいつまで続けるのか、それは分からない。しかし、トランプが去った後の米国が自由で開かれた国際秩序の守護者に戻る保証はない。むしろ広がる経済格差、イデオロギー対立による政治のマヒ、そして大量の移民流入が引き起こす多文化主義の摩擦を考えれば、次の大統領も自由で開かれた国際秩序に背を向けて地政学大国のアプローチをとり続けるとみた方がよいだろう。

問題はトランプという個人の思想や資質ではない。拡大する格差を代表とするさまざまな問題が、国際協調を受け入れない国に米国を変えたのだ。ここに米国が地政学的な国に変質した最大の理由がある。その経緯は第3章で詳述する。

第2章　地政学と地経学

第1章は建国以来自由民主主義の理念を掲げ、自由で開かれた国際秩序の覇者だった米国が、トランプ政権の誕生をもって、理念を捨て大国地政学のゲームに突入した様子を描いた。米国に自由民主主義の伝播という理念を放棄させるというプーチン・ロシア大統領の「夢」が背景にあることも述べてきた。しかし、そもそも地政学とは何なのか。どう発展してきたのか。地政学に代わってよく聞かれる地経学とは何か。そうした源から探ることで、今の時代に地政学や地経学が持つ意味を考えてみたい。

（1）地政学

まずは地政学のおさらいである。

地政学とは、地理、地形、自然環境、人口、産業、資源などその国が持っている力と歴史の関連を研究し、国家戦略を提言する学問である。ここでは、政治の形態、経済の形態、指導者の思想・意志、さらには国民の意向などは重視されない。そうした変数ではなく、不変の事実として厳然とある国力を最大限に発揮して国益を増強する戦略である。むき出しの力の論理が国際政治の行方を決めていくことを前提に、国家のかじ取りはどうあるべきかを探ることを指す。

地政学は、英語ではGeopoliticsだが、直訳すれば、「地理（geography）政治（politics）」である。主に地理を基礎に国家の戦略を検討することから、地政戦略と呼んだ方がピッタリくる場合が多い。地経学も同じだ。地経戦略と呼んだ方が当てはまる。ただ、本書では一般的に使われている「地政学」「地経学」という用語に従いたい。

地政学と言えば、米国のアルフレッド・マハン（1840〜1914年）のシーパワー理論、英国のハルフォード・マッキンダー（1861〜1947年）のハートランド理論、ドイツのカール・ハウスホーファー（1869〜1946年）の国家生存空間論、そして米国のニコラス・スパイクマン（1893〜1943年）のリムランド理論などが有名である。

これらの地政学理論には他の学問と異なる大きな特徴がある。それは国益の増進策と深く結び付いている点であり、実際にこれらの理論はそれぞれの国で実践されて国家の隆盛を築いた。マハンは英国が海洋権益を拡大した歴史を調べて米国はこれを学ぶべきであると主張したし、マッキンダーは著作『デモクラシーの理想と現実』（1919年）の中で、「ユーラシアのハートランドを支配する者が世界を制する」との原理を打ち立て、ロシアやドイツがそうした世界帝国になることをいかに防ぎ、英国が覇権を維持するかを説いた。ハートランドとはユーラシア大陸の中心部、主にロシアと東欧を指す。一方ドイツ地政学の代表であるハウスホーファーは戦前のドイツや日本に領土拡張の理論を与え、スパイクマンはユーラシアの沿岸国家（リムランド）と同盟関係を結ぶことが米国の至高の国益であると強調したのである。

そのどれもが、米英の海洋国家やドイツやロシアの大陸国家が、いかに自国の利点を最大限に活用して、世界に影響力を広げていくかを探り、政策決定者にアドバイスした。ホッブス的な世界、弱肉強食の荒れた世界でいかに勝ち残り勢力圏を拡大するか、という観点から研究し、政府や軍に戦略を授けることを目的としたのである。

政治と結び付きすぎるという批判から、学問、科学として認められてこなかった側面もある。「エセ学問」といって蔑視もされた。確かに政権に地政学者は重用された。地政学と呼ぶより、地政戦略と呼んだ方が相応しいとの指摘はこうした点から生まれる。

特にハウスホーファーの生存空間論はナチス・ドイツの過剰な拡張政策や日本との枢軸同盟を導き、世界の破局を招いた。このため、地政学とは「悪の論理」であるといった否定的なレッテルも貼られたのである。地政学はマハン、マッキンダー、スパイクマンという英米の海洋パワー派と、ハウスホーファーやその師匠格にあたるドイツのフリードリッヒ・ラッツェル、スウェーデンのルドルフ・チェーレンといった大陸パワー派に分かれるが、ドイツの敗北から大陸派は批判の対象となってきた。一方で、海洋パワー派は評価が高い。日本が海洋国家であることから日本でもその傾向がある。

その中でもマッキンダーは地政学の祖と呼ばれる。地理的条件が世界の歴史をどう形作ってきたかを分かりやすく、しかも体系的に説明し、さらにハートランド国家（大陸国家）が海に出ないように包囲する戦略の重要性を打ち立てたからだ。この大陸国家の封じ込めは、ナチス・ドイツへの対抗策として生きたし、マッキンダー亡き後も、冷戦中のソ連封じ込め、そして現在では中国に対する戦略として脈々と引き継がれている。

日本との縁

ところで、このマハン、マッキンダー、ハウスホーファー、スパイクマンの4人は日本と深い縁がある。というより、日本が地政学的な要衝に位置するために、また地政学が盛んになった19世紀後半から20世紀前半にかけて、日本が新興国として世界の秩序を変えつつあったために、当時地政学を真剣に研究するならば、日本の動向の研究は避けて通れなかったのだ。

マハンが海軍の若手将校として１８６８年、明治維新期の日本を訪れ、幕藩体制を打倒した革命のさなかの日本人のエネルギーに目を見張り、また日本のシーパワーとしての将来性に着目したのは良く知られている。帝国憲法の起草者の一人である金子堅太郎はマハンの著作『海上権力史論』（１８９０年）をいち早く翻訳して日本で出版、当時の指導層が興奮して読んだ。金子は「日本は太平洋中第一の海国としてマハンの著作を熟読し列強入りすべきだ」と説き、マハン自身も１９０７年出版の回顧録で「日本人は私の論に、どの外国人よりも緻密で注意深い関心を寄せてくれた。日露戦争で日本はその準備、そして実戦で、私の論を実り多く達成したのである」と嬉しそうに書いている。日露戦争で活躍した秋山真之ら米国に留学してマハンから直接シーパワー論を学んだ日本人も多い。マハンの友人でありシーパワー論者であるセオドア・ルーズベルト大統領は、日露戦争の仲介でシーパワーの一角である日本を厚遇した。しかし、マハンは日露戦争後は日本の進出に警戒感も示した。日本から米国への移民の流入と軍備増強を「黄禍論」と表現し、1910年には早くも日米戦争の可能性を警告している。

マッキンダーが唱えたロシアやドイツを封じ込めるハートランド理論は、英国の当時の指導層に東からロシアを睨む日本の重要性を気付かせ、日英同盟（1902〜23年）につながった。それまで同盟というものを忌避してきた英国だが、ユーラシア大陸東部へのロシアとドイツの拡張を懸念して、日本の地理的な価値、軍事力に注目し、これと同盟を結ぶという地政学的決断をしたのだった。日本がマッキンダー地政学の実践に利用されている。

ハウスホーファーはバイエルン王国（現在のドイツの一部）の駐在武官として日本に1909年から10年まで1年4カ月滞在し、妻と京都で暮らしながら、日本の近代化や軍を研究、帰国後は『大日本』『太平洋地政学』などの書物を発表した。日本の韓国併合などの対外膨張はまさに、強国は膨張する運命にあり、そのための生存空間を確保する必要があるという国家生存空間論を実地に移す政策であり、ハウスホーファーは日本でその地政学の基礎を固めた。帰国後はドイツと日本との同盟を説き、また世界を6分割してそれぞれの盟主国が治める分割統治論を提唱している。その中ではドイツが欧州大陸とアフリカを統合した地域の盟主となり、日本は北東アジア・

中国・東南アジア・オーストラリアを囲む地域の盟主となると定められた。この理論は後の大東亜共栄圏に似た思想を提供しており、日本政府から勲章を授与されるほど好感された。

ハウスホーファーは社交的な性格から日本の政官軍の幹部に知人を多数つくった。やがてドイツに帰国してからはナチスの本拠地であるミュンヘンで活動し、ナチス党副総裁のルドルフ・ヘスを介してヒトラーの知己も得た。ヒトラーはハウスホーファーの著作を読んで日本の重要性を知り、日独同盟締結の意向を示したという。ハウスホーファーは訪独した大島浩や松岡洋右ら外交官とナチス・ドイツ幹部との橋渡し役も務めたほか、近衛文麿、荒木貞夫ら日本の政軍要人に頻繁に著作を送ったが、大の日本ファンだった彼の著書は、どれも日本を過大評価しており、ドイツにおける日本理解を誤らせたし、日本人を自信過剰に陥らせた罪がある。

ハウスホーファーはマッキンダーが唱えた大陸国家の進出を封じ込めるべきだとの論に対抗する案として、大陸国家が連携してブロックをつくる大陸ブロック論を主張した。具体的にはドイツ、ソ連という大陸国家群に日本を加える構想である。日本は海洋国家であるが、ハウスホーファーは日本びいきの上に、大陸ブロックの特徴として「反アングロサクソン」を掲げて日本を組み込もうとした。ハウスホーファーの構想は1939年には独ソ不可侵条約、40年に日独伊三国同盟、そして41年には日ソ中立条約が結ばれたことでいったんはその通りの展開になった。これらの動きはハウスホーファーの影響下にあったナチス・ドイツの外相リッベントロップが、また日本側はこれもハウスホーファーの支持者であった松岡洋右が推進したのだった。しかし41年にドイツが不可侵条約を破棄しソ連に対して電撃的な侵攻を開始、マッキンダーが恐れ、ハウスホーファーが夢見た大陸ブロック論は潰えた。

スパイクマンも日本と関係が深い。真珠湾攻撃直後の対日懲罰論がピークを迎えていた米国で、激しく批判されながらも、日本の地政学的な重要性から将来の日米同盟締結を唱えた。そのリムランド論は、大戦後に米国が目指した西欧、日本、韓国、台湾、フィリピン、シンガポールなどとの同盟関係構築に貢献した。スパイクマンのもっとも有名な言葉は、「リムランドを支配するものがユーラシアを支配し、ユーラシアを支配するものが世界の命運を制する」である。確かに日本をはじめとしたリムランドが大陸パワー側に付くか、海洋パワー側に付くかで、世界のパワーバランスは変わってくる。またリムランドは陸と海を結ぶその地理的な利点を活用することで、自らも一つのパワーとなりうるのだ。

スパイクマンは日本についても言及している。「ユーラシア大陸を囲んでいる海の沖合にある島々の中で我々にとって最も重要なのは、英国と日本である。なぜならこれらの二国は政治的・軍事的なパワーの中心地だからだ」。

第2次大戦の終結を見ることなくスパイクマンは世を去ったが、大戦後の世界についても示唆的な予想を残した。日本の敗北後は極東では中国が支配的国家になると予言し、中国による極東の完全支配を阻止するためには西洋の国が島嶼国に基地を置くことで十分だろうと言っている。実際、今の日本にある米軍基地を中国に対する抑止力として位置付ける米国の戦略を考えると、極めて先見性がある。スパイクマンはソ連封じ込め戦略の立役者である米外交官のジョージ・ケナンと親交を持ち、米政府の冷戦後の対外戦略の基礎をつくるのに影響力を発揮する立場にもあった。

八紘一宇の地政学

地政学の歴史紹介の最後に、日本の地政学について簡単に触れておきたい。明治維新で近代化に乗り出した日本は、19世紀末から帝国主義列強に加わり、対外拡張主義をとった。マハンの『海上権力史論』は刊行から時をおかずに日本語訳が出版され、特に日本海軍やその擁護者の政治家に愛読された。ハウスホーファーに至るドイツ地政学派の生存空間論やアジア統合地域で日本が盟主となるべきだとの論は、日本の中国大陸への拡大の理論的根拠を与えたことになる。

1941年にはハウスホーファーを崇拝していた、東京女子高等師範学校（後のお茶の水女子大学）の飯本信之教授らが中心となり日本地政学協会が設立された。京都では京都帝国大学の地理学教室主任であった小牧実繁教授がドイツ地政学から距離を置き、天皇主義的な地政学を提唱した。小牧は1940年の『日本地政学宣言』などで、「ドイツ地政学は強権主義だが、日本地政学は八紘一宇の理念の下、天地自然の理に合致する皇道を目的とする」と述べて、自然との共存や天皇を中心とする日本特有の思想を軸にした地政学を打ち出した。小牧の論は欧米に対する日本独自の地政学を生みだそうという意欲を表面的には感じさせるが、その内実は大陸侵攻を美化する性格が強い。

しかもこれらの日本の地政学者たちは中国大陸、東南アジア、太平洋地域に出向いての地理、地形、資源、国民意識などの実地調査を行っておらず、理論的にも「八紘一宇」「皇道」といった精神論に頼っており、学問的探究というより、時局迎合であった。

ナチス政権の対外政策に採用されたかに見えたハウスホーファーの地政学だが、ナチス・ドイツは第2次世界大戦を引き起こし、ユダヤ人消滅計画を遂行して自滅していった。ハウスホーファーは失意の中で1946年にユダヤ系の妻とともに自殺した。こうした悲劇的な結末がまた、ハウスホーファーが代表したドイツ地政学の挫折を強く印象付け、その影響を強く受けた日本の地政学も潰えた。

戦後は日本では地政学はタブーの学問、悪の学問として葬り去られた。しかし、敗戦から七十余年がたち、今再び日本で地政学ブームが起きている。ロシア、中国の拡張主義、同盟国米国の後退といった国際環境の変化で日本も新たな国家戦略を模索せざるを得ない。そんな焦りが地政学を蘇らせている。

核とイデオロギー

第2次大戦の末期、広島・長崎への原爆投下が与えた衝撃と、その後に続く核時代の到来は、米国とソ連に地理、資源、歴史を基盤とする伝統的な地政学を超える地球規模の戦略の練り直しを求めた。加えて大陸間弾道ミサイル（ＩＣＢＭ）ができたことで、核ミサイルが米ソの主要な兵器となったために、地理は大きな意味を持たなくなった。

スパイクマンは第2次大戦中の海空軍の発展で敵国の中枢を攻撃できる力を備えたことを、「もはや太平洋と大西洋は米国を他の大陸から隔てる巨大な海洋でなく、高速道路になった」と分析して、地政学の新たな飛躍の必要性を説いた。マハンやマッキンダー、あるいはハウスホーファーら地政学の父たちが想定していない核ミサイル時代の到来である。

発射後わずか30分間で両大国の心臓部に、広島や長崎に投下された原爆の数百倍の威力を持つ核弾頭を何百発といっぺんに撃ち込める超大国の核戦力体制は、地理や地形を重視する古典的な地政学を超越した。加えて宇宙空間の軍事利用が第2次大戦後に活発になり、ここでも古典的な地政学では語れない空間が出現した。人工衛星が敵国の上空に周期的に到達できるとなれば、地理はもはや意味がなくなるわけである。

冷戦後の世界では核ミサイル軍拡だけでなく、地政学を超克するもう一つの潮流も花開いた。それは地政学が描くむき出しの力を競い合う世界ではなく、自由民主主義、あるいは社会主義という地球規模で広がりうる理念・イデオロギーを基に、平和的な国際関係をつくるべきだという思想である。

ウッドロー・ウィルソンやフランクリン・ルーズベルトら米大統領の外交顧問を務めたカナダ出身の地理学者イザイア・ボウマン（1878～1950年）は大戦中から、ドイツ民族の生存空間を主張したハウスホーファーに対して、「すべての民族に生存空間を与えよう」と普遍的な価値観を説いて反論し、地政学、特にドイツ地政学が持つ利己的で他者を排除する思想を乗り越えるように促した。米国においては「地政学の超越」が基調の思想となったのだ。特に米国は東と西を大洋に囲まれ攻め込まれないという自然の要塞の利を生かし、地政学的な狭い発想でなく地球規模の覇権を考えられる環境にあった。

冷戦期は地理、軍事力や資源などに基づく地政学のほかに、「自由民主主義」対「社会主義」というイデオロギー対立が世界の命運を決めると定義され、思想・価値観の重要性が説かれた。米国の場合、そのイデオロギーとはウィルソンが第1次大戦に参戦する際に、「民主主義」を掲げ、それが民族自決、国内体制の民主化、国際連盟、公海の自由などの原則となった。これは1917年に革命に成功したソ連のレーニン政権が共産主義的な国際秩序構想を世界に提示したことに対しての、自由主義陣営からの対抗措置であった。第2次大戦後のイデオロギーの対立の萌芽である。

第2次世界大戦に参戦するに当たり、フランクリン・ルーズベルト大統領は4つの自由、つまり「言論・表現の自由」、「信仰の自由」、「欠乏からの自由」、そして「恐れからの自由」を掲げる演説を行い、同じ年に英首相のウィンストン・チャーチルと共同で発表した大西洋憲章で反ファシズムおよび世界の民主的な再建をうたった。ドイツや日本のファシズムに対する民主主義というイデオロギー、価値観の戦いである。一方のソ連の共産主義革命イデオロギーも、東欧や第三世界の反帝国主義運動の中で広まり、戦後のイデオロギー対立の構図が出来上がった。

ハイブリッドの戦い

米国とソ連の両陣営はイデオロギーの戦い、核ミサイル時代の恐怖の均衡といったグローバルな対立とは別に、世界中の地理や地形を十分検討し、空白ができる余地があればそこを影響圏下に押さえるという、典型的な地政学に基づく陣取り合戦も繰り広げた。米国のアイゼンハワー政権が1954年に打ち出したドミノ理論はその象徴である。ある国を共産陣営に奪われれば、次々と将棋倒しのようにその隣接国も奪われていくという考えで、ベトナム戦争に深入りする理論的根拠となった。

米ソの冷戦の基調は理念、核ミサイル、地政学のハイブリッドの戦いである。その代表的な例はキューバ危機だろう。社会主義革命に成功してまもないキューバへのソ連の核ミサイル配備が1962年10月に発覚したことで始まったこの危機は、米ソが核戦争の一歩手前まで行った冷戦中最大の事件と言える。キューバは米フロリダ州からわずか200キロの地にある地政学的な要衝であり、ここに核ミサイル基地を置くことは米国の喉元にナイフを突き付けるようなものだ。

結局ケネディ政権はキューバに侵攻しないとの意思を伝え、ソ連はキューバからミサイルを撤去することで危機は去った。米国はさらに当時の米ソの地政学的対立点であったトルコからの核ミサイル撤去の意向も示した。まさにイデオロギー、核ミサイル、そして地政学の3つが組み合わさったハイブリッドの危機である。

キューバ危機は収まったものの、その後もソ連は中南米やアフリカの左派ゲリラを支援し、一方で米国は独裁政権の肩入れをするという代理戦争が続いた。こうしたハイブリッド危機・戦争は、第2次大戦後の東欧の共産主義化、ベルリン封鎖、中国の共産主義化、朝鮮戦争、ベトナム戦争、中東の危機や戦争、そしてソ連のアフガン侵攻など定期的に起きている。いずれも、イデオロギーを背景とした米ソのせめぎ合いだが、その多くが地理や資源面で重要な地域であり、ソ連の南下政策を封じるという地政学的な要因が入り込んでいる。また、朝鮮戦争、ベトナム戦争では核兵器投入の恐れが付いて回った。

ハイブリッド危機は、ソ連が経済面で疲弊し政治的にも混乱して、世界への介入が不可能となるまで続いた。冷戦時代に米ソはイデオロギーを背景に、核ミサイルという究極の兵器を手にして、相互確証破壊（MAD）という恐怖の均衡を確立した。その意味でイデオロギーと核時代の地政学は、緊張のエスカレートを阻止し、結果的に第3次世界大戦を防いだと評価する声もあるが、その実態は核戦争の危機と常に隣合わせだった。

地政学の逆襲

冷戦の終結は、地政学を時代遅れのものにするはずであった。冷戦構造が自由民主主義陣営の勝利で終わったことは、勝者の理念である普遍的な価値観を受け入れる心理を世界に生み、自由民主主義と市場経済を体現した勢力が人類の歴史の最終的な勝利を獲得したという、フランシス・フクヤマの『歴史の終わり』（1989年）が世界中で読まれた。グローバル化が加速し、境界がなくなった世界で理念パワーである米国が君臨したのである。

米国のジャーナリストのトム・フリードマンは、冷戦後の東西の境界がなくなった世界を「フラット（平らな）」と形容した。東西の境界や欧州の統合に代表される国境までもがなくなる世界で、敵国に対する戦略として地理や資源、軍事を研究する地政学は、もはや不要になったと考えられても不思議はない。

しかし、皮肉なことに東西の超大国による支配の終焉は混乱を世界にもたらした。それまで抑え込まれていた民族主義の噴出、イスラム教という宗教の覚醒、そして米ソ二極体制に代わって中国、欧州連合（EU）、インドなどが「極」として浮上する多極化、あるいは無極化と言われる状況である。世界を安定させる超大国の衰退がもたらす混乱を機に、中国やロシアは拡張主義の動きを始めた。イデオロギーの面では、ウィルソン以来の自由民主主義、そして民族自決が支配的な理念となったが、それはそのまま民族主義や宗教の政治的なパワーとしての復活を招くことになった。

宗教意識の目覚め、民族衝突を抑制できない米国とロシア、そして欧州もその裏庭の流血になすすべがないという無極化の混乱が凝縮して最初に現れたのが、旧ユーゴスラビアの紛争だろう。「怒り」の感情が地域を覆い、それまでの安定をまたたく間に打ち壊す今の世界の病理の原点とも言える紛争である。

ユーゴスラビアは冷戦時代は多民族共存の理想郷と賞賛されたが、冷戦構造の崩壊とともに、多数派のセルビア人の支配に不満を抱いていたスロベニア、クロアチア、ボスニア・ヘルツェゴビナ、コソボが次々と独立に動き、内戦に突入した。かつての「多民族協調」のもろさが、白日の下にさらされたのだ。

私は1990年代に旧ユーゴスラビアを何度か訪れて取材したが、緑あふれる豊穣な地が短期間のうちに戦火で荒れ果てた地獄となったのに驚いた。イスラム教徒、セルビア人、クロアチア人のそれぞれの居住区の境界の建物の屋上では狙撃手が眼下を狙い、森の中では戦車砲が相手陣営に標的を定めて向かい合っていた。穏やかな農村の家屋は焼け落ち、近づくとドアや壁を打ち抜いた無数の銃痕が目に入り、その憎しみの深さを物語っていた。

撃たれないように〈PRESS〉と英語で大きく書かれた白い紙を胸と背中に貼って取材したのだが、パーンという銃声が聞こえる度に建物や車の陰に体を隠す緊張を味わったものだ。

それにしてもかつて多民族、多宗教が共存した多文化主義のお手本とされたユーゴがあっけなく崩れ去るのを目撃し、つくられ管理された「安定」とは怒りの前に一挙に崩れるものだ、という思いが刻まれた。現在の米国や欧州では行き過ぎた異文化の導入が、白人の怒りを生んでポピュリズムの興隆に結び付いたと分析されているが、旧ユーゴで当時起きたことはその先例であろう。

冷戦時代は認められなかった民族の独立がソ連崩壊の結果、旧ソ連の共和国各国で実現したことを受けて、少数派民族が自らの国づくりに動き、多数派であるセルビア人が強圧的な封じ込めを目指して衝突したのだった。民族融和政策の下で人々の他民族に抱いていた不満は抑えられてきたのだが、東側陣営の衰退を契機に悪化した経済情勢の中で各民族の政治指導者が民族主義を煽ったために、一挙に憎悪が吹き荒れたのだ。西欧、米国、ロシアの大国が各民族の肩を持って介入したのも分断を決定的にした。

旧ユーゴ紛争が象徴した世界の混乱はその後の時代にインパクトを与えた。ロシア人と同じスラブ民族に入るセルビア人の旧ユーゴでの凋落を知ったロシアは、冷戦後の米国主導の国際秩序の冷酷な現実に直面して、このままではロシアの影響圏は侵食されてしまうと反発を強め、プーチンという地政学思考の大統領を２０００年に誕生させた。国際協調秩序から地政学への回帰の第一歩である。また、冷戦後の混乱を見てとった中国も、世界貿易機関（WTO）への加盟を2001年に果たすなど米国が中心に座る国際秩序に加わる一方で、南シナ海、東シナ海への海洋進出に乗り出した。地政学の逆襲と呼ばれる事態が始まったのである。

地政学の野合

21世紀の世界は米国の緩やかな衰退と中国の興隆、ロシアの復活、そしてイスラム世界の怒りという要素が混在する世界となった。米中枢同時テロ（9・11）に過剰な反発をしたネオコン（新保守主義者）主導のブッシュ米政権は中東への泥沼の軍事介入に踏み出し、その隙を縫って中国とロシアが地政学戦略を本格的に展開したのである。ブッシュの後を襲ったオバマは自由で開かれた国際秩序を掲げながらも、それを保障するための軍事力行使の決意を示さなかった。そして「理念の国」米国で、トランプという自由や民主主義理念を対外政策の原理として採用しない大統領が誕生した。米国が理念を外交の優先目標に掲げたのは、1917年4月に第1次世界大戦の参戦演説で、「民主主義国の協調のみが平和を保てる」とウィルソンが宣言してからだ。その100年後にトランプがこの原則を葬ったのである。

トランプの地政学は、「理念」より「取引」という手法に表れている。自由民主主義と市場経済の理念を掲げて世界をそういう方向に変革するという特別の使命を持つ例外的な国家であると自らを表現してきた米国が、価値観を異にする強権国家ロシアと組もうとするのである。それは異種のものが結合する「野合」であろう。米国自体が理念を捨て、実利だけを重んじる一地政学パワーと変わらない存在に転落したことを意味する。

トランプは中国とも「取引」の思考を基盤に、関係を築いている。そこには南シナ海の島嶼や環礁の軍事化など中国の軍事拡張を何としても阻止するという強い意思は感じられないし、自由、民主主義、人権など、歴代の米政権が中国に対して抱き、直接伝えてきた理念的な懸念も無視されている。北朝鮮の核問題を契機に、世界の政治・経済問題を米国好みの形で安定化させるために中国と取引したい、という戦略が浮かんでくる。地政学は19世紀以来、戦争に加担したり、安定を維持したり、とさまざまな役割を担ってきた。一時は強い不要論の対象となったが、トランプ時代の世界秩序の中心に蘇ったのである。

(2) 地経学

これまで見てきた伝統的な地政学の世界で重要なのは、地理・地形であり、人口であり、自然環境であり、軍事力であった。

しかし、核兵器でにらみ合う現代において大国が正面からぶつかり合えば、想像を超えた被害をもたらす。第2次大戦後に侵略戦争は違法化され、大量破壊兵器、人権、経済、文化などさまざまな分野における国際規範の発達は、いかなる武力行使の敷居をも高くした。戦争による犠牲を望まない国民世論が政府の軍事行動を縛る。戦争を起こしにくくなった時代である。特に先進国はそうだ。

そこで、大国の競い合い、勢力の拡大を目指す争いは経済の分野で繰り広げられるようになった。国家の持つ経済的な強みを最大限に活用して国益の実現をはかる「地経学」に注目が集まるようになったのである。

地経学は、国家が大国となるためには、経済力をもってして初めて達成できるという原則に基づいている。歴史をながめれば、大国の興亡とは、経済力が拡大した時に政治力も含めた大国の地位を獲得し、経済力が衰退すれば、世界における力も衰退するという必然のルールがある。

戦争を起こしにくくなった第2次大戦後、米国はその通貨ドルを世界の貿易、金融、投資の基軸通貨とする国際経済システムをつくり上げた。ドルを持っていなければ、隣国との貿易も行えず、借金も返金もできない。各国は自らの通貨とドルとのレートで経済の浮沈が決まる受け身の体制を受け入れた。世界銀行と国際通貨基金（IMF）はそのドル基軸通貨体制の中心にあり、本部はワシントン、上級職員には米国人が就いた。ブレトン・ウッズ体制と呼ばれるこの体制は米国の覇権づくりの一環だった。これだけではない。米国が第2次大戦後の国務長官ジョージ・マーシャルの名前が付けられたマーシャル計画（欧州復興計画）で西欧の復興を助け、規模は大分小さいがガリオア・エロア計画で日本の経済復興を支えたことも、経済力をもって国際情勢を動かすという意味では地経学である。

最初に「地経学パワー」として注目されたのは日本だ。19世紀後半以来の戦前の地政学で日本はその帰趨が注目されたが、戦後は地経学において再び関心を集めた。今度は軍事力ではなく、経済パワーとしてである。『文明の衝突』（1993年）で知られる国際政治学者サミュエル・ハンチントンは、米国の経済や社会制度は「衰退」しつつあり、日本の経済的成功の原因はその文化にあると認識していると述べ、米国の戦略研究家のエドワード・ルトワックは日本の地経学志向は明らかであり、その結果、日本は再び米国にとって「主敵」になったと分析した。第2次大戦敗北の敵《かたき》を、経済戦争で討つといった単純化されたストーリーが米国で語られた。

実際には日本は「産業」、「貿易」、「金融」、「円」の力など地経学パワーの要件を満たしていたが、それを統合して使う戦略を生みだす政治力が決定的に足りなかった。各企業がエコノミック・アニマルと蔑視されながらも利益を生みだすために世界で奔走した。しかし、エネルギッシュだが統制のとれていない経済活動は、最後まで国家戦略の中で位置付けられなかった。「戦略」という考え方自体が、平和主義の戦後日本にはなじまなかった。そうこうするうちにバブル経済の崩壊で、世界を恐れさせた経済パワーも衰退してしまった。

今、地経学の中心を米国と中国が占めている事実は誰も否定しない。リーマンショック後の世界経済危機では、中国が大規模で迅速な公共事業投資を実施、世界を救ったとの印象が広がった。米中二大国が世界のさまざまな問題を共同で運営していくというG2論が唱えられ出したのもリーマンショックの直後からだ。政治・軍事面では対立する米中二国だが、経済面での相互依存は深化しており、経済におけるG2論は的外れではない。

米中両国が戦争に踏み切ることは考えられない。世界覇権の帰趨をめぐる対抗の方法は経済の力、つまり地経学だろう。米中だけでなく、米ロ、あるいは中ロの関係も軍事力で対峙し、経済力で競り合いながらも互いに依存する姿が浮かんでくる。地政学が大国のぶつかり合いのルールとするならば、「今の地政学とは地経学である」と定義できる。

兵器に代わる手段

地経学の素顔を見て行こう。

世界経済フォーラム（ダボス会議）が2015年に発表した世界情勢に関する報告書は、現代の大国間の対立は地経学の形で表れていると明言している。「今の主戦場は軍事でなく、経済である」との結論である。具体的には軍事攻撃より経済制裁、軍事同盟よりも自由貿易協定（FTA）、領土の征服よりも通貨戦争、軍拡競争よりも石油など資源価格の操作が、大国が影響力を拡大するのに効果的だ。その上で、経済制裁という「兵器」、地域の囲い込みである「経済圏」づくり、そして国家が資源輸出で得た資金を使って戦略的な対外投資を行う主権国家ファンド（SWF）の活発な活動を現代の地経学の柱として挙げている。中央銀行の露骨な通貨安政策も現代地経学の特徴だ。通貨安政策は自国の輸出産業保護のための有力な武器である。従って日本銀行が2013年に踏み切った「異次元緩和」も、国際的には地経学という文脈で語ることができる。

この中で、何と言っても国際政治に影響力を持つのは経済制裁と経済圏づくりであろう。

まず経済制裁から見て行こう。

経済制裁の歴史は古い。紀元前5世紀に海洋国家アテネは、ライバルであった陸上国家スパルタとの角逐の中でスパルタ同盟国の小都市国家に対し港湾を封鎖する経済制裁を科し、後のペロポネソス戦争の発端となったという。もっとも劇的な結末となったのは太平洋戦争に至った対日石油禁輸だ。石油を国内で生産できない日本に科された1941年8月の石油全面禁輸は、国家経済面からも陸海軍の運用面からも大きな打撃となった。日本はインドネシアの油田獲得が至上命令となり、開戦に突き進んだ。

このほか、南アフリカのアパルトヘイト体制に対する制裁、アラブ諸国が第4次中東戦争で発動した欧米に対する石油禁輸制裁、湾岸戦争でイラクに科された経済制裁が思いつく。だが、今の制裁はよりピンポイントで効果を上げる。経済制裁が「兵器」と呼ばれるゆえんである。

中でも米財務省が発動する金融制裁は、近年格段の進歩を遂げて効果を上げている。もともと米中枢同時テロ（9・11）後に、ブッシュ政権が対テロ戦略の一環として着手したものだが、2005年に北朝鮮の金正日総書記の個人口座を扱うマカオの銀行にかけた制裁は、北朝鮮をパニックに陥れた。

ホワイトハウスの東隣りにはホワイトハウスよりはるかに巨大で荘厳な米財務省のビルがある。ここで対北朝鮮金融制裁の青写真を当時つくり上げたホアン・ザラテによると、いかなる制裁も打撃を最小限に抑えてきた北朝鮮の政府当局者が「とうとう米国は、われわれを痛めつける方法を見つけた」と慨嘆したほどだ。

金融制裁はイランの核問題でも効果を上げた。核開発を進めたイランに米国が発動した制裁でイランの市民生活はマヒした。イランが核開発活動の凍結に応じたのは、金融制裁を解除するためだった。米国の金融制裁は、イランなど「ならず者国家」と取引している企業は米国市場から放逐されるという仕組みで、いかにも乱暴だが、どんな企業でも世界経済の20％を占める米国を失うのは恐い。「イランと米国とどっちをとるのだ」と通告されれば、米国をとらざるを得ない。

潰えた日の丸油田

米国の外国企業に対する締め付けは容赦ない。2012～14年に三菱東京UFJ銀行はイランなどとの取引を指摘され、米財務省やニューヨーク州当局に5億7000万ドルもの罰金を払っている。欧米の銀行も懲罰の対象となった。米国は連邦法と州法という二重の法で外国企業の活動を罰するから、連邦法をクリアしても州法違反に問われる恐れがある。

米国のさまざまな経済制裁の力を感じさせたのが、イラン・アザデガン油田からの日本の撤退だ。日本はイランとイラクの国境地帯にある中東最大級と言われるアザデガン油田の開発権を2004年に獲得、国際石油開発帝石（INPEX）が担う体制をとったが、米国が日本政府にさまざまな圧力をかけて、中止を要求。結局アザデガン油田の開発に関わる日本企業が米国でビジネスをできなくなるとの懸念から、日本は2010年に撤退を決めた。当時INPEX幹部に、なぜ日の丸油田を易々とあきらめるのかと問うと、「米国の金融機関が使えなくなる」事態を挙げ、米国の金融制裁の威力を感じさせた。

私はイランが核合意によって制裁を解除されてから1年後の2016年8月にイランを訪れ、経済の回復ぶりを取材してみた。テヘラン郊外にある自動車企業は活気を取り戻していたが、産業界の幹部たちは口を揃えて「日本企業の投資の遅れ」への不満を口にした。

帰国してから経済産業省や日本企業を取材しイラン側の声を伝えると、「米国の風向きがいつ変わってイランでビジネスをしている企業への制裁に乗り出すか分からないという不確実性がある」との反応だった。しかも、今回イラン敵視政策をとるトランプ政権が米国に誕生したことで、いつ制裁が復活するかも分からないという不確実性は一層高まった。

米国は過激派組織「イスラム国」（ＩＳ）対策でも経済制裁をフルに使っている。米財務省の金融制裁担当者が大喜びしたのが、２０１５年12月の国連安全保障理事会決議だ。ＩＳを支援する個人や団体の資産を凍結する決議が安保理15カ国の全会一致で採択されたのだ。この安保理会合は各国財務相が出席し、議長は米財務長官が務めた。安保理と言えば、国際外交のもっとも重要な枠組みであり、外相や国連大使が出席する。首脳会合も行う。だが、財務相が出席する会合は国連史上初めてであり、いかに金融制裁が外交・安全保障の手段として優れているかを証明する場となった。

ＩＳは２０１６年になると、支配地域を次々と失い、勢力は衰退に向かった。ロシアの猛烈な空爆や、イランやクルド人の民兵部隊が地上戦に参加しただけでなく、国際協調による金融制裁でＩＳの資金源が枯渇したことも大きな理由である。金融制裁という兵器の効果は上がっているのだ。

トランプ政権が２０１７年に北朝鮮に対して広範な金融制裁を発動した。大陸間弾道ミサイル（ＩＣＢＭ）の発射に成功し、核弾頭の性能も向上させている北朝鮮に米本土を攻撃できる核ミサイルを保持させないためだ。国連安全保障理事会も北朝鮮に対する石炭など主産品の禁輸や金融制裁、そして北朝鮮に最も痛手となる石油制裁を科した。経済制裁は米国の究極の地経学兵器であるから、北朝鮮問題は軍事オプションの一歩手前まで行ったことになる。

新しいシルクロード

経済制裁と並ぶ現代の地経学戦略には、地域経済圏づくりがある。地球全体を普遍的にカバーする世界貿易機関（WTO）のドーハラウンドの挫折もあり、今や地域ごとの自由貿易協定（FTA）が活発だ。欧州連合（EU）、北米自由貿易協定（NAFTA）に始まり、南米南部共同市場（メルコスル）、東南アジア諸国連合（ASEAN）などさまざまな地域経済圏が出来上がっている。米国が環太平洋連携協定（TPP）の創設に一時動き、対する中国は新シルクロード構想「一帯一路」やアジアインフラ投資銀行（AIIB）の創設で対抗するなど、経済圏づくりは覇権争いの場となっている。

2015年9月下旬、珍しく深い青空が広がった北京の人民大会堂で、当時共産党ナンバー5だった劉雲山政治局常務委員から「一帯一路」について、じっくり聞く機会があった。共産党機関紙の人民日報が主催した一帯一路に関するメディアフォーラムの後、劉雲山がメディア代表と会見し説明したのだ。

一帯一路は中国―中央アジア―中東―欧州―アフリカと続き、「東洋と西洋の結合」を深めるものだという。一帯は陸上シルクロード、一路は海上シルクロードを意味するが、ともにはるか前からあり、「中国のすべての文化はどちらかのシルクロードを通って伝わってきた」と劉は歴史の説明から入った。劉の言葉でやはりそうかと膝を打ったのが、中国はキリスト教、イスラム教とも歴史的なつながりがあるのだと胸を張った時だ。一帯一路の広がりは、中華圏やアジアを超えている。キリスト教とイスラム教という世界の二大宗教圏を視野に入れているところに、グローバルな覇権確立を目指す中国の狙いがうかがえる。

劉雲山との会見は、習近平国家主席が画期的な業績を上げた訪英時期と重なった。習はこの訪英で、ヒンクリーポイント原子力発電所の建設など大型プロジェクトの受注を次々とまとめ、エリザベス女王主催の華やかな晩餐会に主賓として招かれた。19世紀には中国は英国の侵略を受け、その屈辱の歴史が始まったのだが、英国が中国の経済力を請うという主客逆転の事態は、まさに中華民族の偉大な復興という「中国の夢」の実現である。

劉は「英国は、一帯一路が素晴らしい道であると理解し、チャンスをつかもうとしている」と絶賛した。英国のＡＩＩＢ加盟決定で、他の欧州諸国が雪崩を打ったようにＡＩＩＢへの加盟を表明したことへの素直な感謝を表したのだろう。一帯一路の西端は欧州大陸までとされてきたが、中国は米国の忠実な同盟国である英国までも切り崩した。欧州連合（ＥＵ）から離脱した英国は、ますます中国市場に引きつけられていくだろう。

この時、同席したインドのジャーナリストが、インドや日本から見ていると、一帯一路とは中国の拡張政策としか見えないと指摘すると、「誤解だ」と劉雲山は色をなして反論したが、だれもそうは信じない。

一帯一路は地経学そのものだ。「新常態」経済下でだぶついた中国のインフラ製造能力を一帯一路地域に中国企業、中国人労働者とともに投入し、今のままでは高成長が望めない中国経済を再び活性化する。資金面でも中国単独で使えるシルクロード基金のほかに、ＡＩＩＢが発足し、世界の国々の資金も導入できる。

何しろ、アジアだけでも２０２０年までに、８・３兆ドルのインフラ需要があるというのだ。エネルギー開発、パイプラインなどその輸送手段、道路、鉄道、通信など、旺盛なアジアの成長を支えるには足りないものばかりだ。このビジネスチャンスを中国が見逃すはずがない。

一帯一路はオバマ政権が「アジア重視」を打ち出すのに合わせて提唱された。米中二大国の地経学のぶつかり合いが自然にこの二つの動向を生んできた。もともと中国は上海協力機構（ＳＣＯ）を２００１年に創設して中央アジアとの関係を深めパイプラインによる天然ガスの輸入を開始、さらに東南アジアや南アジアとは貿易・投資に加えて経済回廊計画で結び付きを強めてきた。ペルシャ湾岸からの原油輸入も多い。さらにはドイツを中心とする欧州との経済関係も築いてきたし、アフリカとは資源の輸入先、インフラの輸出先として蜜月関係をつくりあげた。

一帯一路はこれらの動きを、壮大なストーリーの中に流し込んで理論づけしたものだが、ここには米国の動きへの対抗という側面がある。２０１１年にクリントン国務長官は、アフガニスタン戦争からの米軍の撤退後の構想として中央アジアからインドに抜ける地域の経済発展を米国が支えるという、米国版シルクロード構想を発表、続けてオバマは環太平洋連携協定（ＴＰＰ）を打ち出した。これらの一連の動きは中国から見れば、中国を日米が包囲する地経学戦略と映ったに違いない。

中国の方は、２００９年ごろから「中国版マーシャル計画」という呼び名で、豊富な外貨を途上国に投資して中国企業がインフラを建設するという構想を明らかにした。胡錦濤時代に始まったこの構想は、習近平が２０１３年秋にインフラの建設を軸とした陸上シルクロード、海上シルクロード、そのための資金拠出の在り方などを包括的に提示して、一帯一路と名付けた。

あまり注目されていないが、ロシアも２０１１年から「ユーラシア連合」という経済圏づくりを始めている。もともとカザフスタンが提唱したものを当時ロシアの首相だったプーチンが発展させた。モノ、カネ、ヒトの自由な動き、通貨・予算政策の調整など欧州連合（ＥＵ）型の経済圏を目指している。カザフスタン、ベラルーシ、タジキスタンなどが構成国でソ連圏復活の意味合いも含まれている。

トランプは就任直後にＴＰＰ離脱を発表して、対中国、対ロシア地経学戦略を放棄してしまった。ＴＰＰは普遍的な価値観を根底に持つ米国が得意とする地経学だったのだが、それを失った。これは米国の大きな後退である。

「米国第一」の地経学

トランプはＴＰＰからは離脱したが、日本に二国間交渉を提案するなど、同盟国・友好国から米国ができるだけ多くの利益を得る戦略をとろうとしている。完全な孤立主義、保護主義ではない。既にアジアでは韓国、シンガポール、オーストラリアと自由貿易協定（ＦＴＡ）を結んでいる。加えて日本と結べば、アジア太平洋地域の親米諸国とは経済でも深い結び付きを達成する。対岸の南北アメリカ大陸では、北米自由貿易協定（NAFTA）やペルー、コロンビア、パナマ、チリとの自由貿易協定が発効している。

トランプが多国間交渉よりも二国間交渉を好むのは、大国対小国という枠組みであれば、有利に交渉できるという発想からだ。「米国第一主義」に基づく地経学と言えよう。今でこそ貿易赤字に焦点を当てているが、二国間であれ多国間であれ、単なる貿易自由化だけでなく幅広い分野にわたって米国にとって有利になるようなルールを各国に導入させ米国の影響下に置くことは、トランプ時代も変わらない米国の支配の思想である。この思想は戦後の米国による日本やドイツの国家改造を見れば明らかだ。米国がある限り脈々と続く思想と言える。

米国好みのルールを世界の標準とする思想は、オバマがアジア政策の詳細を明らかにした2011年11月のオーストラリア演説が参考になる。オバマはこの中で、公正な貿易、開かれた国際経済システムを築くと述べ、そのために労働者や消費者保護、企業が対等に競える環境、知財や新技術の保護、腐敗の撲滅、持続可能な成長、クリーンエネルギーの普及、そして民主主義的な価値観を広めるという狙いをうたった。これはつまり米国の政治・経済・社会制度をアジア太平洋地域に広げようとしていると理解するのが正しいだろう。地域全体を米国流に変えて行くという考えである。

もう一つの狙いは中国への対抗だ。オバマの本音は2016年2月のTPP署名後に「中国のような国ではなく、米国が21世紀の経済と貿易のルールを書けるようになった」と語ったことに表れている。世界経済の覇権を渡さないという意志はあけすけである。

自由で開かれた国際秩序に背を向けるトランプだから、オバマが言った民主主義的価値観の普及や腐敗の撲滅、クリーンエネルギーの普及には関心がない。米国好みの取引を二国間交渉で押し付け、米国が実利を上げ、「忘れられた人々」の生活を少しでも向上させるという狙いはオバマより視野が狭く、それだけ切実である。米経済の余裕のなさを物語る。

地経学の勝者と敗者

さて地経学の時代の勝者と敗者は誰だろうか。まずは勝者だが、それは大国であると言わざるを得ない。日本は残念ながら勝者には入らない。

冷戦が終わった時には、グローバルな統治が世界に秩序をもたらすと予想された。その核となる米国とリベラルな政治・経済システムを共有する、日本も含めた西側同盟国が勝者になると思われた。しかし、グローバルな貿易ルールづくりの失敗や中国の興隆、そして肝心の米国がトランプの登場でリベラルな秩序を捨てて内向きとなったことで、その夢は潰えた。

代わって米国、中国、ロシア、ドイツなどの地域を従える大国がそれぞれの影響圏で地域経済圏をつくり、犠牲となるのは影響下にある周辺国家という構図が見えてきた。ロシアが旧ソ連構成国を従えてユーラシア連合をつくり、中国が一帯一路の名の下で南シナ海や東南アジア、南アジア諸国を支配しようとしている。ドイツの欧州における圧倒的な影響力確立もその一例だ。地域経済圏が並立するシステムでは主導権を握る中核国が力を背景にその利益を最優先として動くために、周辺国の意向はあまり考慮されない。むしろそうした周辺国は中核国に依存することで、中核国の地政学的な影響力を強化してしまう結果になる。

経済圏とは貿易に始まり、投資など経済全体に広がり、やがて政治、そして安全保障上の同盟の性格も帯びてくる。そうなれば、盟主たる国の意向でブロックごとに上下関係が生まれ、他のブロックとの対立の構図も出来上がる。経済パワーを使って政治的な目的を達成できることになる。

周辺国は急速に力を失い、地経学時代の敗者になろうとしている。冷戦の終結は超大国支配の時代の終結をも意味し、周辺国、特に一定の経済力や国家の規模、独自の文化などを持つ国がミドルパワーとして輝き、発言力を確保する時代がやってくると思われたが、その楽観は消えつつある。今や大国の陰に隠れてしまっている。

敗者となるのは、中国圏で言えば、東南アジア諸国、パキスタンなどイスラム圏の東側の国、そして中央アジアもその中に入るだろう。ロシア圏ではロシアのくびきから逃れようともがいているウクライナ、ジョージアをはじめとする旧ソ連の構成国。そして欧州ではドイツの影響下にある西欧諸国である。欧州連合（EU）の中軸国はドイツ、フランス、英国の3カ国だったが、英国が抜けた後はドイツが圧倒的な力を持つ。EUはドイツの裏庭のようになった。

象徴的なのは東南アジアだ。冷戦構造の崩壊とともに東南アジア諸国連合（ASEAN）が地域経済圏づくりのリーダーシップを握った。しかし、今や東南アジアの国々は米国と中国という巨大国が互いに勢力圏を争い、米中それぞれの持つ圏域の中の一構成国という格下げの悲哀を味わっている。東南アジアの国々は米国派の海洋の国々と、中国派の大陸の国々とに分断されてしまう可能性がある。シーパワーとランドパワーの地政学断層の出現だ。そうなると、ASEANとしての一体感が壊れ、力は弱まる。そして年月の経過とともに、シーパワーの東南アジアも含めて一帯一路の進展で中国と一体化した経済圏ができるとみられている。

ロシアのユーラシア連合と中国の一帯一路とがぶつかれば、ロシアと中国の勢力圏がぶつかる中央アジアにも断層ができてしまう。また米ロ協調が実現すれば、中央アジアは米ロと中国の新たな攻防の舞台になる。中国はトルクメニスタンの天然ガスの8割をパイプラインで輸入しており、中央アジアへの影響力を強めることは一帯一路の実現だけでなく、中国経済を維持するために欠かせない。中ロ間の断層は深まる一方であろう。それは中央アジアの一体感を損ない、その影響力も低減してしまう。

サウジアラビアなど中東の産油国も米ロという二大エネルギー資源国が手を握れば、その存在感は希薄になるから敗者である。現に米国でシェール・オイル、シェール・ガスの産出が増大するにつれて、石油輸出国機構（OPEC）はかつての力を失った。アラブ諸国が1970年代に石油禁輸戦略で欧米を震え上がらせたことなど、今は想像もできない。

敗者の中にはリベラルな国際経済システムとその擁護者である世界貿易機関（WTO）を代表とする国際機関も入る。第2次大戦の戦勝国が大国支配の原則を守る目的もあってつくられた国連は、安全保障理事会に常任理事国と拒否権というシステムを埋め込んでいる。このため米中ロの中核国は、安保理を今後も重視していくのに間違いない。しかしその他の国際機関は、構成国が平等に票を持ついわゆるリベラルな国際機関である。リベラル・インターナショナル・オーダー（自由で開かれた国際秩序）の衰退は、これらのリベラルな国際機関の存在感を奪っていく。

開かれた経済システムを利用して世界中どこでもビジネスをするつもりだった多国籍企業も敗者である。トランプが工場の海外移転を禁じるツイートを発信するだけで、移転を断念する大企業のふがいなさは地経学時代のパワーの変化を物語る。かつて国家よりもパワーを持つと言われた多国籍企業だが、その威光は揺らいでいる。

「周辺国」に格下げの日本

さて日本は世界第3位の経済大国であるし、その技術は世界の最先端である。国民の教育レベルも高い。しかし、経済圏づくりという現代地経学の世界では、従える国々、圏域がないのが決定的に弱い。ドイツと比べると良く分かる。ドイツがEUという巨大な圏域を従えているのに対して、日本には中国を従える力はないし、韓国をも歴史認識をはじめ様々な問題のために従えることができない。東南アジアはかつては日本の圏域と言えたが、今は中国が進出し日本の影響力は薄れている。日本は孤立した経済大国であり、その力を圏域を背景に十二分に発揮する環境にない。むしろ米国の圏域、あるいは中国の圏域内の国として従属的な地位になってしまう。

日本は米国の同盟国であり同時にアジア大陸に足場を置くユニークな存在である。しかし、領土をめぐる対立や軍事的な拡張行動が問題となっている中国と和解に至るのは極めて難しい。北朝鮮の核ミサイル問題にしても米国頼みである。結局は、トランプ政権に近付かざるを得ない。

こうして米国という中核国の傘の下に隠れる周辺国の性格が強まっていくのだ。シンガポールのように米中双方と良好な関係を築けないのである。現代史を振り返れば、第2次大戦後のリベラルな国際システムの恩恵を受け続けてきた筆頭は日本だった。しかし、むき出しのパワーがぶつかる地政学時代、そして経済圏域でその力を何倍にも増加させようという地経学時代の世界では、日本が敗者の筆頭であるようにも見える。

第3章

怒りの地政学

二つの大戦の破局を経て、地政学を乗り越える知性を世界は得た。19世紀の後半、帝国主義時代に誕生した地政学はいったん葬られた。冷戦後の世界で米国は自由で開かれた国際秩序の盟主として地政学を超越した世界に君臨してきた。しかしなぜ21世紀の今、地政学は蘇るのだろうか。トランプの米国第一主義とはせんじ詰めれば、相手国の国力を見極め、自国の力を最大限に使って、少しでも利益を奪おうとする極めて地政学的な戦略と言える。まさに中国やロシアのようなパワーを信奉する国の世界戦略と同じ思想に立っている。だが、それは多大な犠牲を払って進歩を遂げた人類の歴史の逆行ではないか。なぜ地政学という妖怪が世界を徘徊しているのか。その理由を探るのがこの章の狙いである。

マッキンダーの問いかけ

地政学とは地理を原点とした国力を基に国家の興亡を探る。誕生した時代が重なるダーウィンの進化論の影響を受けたためか、地政学は「適者生存」の宿命論に陥りがちだ。例えば東と西を広大な大洋によってユーラシア大陸から隔てられ豊饒な大陸を持つ米国は、この地理的特性によって自然に大国となる潜在力を持つ。一方で東欧の国、ポーランドやウクライナはドイツとロシアという大国に陸続きで挟まれているため、「生存圏」の拡大に勤しむ両国から侵略される宿命にある。

しかし、こうした地理主体の宿命論的な地政学に立てば、そこでは人間の営みは意味をなさなくなる。そんな風に無機質な視点で世界を見てもよいのだろうか。

地政学の祖ハルフォード・マッキンダーは、宿命論に立てばハートランドを支配する大陸国家に世界は制されてしまい、母国である大英帝国は世界覇権を失う、との結論に至った。しかしマッキンダーは「気概」という人間の要素を否定していない。

その著作『デモクラシーの理想と現実』の中でウィリアム・シェークスピアの作品『ジュリアス・シーザー』に出てくる言葉を、マッキンダーは紹介している。

「ねえ、ブルータス、僕等がうだつの上がらないのはね、なにも運勢がわるいんじゃない、僕等自身が悪いんだ」

ブルータスの親友キャシアスのこの言葉は、運勢、つまり宿命ではなくて、自身の努力が足りないために、うだつが上がらないという論法であり、宿命論の否定である。シェークスピアの研究者たちが、「中世的な占星術でなく人間性を重んじるルネサンス的な新しい人間観、世界観を歓迎するシェークスピアの心情が表れている」と分析する有名なセリフだ。

マッキンダーはこうも言っている。

「われわれは、自分自身を回復すべきである。さもないと、いつのまにか世界地理の単なる奴隷となって、唯物的な組織者の搾取の手にさらされる」

「ダーウィンの生物進化論のおかげで、とかく人類は、その自然環境に最もよく適応した有機体なり組織が生き残れる、という考えかたに馴らされてきた。しかし人間的な知性は、このたぐいの単純な宿命論をこえる何物かを発明しなければならないところまできている」

地政学に対する人間の挑戦を促しているのだ。地政学的に見れば、鉄道網の発達とともに移動が容易となり、ハートランドを支配する国が出現する。そうすればユーラシア大陸を制することができる。やがて世界を制しようとする。つまりソ連（ロシア）やドイツの興隆が不可避であり、そしてシーパワーとの衝突につながるとの結論になるが、それを避けるための人間知性の動員を求めているのである。マッキンダーが「自由という人間の理想」「普遍的なデモクラシーの理念に対する希望」を高く掲げている点も興味深い。マッキンダーが『デモクラシーの理想と現実』を執筆したのは、ロシア革命の直後であったから、共産主義に対する自由主義の奮起を促している側面もある。

こうしたマッキンダーの言葉は、今の世界を考える上で重要な意味を持つ。

国の興亡を見極めるにしても、地理や資源、自然環境だけでなく、国民の気概や指導者の先見性が影響力をもつ。キャシアスが言った人の将来を決める「あらかじめ決まった動かせない運勢」と「運勢を変える個人の努力」の対比に従えば、動かせない地理があれば、その制約を乗り越える技術があるし、自然環境は不変であっても人間の努力で自然の厳しさは克服できる。そして地理や自然を克服する「人間」の側の中心にあるのは「知恵」である。古典的な地政学が21世紀の世界に通用しないのは、最新の技術革新や人々の知恵・知性を計算にいれていなかったからだ、と言える。

しかし、21世紀の世界はマッキンダーの時代よりさらに複雑だ。地理や人間の「知性」だけでなく、より裾野の広い国民の考え、感情、価値観がその国家の方向を決め、国際政治を揺り動かしている。民主化の進展でますます発言権を持った人々の「思い」は、宿命論の地政学やその制約を乗り越えようとする人間の知性などお構いなしに、激情で国を動かしてしまうのである。指導者は大衆の感情を意識せざるを得ない。国家の運営や世界の行方を決めるものにはマッキンダーが唱えた「地理」対「知性」という二項対立の枠組みだけではなく、もっとドロドロとした生身の人間の「感情」という第三の要素が当然入ってくる。

マッキンダーが『デモクラシーの理想と現実』を刊行した1919年は、英国では男子だけが普通選挙権を持っていた時代である。女子は年齢制限が課されていた。まだ世界の民主主義は限定的で未熟でもあった。だが、今は大多数の国で完全普通選挙制度が導入され、民主主義は成熟を超えて爛熟したとも言える。それだけ、より多くの人々が「怒り」を投票やデモでぶつけて政治を動かせるのである。

英国の欧州連合（ＥＵ）離脱もトランプの大統領当選も、「エリート支配層」対「忘れられた人々」という文脈で語られ、その文脈では知性を持つはずのエリートは敗北した。「忘れられた人々」、つまり大衆、労働者、中低所得層、伝統的価値観の擁護者など、さまざまな表現で指摘される非エリート、被支配層が、勝利を収めている。

その勝利は理性的な熟考の末の判断というより、「怒り」「不安」を背景にした感情的な直感が行動につながった結果と言える。「怒り」と「不安」を基盤に政権に就いた指導者は、対外政策も理性的な判断よりも、国民の感情に突き動かされて行いがちになる。早い話が、関税をなくすことで効率的なグローバル経済システムをつくり、同時に経済の相互依存体制が武力衝突を不可能にするという恩恵よりも、外国に職を奪われるという被害感情にばかり支配される人々を意識して、保護主義的な政策に走るトランプはその例である。

大戦後、人間は知性を使って、マッキンダーが言った「地理の単なる奴隷」から解放された。マッキンダーは１９４７年に他界したが、生き続けていればさぞかし喜んだことだろう。しかし皮肉なことに人間はさらに力を持ち、そして自らの価値観、宗教、イデオロギーを反映させた感情を「怒り」の形で表出し、国家の運営、対外戦略を決定的に左右している。

しかもグローバル化した経済で深まる格差や移民の流入は、人々の心に「他者」に対するより大きな「怒り」を生み、そして「寛容」を前提とした開かれた国際秩序など認めなくなっている。それが、結局は乗り越えたはずの地政学的な戦略、つまり知性を後景に追いやり、何事につけても感情的に「自分」と「敵」を分け、常に「敵」の弱点を突いて負かそうとする思考が蘇るメカニズムではないだろうか。

感情の地政学

私が国際政治と「怒り」の関係に関心を持ったのは、米大統領にバラク・オバマが就任した直後に遡る。米国の首都ワシントンは、まさにリベラルな価値観を体現した初の黒人大統領誕生のお祝いムードに包まれていた。そんな時に、珍しいタイトルの本の出版講演が行われたのだ。『「感情」の地政学』（原題：La Géopolitique de l'émotion、2008年、早川書房）。この挑戦的なタイトルの本を著したのはフランスの国際政治学者ドミニク・モイジだ。モイジはワシントンの国際政治にたけた聴衆にその独特の世界観を試しに来ていた。

ワシントンで記者をしていた私は講演会をのぞいてみたが、なまりのある英語、くせ毛で鼻が大きく、小柄なモイジの話はどこか世間離れして感じられた。なにしろ、世界を今、人々の「屈辱」や「恐れ」の感情が覆っていて、「希望」の領域がどんどん狭まっているという暗い世界観をモイジは語ったのだ。オバマという「希望」を世界が祝福しているのに、モイジの世界観は間違っていると正直思った。一緒にいたフランスのシンクタンク研究者に感想を聞いてみると、「分析が単純過ぎる。主流の思想ではない」と言っていた。私もそう思うと、同意した。

しかし、あれから10年もたたないうちに、モイジが予想した通り、世界から「希望」が消え、「屈辱」「恐れ」が充満している。今の世界のキーワードは「怒り」であると断言しても誰も違和感を覚えなくなった。なぜだろうか。

モイジは、世界を「希望」「恐れ」「屈辱」の三つの感情で分けて分析した。なぜモイジがこうした感情を重視したかと言えば、こうした人々の感情は、地理や自然、資源など不変の地政学要素の束縛を超越し、国家を本来の力よりはるかに優れた、あるいは劣ったものに変えてしまうという考察からだ。私なりに解釈すれば、それはマッキンダーが言った「世界地理からの解放」を、人間の知性でなく、感情が実現するということになる。

さてモイジは「希望」の土地はアジアだと言う。「アジアの経済成長は西洋型モデルの支配に終止符を打とうとしている」と述べ、「ベストを尽くして必死に働けば、素晴らしい未来が待っている」との中国人労働者の言葉を「希望」の象徴として引用した。「希望」とは「自信」であり、自信とは、国家や人間が難題に取り組み、将来像を描き、能力を発揮する源泉である。「昨日より今日、今日より明日が良い日になる」という希望は、経済発展と民主化が進むアジアで最も強烈に輝いているとモイジは述べている。

世論調査を見れば、中国人がいかに楽観的な国民であるかが分かる。米国のピュー・リサーチ・センターの調査（2016年春）では中国人の82%が子どもの世代は親の世代よりも良い暮らしを営めると予想しているし、70%が自らの経済状況が今後1年間で改善するだろうと答えている。またインドやインドネシアの国民はその民主主義体制の将来に自信を持っている。アジアではナショナリズムも前向きで建設的な形で表出している場合が比較的多い。

次にモイジが上げるのは「恐れ」の欧米と日本である。これまで世界の大半を握っていた欧米は、今初めて世界を統治する地位から滑り落ちつつある。二つの世界大戦は欧米の身内同士の戦いだった。しかし、今は経済力で中国に追い越され、イスラム過激派は欧米への敵意を燃やしている。イスラム教徒や中南米系など「南」からの移民の流れは、白人社会を圧倒しようとしている。西欧の強みであった民主国家の価値観も弱まり、もはや政治の中心ではない、という焦燥感をもたらしている。超大国も米国でさえ、アメリカンドリームが幻想と化したことで、「恐れ」の文化に組み込まれている。日本についても、モイジは長引く経済不振、中国からの経済と軍事の圧力、そして中韓との歴史和解の遅れが、「恐れ」の原因と分析した。

そして「屈辱」のアラブ世界がある。「屈辱」とは将来に希望を持てず、不幸をもたらしたとして他者を憎み、「思い知らせてやる」とばかりに破滅を望む感情である。植民地として支配され、その後は民族主義、社会主義、そして民主主義というさまざまな政治体制の失敗が、アラブ世界に屈辱を積み重ねてきた。そこで出現したイスラム主義が今、欧米やアジアに対抗するアイデンティティーとして浮上している。

その象徴としてモイジが注目するのは、9・11テロがアラブ世界の一部では「当然の報い」として位置付けられている事実だ。テロは、イラク戦争に極まった米国の無謀な中東政策や、過激派組織「イスラム国」（IS）の扇動などのせいで今や欧米で多発している。これを「当然の報い」とする感情もまた広がっているのだろうか。

怒りが世界を覆う

モイジがこの本を出版したのは2008年11月である。オバマの当選については「希望」が

「恐れ」を圧倒した、とモイジは書いている。

しかし、オバマという「希望」は長続きせず、やがてその反動として「怒り」が急速に盛り返し、トランプの出現に至った。「恐れ」や「屈辱」、そして「怒り」が米国で強い潮流となっている。政治はポピュリズムに席巻され、経済格差の是正に動けない。イスラム嫌い、多文化主義の否定に表れているように、多様性を認める寛容の精神も失われた。

欧州は年間100万人を超す中東・北アフリカからの難民・移民の流入におののき、欧州統合が深めた格差は、リーダー国の一つだった英国民を、欧州連合（EU）から離脱するという結論に至らしめた。欧州が現在の緩慢な衰退から抜け出る道は見えていない。

米国は「アメリカンドリーム」に象徴される、若い「希望」の国であった。広大な国土や豊かな資源、人口も増え続け経済成長の潜在力は大きいし、そして両岸を大洋に守られている。にもかかわらずトランプが当選した情景を見れば、今の米国は「希望」を忘れてしまったかのようだ。

そしてアラブ世界は依然「屈辱」「怒り」が基調であるし、欧州も極右政党の躍進を見れば「恐れ」が「怒り」に移行している。

2008年にモイジが表現した「希望」のアジアでさえも、中国経済の減速や政治腐敗、民族対立、イスラム過激主義の広がり、そして北朝鮮の核ミサイル危機など、「希望」は暗雲に覆われている。今や世界中がこうした否定の感情に覆われているのだ。

モイジが考察した欧米・日本、アラブ諸国、アジアだけでなく、世界中が「怒り」を基調とするに至った例を一つ挙げるとするならブラジルになろう。2009年にリオデジャネイロが五輪開催都市に決まった時は、ブラジルは高成長を続ける「希望」の国だった。だが、今は資源価格の低迷でマイナス成長に陥った。２０１６年夏の五輪開催直前の世論調査では50％が五輪に反対した。わずか3年前と比べると反対が2倍にも増加しているのである。巨額の費用を五輪に投じるよりも市民生活に回すべきだ、という「怒り」の表明だ。国民は五輪に希望を見いだせないのだ。五輪開催と同時並行で経済低迷や汚職を理由にルセフ大統領の弾劾罷免手続きが進むという異例の事態となった。

世界を覆う「怒り」「不安」の底流には、グローバル化し流動化する時代に、自分、あるいは自分たちのグループが正当に評価されず、見下され、その結果屈辱感にさいなまれている、という感情がある。感情の裏には価値観がある。

感情はこれまでも国際政治を動かしてきた。しかし、今回は米国という国際秩序の覇権国が「希望」から、「恐れ」と「怒り」に変質した点で過去とは大きく異なる。その光景を眺めてみよう。

忘れられた庶民

２０１７年1月20日、ドナルド・トランプ第45代米大統領が誕生した。大統領就任式は通常、アメリカの民主主義が再生するような希望を与えるものだ。だが、この就任式は「希望」よりも「怒り」が覆った。

寒さが少し緩んだこの日、トレードマークであるオールバックの金髪とダークカラーのロングコート姿で連邦議会南側の壇上に立った長身のトランプは、米国の大統領就任式の歴史を振り返れば耳を疑うような就任演説を行った。それは「恩恵を享受する支配層」対「忘れられた庶民」、「利益をむさぼる外国」対「犠牲となる米国」という、「敵」対「我々」のストーリーを設定する、あからさまなポピュリズム、あるいは階級闘争の宣言である。分断の修復、国民の団結といった、希望あふれる通常の就任式のメッセージではない。選挙戦の期間中、常に挑戦者としての戦意を放射してきたが、大統領に就任してからもそれに一点の修正も加えない分断のメッセージである。

就任演説の中で、トランプが気負いを込めて語ったのは、米国だけのことを考える「米国第一主義」の政策をひたすら遂行すると宣言した時だ。「物づくり、企業、雇用を奪う外国から、米国を守る」「他国を守る間に米軍は劣化し、自国も守れなくなった」という言葉には、いつから米国はこんなに被害者意識をむき出しにする国になったのか、と愕然とする。自由や寛容といった建国以来の理念が敗北したかのような印象だ。

米国の駐ロシア大使を務めたマイケル・マクファウルは「あの就任演説は、私がモスクワで何度も聞いた、ロシア民族主義者たちの扇動演説を思い起こさせた」と評した。マクファウルが思い出したのは、ロシアは欧米やアジアに敗北し、真の敵はエリートと外国だという、大国としての理念も矜持もない被害妄想の旋律だ。中国政治の専門家は、トランプの大衆路線は中国共産党の指導者が大衆の擁護者として、「敵」を攻撃する階級闘争演説を想起させると語った。

トランプは「怒り」を煽り、かつてない対立を米国につくり上げた。普通なら新大統領の誕生を祝うお祭りムードに米国は包まれるはずなのだが、就任式の翌日には、トランプの大統領就任を認めないという反トランプ派の大規模なデモが米国中で起きた。歌手のマドンナらが参加したワシントンの「女性大行進」には50万人が参加、「少数派の権利を守れ」「トランプを弾劾せよ」といったプラカードを掲げた。世界でもあちこちで反トランプ集会があり、合わせると470万人が参加したと、主催団体は発表した。

トランプはホワイトハウス入りすると、環太平洋連携協定（TPP）離脱、北米自由貿易協定（NAFTA）再交渉、不法移民阻止のための壁建設、イスラム圏からの移民禁止、そしてオバマ前政権の医療保険改革撤廃など、矢継ぎ早に政策方針を発表した。米国が中軸を担い国際社会が長い年月をかけてたどり着いた地球温暖化防止のパリ協定も「米国産業のためにならない」とあっけなく一蹴した。事実無視の発言、外国人敵視、女性蔑視、白人至上主義的な価値観を漂わせ、国際合意に背を向ける政策。そしてリベラル派との対決を心から楽しむ無法者のようなトランプの振る舞いは、多様性を体現したインテリ黒人のオバマとは180度異なるタイプである。

ただ注視すべきなのは、米国の主旋律はオバマが代弁する多様性・協調からトランプの排除・闘争に一夜にして変わったわけではないことだ。少し過去を振り返れば、米国の国益だけを考え、国際的な責務に背を向ける米国第一主義はオバマ政権の8年間、さらにはその前のブッシュ政権の後半には既に顔をのぞかせていたことが分かる。

オバマ・ドクトリン

私の取材メモから少し時間を遡って見てみよう。

シリアとヨルダンの国境で青空をずっと見上げていたことがある。

２０１３年8月末、シリア政府軍がダマスカス郊外で化学兵器を使い、１５００人近い死者が出た直後のことだ。その前からシリア政府軍が化学兵器の使用を準備しているとの情報がたびたび伝えられ、オバマは化学兵器攻撃が確認されれば、米軍が反撃するとの「レッドライン」を繰り返し警告していた。そして実際に化学兵器が使われ多数の犠牲者が出た。超大国のメンツがかかっているから、米軍は約束通り懲罰空爆に乗り出すと思った。こういう時に米軍が使うのは艦船から発射するトマホーク巡航ミサイルだ。このミサイルは大気圏内をゆっくり飛ぶから、空を注視していれば、その航跡を見つけられる。スクープ映像をものにできる。そんな思いで私は出張目的だったヨルダン国内のシリア人難民キャンプの取材を切り上げて、国境に向かったのだ。

ところが、灼熱の暑さの中を2時間待ったがミサイルも戦闘機も目に入らない。国境は車両や人の出入りもなくシーンとしている。周辺の集落も戦火を逃れて人がいない。一緒にいたヨルダン情報省の通訳が「長居は無用。シリア軍に捕まったらどうする」と怒り出したので、やむなく引き揚げた。

その日遅く、ホテルに戻りオバマが空爆を回避したと聞いて、「なーんだ」と気が抜けた。「これじゃあ米国は世界になめられる」と人ごとながら心配になった。同時に「トマホークをぶっ放す」だけだった米国の中東政策が変わり、より中身のある政策が生まれるのでは、と若干の期待を抱いたのも確かだった。

私が国境で空を見上げていたころ、オバマは首席補佐官デニス・マクドノーと長い会話を交わしながらホワイトハウス南側の庭を散歩していた。オバマは「警告通りにシリアを攻撃するかどうか」で思い悩んでいたのだった。

化学兵器は8月21日、ダマスカス郊外のゴウダに着弾した。病院で痙攣する女性や子ども、口から泡を吹く男性の映像がインターネットで世界中に拡散し、米国に軍事行動を促す声が上がっていた。8月下旬のワシントンはまだ夏休みののんびりしたムードだが、ホワイトハウスは有事の緊張下にあった。

小一時間の散歩から帰った後でオバマは、米国の安全保障の歴史上大きな転換点となる決断を明らかにする。それはあれほど警告したレッドラインを侵されながらも、懲罰攻撃をしないというものだった。散歩の中でオバマは軍事攻撃に踏み切るいくつかの場合を頭に思い浮かべた。国際テロ組織アルカイダが米国にとって脅威となる時、イスラエルの存在が脅かされる時、そしてイランが核兵器を持ち脅威となる時などである。しかし、シリアのアサド政権による化学兵器使用は、そのレベルに達していなかった。

この決定は世界を驚愕させた。国務長官のジョン・ケリーはシリア軍への報復を公開の場で予告していたし、オバマ自身も5隻のイージス艦を地中海に派遣し、国防総省にシリア国内の標的リストを用意させていた。フランスでは政府が攻撃参加を準備し、従軍記者の募集も始まっていた。サウジアラビアの駐ワシントン大使は「ようやくオバマが腰を上げる」と周囲に漏らしていた。

オバマが攻撃見送りを側近たちに伝えると、国家安全保障問題担当補佐官のスーザン・ライスは「米国の権威が失墜する」と反論し、その場にいた他の側近らも「なぜ大統領は態度を変えたのか」と首をひねった。「米国は信用できない」と語るアラブの元首もいた。

後にオバマはこの時の心境を語っている。攻撃をしなかった理由は、何と言っても「米国民がシリアに関心がない」ということだった。世論調査では軍事介入への反対論が過半数に達したし、オバマがシリアへの軍事介入の是非を議論するよう求めた議会は、結局まじめに審議をしなかった。世論に敏感な議会は、軍事介入への国民的な支持がないことを初めから知っていたのだ。国民の意向に背を向けては軍事攻撃に踏み出せない。その結論は米国の対外政策が国民意識、感情に左右されることを如実に物語る。

この時のホワイトハウスでの散歩で、オバマは一緒に歩く相手にマクドノーを選んでいる。マクドノーは首席補佐官でオバマの腹心だから、確かに重要な政策を相談すべき相手ではあるのだが、中東は本当に米国にとって死活的に重要なのか、中東への軍事介入は本当に意味があるのか、彼は常に懐疑的だった。マクドノーを散歩の相手に選んだのは、オバマ自身が「中東」や「軍事介入」に最初から疑問を持っていたからに違いない。介入慎重派のマクドノーと話し合えば、攻撃しないとの決断で予想される内外の反発に屈しない理論づけを得られるとの思惑だろう。

国家威信、自由と民主主義、石油、軍需産業の利益などさまざまな理由で、米国は戦争をする国だ。それが今回は巡航ミサイル1発すら飛ばさなかった。これは世界に衝撃を与え、米国の威信はゆらいだ。なぜだという世界の疑問に答える形で、オバマはこの年9月の国連総会演説でオバマ・ドクトリン、つまりどんな時に米国は他国に軍事介入するかという原則を明らかにした。

世界の警察官ではない

「米国はもはや世界の警察官ではない」という言葉は、トランプの言葉のように思われているが、実はこの時オバマがそのドクトリンの中で明らかにしたものだ。さらにオバマは米国の軍事介入は、米国や同盟国を侵略から守る、エネルギーの流通を守る、テロリストのネットワークを破壊する、大量破壊兵器の開発を認めない、の4ケースであると宣言した。シリアの場合は、大量破壊兵器である化学兵器が使われたから軍事力行使の対象なのだが、ロシアが提案する形で、化学兵器禁止機関（OPCW）がシリアの化学兵器廃棄作業を行うことを決めたために、軍事力行使は不要となったという説明だ。より実態に近いのは軍事攻撃を嫌ったオバマが、OPCWによる化学兵器廃棄作業の動きを渡りに船とばかりに利用したということだろう。注目すべきはオバマが挙げた4ケースには、自由や民主主義、人権、あるいは人道目的の軍事介入は含まれていないということだ。オバマはそうした価値観を否定しないが、その実現は軍事力では難しく、ましてや米国単独では無理であり、国際協調が必要だという論法である。

この演説は、オバマの世界観を分かりやすく描いた。「冷戦は終わった。大国のグレートゲームはもはやない。陣取り合戦もない」のだから、化学兵器の拡散阻止、テロリストの温床としないということ以外に、「シリアに米国の国益はない」と正直に宣言した。そして人道支援、人権擁護、民主化の促進など「理念」の実現は、軍事介入では無理だから見送ると表明した。ネオコン全盛時代の過剰介入とは真逆の内向きへの転換である。何よりも「米国の国益がある国」と

「国益がない国」に二分するのは極めて冷淡だが、本音が出ていて興味深い。トランプの実利主義にも通じる発想だ。

オバマはよく自らを「米国には世界のすべての悲劇を解決する力がない、ということを認識している現実主義者」と表現した。イスラム圏の問題についても、「キリスト教が改革で変わったように、イスラムが自ら近代化と調和し改革を実現しない限り、イスラムテロの問題は解決しない」と突き放した言い方だった。シェール革命が進み中東のエネルギーへの依存が減る中で、中東はもはや米国にとって死活的に重要な地域でないし、中東で悲劇が起きても米国ができることは限られている、という冷徹な認識が背景にある。オバマは「馬鹿なことは二度としない」ということを肝に銘じるべきだ、とも言っている。中東への軍事介入は米国にとって、「馬鹿なこと」そのものだというわけだ。

湾岸戦争、9・11、イラク戦争と米国の中東政策は軍事介入が常だった。しかし、中東はそのたびに混乱した。今回、米国が到達した介入しないとの結論を「賢い」と評価する声もあれば、米国が国際社会に背を向けたとの非難もあった。確かに、オバマ・ドクトリンは米国が軍事介入をしないための言い訳の羅列のように聞こえ、「内向き」そのものだ。実際、その後に起きた「イスラム国」（ＩＳ）の暴力統治やシリアの混乱、クリミア併合などのロシアの拡張、南シナ海での中国の海洋進出は、「内向き」を宣言したオバマ・ドクトリンの負の遺産でもある。軍事介入を極力しないというオバマ・ドクトリンは米国の世界からの後退を招き、その結果「空白」が生まれた。その「空白」を埋める勢力の進出が進んだのである。

オバマは陣取り合戦より、核兵器の拡散阻止、感染症問題の解決、そして自由で開かれた国際秩序づくりこそが米国の国益に相当すると述べているが、そうした高尚な考えとは裏腹に、米国は後退し、いわゆる地政学パワーが、米国の国益が薄く軍事力を使わないと宣言した地域での陣取りに出たのである。オバマが言う国際秩序づくりという崇高な目的のためには、場合によっては軍事力を駆使してそうした秩序を守るという決意が必要だ。しかし、その国際政治の現実をオバマは意図的に無視した。その方が、オバマが目指す「内向き」に都合が良かったからだろうと思わざるを得ない。

トランプ・ドクトリン

なぜ、オバマ・ドクトリンを長々と説明したかと言えば、トランプの対外政策の原則である「米国第一主義」というトランプ・ドクトリンは、オバマ・ドクトリンと同じ方向であるからだ。もちろんトランプは多国間協調を嫌いTPPやパリ協定から離脱するなど、表面的には違いが目立つ。オバマが核なき世界を唱えてノーベル平和賞を受賞したのに対して、トランプは平気で各国首脳といさかいをする乱暴者だ。

しかし、米国が国際政治や国際経済に関心を持たず、米国第一主義に専念するというトランプの基本方針は、オバマ・ドクトリンの背骨でもある。オバマ・ドクトリンは自由や民主主義、人道、人権の擁護などの普遍的な価値観を守るための軍事介入を拒否しているが、トランプもこうした価値観や理念に対して、最近の米大統領に例がないような軽視、あるいは無視の姿勢である。

トランプはオバマと違って、シリアでの化学兵器使用が確認された段階で、躊躇なくミサイル攻撃に踏み切った。2017年4月6日のことだ。「かわいい赤ん坊が殺された」と人道を理由に挙げた。だが、その攻撃は国防総省が検討した三つの攻撃プランの中では、もっとも小規模な攻撃だったし、アサド政権転覆を目的とする本格的な介入は考えていないと明言している。このため、その主たる理由を求めるのであれば、オバマとの違いをアピールするために攻撃をしたとみるべきであって、国際介入主義に転じたわけではない。

トランプは国防予算の1割増や「350隻態勢の海軍」創設などを打ち出したが、予算措置の裏付けがなく実現の見通しは不透明である。その底流に流れるのは「米国第一主義」だから、米国の世界への関与に大きな関心はないはずだ。粘り強く議会と交渉して海軍強化につながる国防予算を獲得できるのか、心もとない。

中東政策にしてもロシアとの関係を改善し、米ロ協調でISを壊滅させ、中東地域の安定を図るという。ここでも米国は超大国として世界の平和に責任を持つというより、地域大国、同盟国に一定の責任を担ってもらうという「責任分担論」が基調で、関与後退の性格はオバマ・ドクトリンの継承となる。リベラルなオバマと保守のトランプ、多様性のオバマと白人優越観を持つとも言えるトランプ、インテリのオバマと反知性主義のトランプに共通するのは、「内向き」である。2016年大統領選の分析をした米世論調査専門家に聞くと、「オバマに投票した人々が今回はトランプに票を入れた」と言う。二人の支持層のかなりの部分が重なっているのだ。

オバマが大統領に就任した時、外交・安保担当者は「米国は9・11以降のテロとの戦争で疲弊し、経済をはじめ国内が弱体化した。この辺で内向きになって国家再建に精力を注ぐ」と言っていた。今、トランプ政権の側近もその保護主義や友好国に冷たい姿勢を説明する際に、「米国は外国への介入をしばらく休んで、国を立て直す時だ」と言う。両政権の説明は同じものだ。

実はさらに遡れば、ブッシュ政権の後半も、ジョージアへのロシアの軍事介入、北朝鮮の核ミサイル問題、中国の軍事力増強、イランの核開発、パレスチナ和平問題など、世界各地の紛争・緊張に対して、腰の引けた対応に終始した。アフガニスタン戦争の長期化、イラク戦争の泥沼化という1期目の過剰な軍事介入とその混乱で、ブッシュ政権には新たな国際問題を抱え込む余裕がなかった。リーマンショックもあり国民は米国第一主義を政権に要求していたからだ。

それにしても、この米国民の内向きはどこから来るのだろうか。

陽光の降り注ぐ下で

私は1993年から合計11年にわたって米国で記者生活を送ったが、時がたつほど米国民の生活環境が悪化していく様子が感じられた。特に2001年の9・11テロで始まった対テロ戦争、それに追い打ちをかけた2008年のリーマンショックで米国は疲弊した。遠い中東での戦争で3兆ドル（約330兆円、日本の国家予算の3年半分）もの戦費を使い、米兵は1万人近くが犠牲になった。そしてリーマンショックで中低所得層は、職場と家から追われるという恐慌を味わった。しかし、テロとの戦争やリーマンショックなど表面的な出来事よりも、構造的に21世紀の米国は衰退する宿命にあるというのが取材の結論だった。

南部バージニア州の片田舎で、イラクからの帰還兵を迎える「ホームカミング式典」を取材したことがある。大学の体育館で、こぢんまりとした式典とは不釣り合いなほど大音響の行進曲の演奏が終わった後、帰還兵とその家族に次々と話を聞いた。すると夫の留守中の妻や子どもたちの底知れぬ不安、兵士の戦争手当に頼らざるを得ない家計の困窮など、留守を守った家族の口からは次々と不満の声が上がり、遠い中東にまで兵を送る超大国の底辺のきしみが垣間見えた。「銃後に不安がない兵士は戦場で弾に当たらない」との米軍の言い伝えを守り、流産を夫に連絡するのを伏せていた妻もいた。

一方、兵士の方は「イラク人を見捨てられない」と言って、招集がかかれば何度でもイラクに行くと口々に語った。戦場の緊張と興奮によって米国の平和な日常に適応できなくなったとも言う。戦争が彼らの生活を変えてしまったのだ。「イラクではヒーローなんだけど、ここでは違う」と寂しそうに話す兵士もいた。帰国後の彼らは米国では良い職も尊敬も得られない。米国経済の格差がますます悪化し、高学歴でなく技能もない元兵士らは故郷の町では待遇の良い職につけないのである。

ほかにも仕事を失い医療保険がないために癌の手術を受けられずに亡くなった女性、大学の授業料を払えずに教育ローンを抱えたまま退学する学生など、決して都市の貧困地域ではなくむしろ中産階級が住む郊外でそうした人々の取材をした。学歴もある上品そうな人々が苦境に陥っていた。静かなたたずまいで知的に言葉を選びながら語る彼ら、彼女らの話が、正直信じられなかった。現在米国で福祉政策の一つである食糧補助券（フードスタンプ）を受給する人は４６００

万人にも上る。子どもも含めてすべての米国人の6人に1人である。これは15年前の2・5倍である。

一方で豊かな家庭環境に育ち、さほど能力があるとも思えないのに東部の著名大学の法科大学院を卒業しただけで、ニューヨークやワシントンの法律事務所で職を与えられ、桁違いの収入を得ている20代の若者にも多く出会った。その格差に「この社会は公正ではない」、直感的にそう思ったものだ。低所得者層の怒りの矛先はこうした特権階級に向かうのだ。

世界一の大国、豊かで申し分のない生活を味わえるはずの米国でなぜ、ここまで人々は追い詰められ、そして他者に怒りを抱いているのか。米国はどこへ行っても陽光がさんさんと降り注ぎ、豊かな大地の恵みを人々は享受している。しかし、その陰に潜む米国人の苦悩はあまりに陰影が濃い。そしてそうした人々は例外なく、「政府は遠い紛争に首を突っ込むより、我々を助けて欲しい」と言うのだ。

2016年の米大統領選では、トランプが当選した理由を分析する中でさまざまな経済統計を基に、そうした米国人の苦しみ、怒りが浮き彫りになった。

上位1%の富裕層への富の集中、中間層の衰退、学歴による格差の広がり、白人中年層の絶望、麻薬使用の広がりなど、米国人が抱える「怒り」の背景も、各種統計を基に分析がなされた。なぜ失業率が低く「好景気」の米国で人々は不満を持つのか、という素朴な疑問の答えとして、失業率が正確な職の状況を反映していないという事実も明らかになった。ITなどに必要な技能の不足や心身の不調で仕事に就こうとしていない人を合わせれば、統計に表われる失業者の3倍も

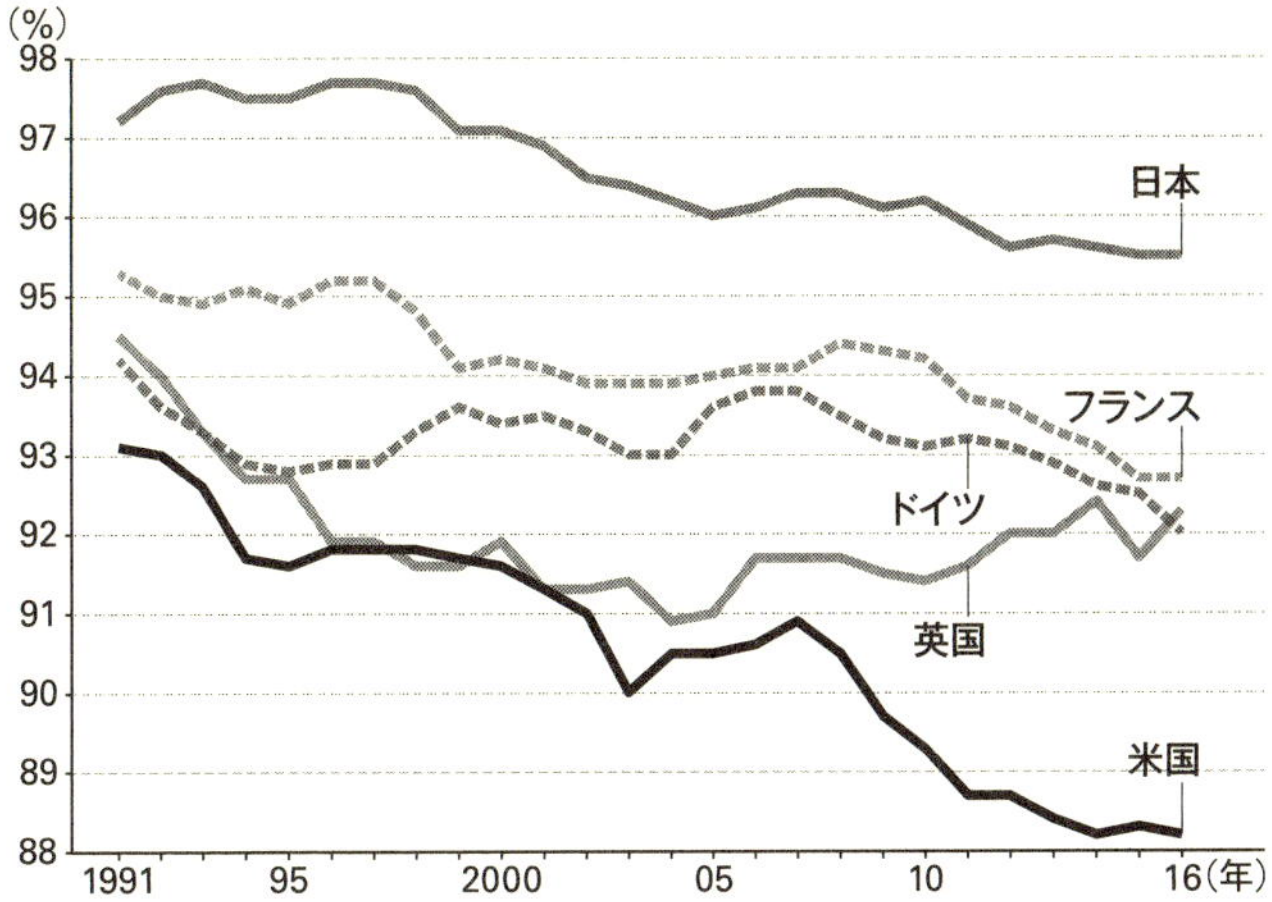

25歳～54歳男性の労働参加率（OECD調べ）

の「労働市場脱落者」が背後にいるというのである。

技術革新が職を奪う

人々の雇用に関する怒りの矛先は自由貿易、移民の流入、グローバル化に向かう。トランプは「北米自由貿易協定（ＮＡＦＴＡ）締結（１９９４年）以来、米国の製造業雇用の４分の１がなくなり、中国が世界貿易機関（ＷＴＯ）に加盟した２００１年以降、米国から６万の工場が消えた」と述べて、メキシコやカナダ、中国が米国から製造業の職を奪ったと非難している。ＴＰＰを「最悪の貿易合意」と呼ぶのも職を奪われるという理由からだ。

しかし、米国のＦＴＡ締結や中国のＷＴＯ加盟のはるか前から、米国は製造業の職を失ってきた。１９６０年代半ばには、米国の25歳から54歳の男性はほぼ１００％仕事に就いていた。今は先述の「労働市場脱落者」の増加で90％を割った。これは先進国の中では極端に低い。１９６４年には高卒と大卒で労働参加率に差はなかった。だが、今は高卒で職を持っているのは83％、一方で大卒は94％である。賃金もかつて高卒は大卒の8割の給与を得たが、現在は6割と落ち込んでいる。

この違いを最も分かりやすく説明するのが、自動化やコンピューターの導入による非熟練労働の消失だ。自由貿易が始まる前、過去半世紀にわたる製造業の衰退もこの非熟練労働の消失が大きな理由である。非熟練労働、つまり建設、石炭生産、製造業が盛んな州は、男性の労働参加率が全米平均より高くなっている。米国の工場の生産性は常に向上している。だから工場の数も職の数も減っているが、世界に占める米国の製造業生産高の割合は減っていない。技術革新の結果、人が働かなくとも同じ生産量を出せるのだ。

この技術革新とグローバル化による工場の海外流出、海外からの安価な製品の流入が合わさって米国における製造業の衰退を招き、非熟練労働者が職を失っているのだ。

ドイツや英国、カナダなど先進国は同じ境遇にあるのだが、米国と比べればまだ非熟練労働者への職の提供に成功している。これはひとえに政策の問題だ。先進国でつくる経済協力開発機構（OECD）諸国は職の斡旋、非熟練労働者への技術訓練、失業者への補助金など「労働市場予算」として平均して国内総生産の0・6％を支出しているが、米国はわずか0・1％である。

人工知能（AI）時代の到来で、ますます非熟練労働は減っていく。広大な国土を結ぶトラック、あるいは都市で移動の「足」となるタクシーは米国では大きな雇用を生み出しており、誰もが比較的簡単にその仕事にありつける。しかし、今後AIの発展で自動運転が導入されれば、こうした職も消えていくだろう。再訓練が必要なのは間違いないのだが、政策が追いついていないのだ。

米国に熟練労働者がいないため、せっかく「良い職」があっても能力不足で就けないという例も取材で良く聞いた。世界に展開するある大手日本企業を取材したことがあるが、この企業は米国で世界最大級の化学工場を建設しているものの、熟練労働者が集まらずに建設が大幅に遅れ、企業全体の業績悪化につながった。この企業の幹部は「米国にこれほど熟練労働者がいないとは思わなかった」と落胆していた。

なぜ白人なのか

こうした非熟練労働者層の怒りの票がトランプに流れたわけだが、非熟練労働者には白人だけでなく、黒人もヒスパニックもアジア系も含まれる。なぜトランプ支持層は「白人の労働者階級」と言われるように「白人」に限定されるのだろうか。

この疑問に答えるにはいくつかの要素を考えなければならない。まず米国内に占める白人の割合の低下からくる危機感が低層にある。「我々白人が開拓し建国した米国が有色人種に乗っ取られる。我々の国はどこに行くのか」という漠然とした不安、怒りだ。

1960年代から始まった少数派優遇政策によって、実際黒人や女性らは優遇されてきた。少数派優遇政策とは具体的には企業や政府に一定割合で少数派を採用するよう義務付けるもので、大学にも少数派を優先して入学させる制度が導入された。同じ技能を持っていても肌の色が黒かったり、女性であった方が就職に有利というわけだ。

少数派優遇策は、長年続いた奴隷制など人種差別の犠牲となった黒人に対する積極的な差別是正策として採用された。教育を受ける機会もなく貧困の中にいる黒人の地位を制度的に引き上げようという政策は、米国の国力、経済力を高める目的も持っていた。米国が誇る多文化主義の成果であり、黒人エリートはトップレベルに達した。しかしその一方で白人男性は逆差別を受け、チャンスを奪われたという意識を持つようになった。

もう一つ挙げるべきは、1960年代からの移民の大幅な受け入れ、性の解放、カウンターカルチャーの隆盛、そして公民権運動などで、米国の多文化・多様化が進み、旧来の保守的な米国の価値観が破壊されたという危機感だ。

米政界に強い影響力を持つキリスト教福音派の総本山とでも言うべき南部バプティスト教会の会長をインタビューした時、彼の嘆きは「教会参加者の減少」だった。米国人の多文化化が進み、保守の牙城である南部サウスカロライナ州テイラーズにあるこの教会でも、教会に参加する人が減っている。「世俗化（セキュラリゼーション）」という言葉を、この会長はインタビュー中にため息とともに何度も口にした。

白人の伝統が消えることへの不満は、米国の反知性主義の活発化とも重なる。反知性主義は反エリート主義、反進歩主義とも表現できる。エリートが持つ権威を否定する「反動」にほかならないが、そこに米国の伝統的な価値観を持つ白人の危機感が表れている。トランプ現象はまさに反知性主義の表出と言える。

ショッキングだったのは、米国の白人中年（45～54歳）だけが死亡率が上昇しているという統計だ。ノーベル経済学賞受賞者のアンガス・ディートンらの研究によれば、白人中年の10万人当たりの死者数は、1998年までは低下したが、その後に増加に転じた。他の人種、年齢グループで増加に転じたものはない。現在の10万人当たりの死者が年間420人という数字は、フランス325人、ドイツ290人、英国270人、カナダ250人と比べて異様に高い。この世代の労働者がグローバル化と技術革新で変わる職場についていけずに苦闘している様子は容易に想像できるが、それは他の人種、あるいは国でも同じだ。ただ米国の場合はこれに銃や麻薬、医療保険の不備、労働者再訓練政策の不足という特有の理由が加わるし、さらに米国の白人については移民の急増などによる社会の急激な変化に置き去りにされて、絶望を募らせている姿が浮かび上がる。米国の黒人や中南米系の死亡率が上がらないのは、人種差別の改善、少数派優遇策で将来への「希望」を持っているからだろう。

経済学者のニコラス・エバースタットの論文「我々の惨めな21世紀」は、こうした経済、特に雇用情勢の悪化は、家庭の崩壊、信仰心の衰退、市民活動への不参加、オピオイドと呼ばれる合成麻酔剤の急激な使用の広がり、深刻な犯罪の増加など、社会の衰退につながっている、と結論付けている。この論文によると、米国では交通事故や銃犯罪よりも、麻薬による死亡者の方が多いし、成人男性8人のうち1人は、いわゆる刑事事件で判決を受けたことがあるという。すさんだ米社会が浮き彫りになる。

トイレ論争

経済だけでなく米国の多文化主義や多様化社会も白人を痛めつけている。その混乱を如実に示すのがトイレ論争だ。

トランプ政権が発足してから1カ月後の2017年2月22日、教育省が通達を出した。心と体の性が異なるトランスジェンダーの生徒が自分の望む性別のトイレや更衣室を使うことを認めるよう、全国の公立学校に求めたオバマ政権の指示を破棄したのである。

米国では性的少数者(LGBT)の権利擁護が1990年代から強まっている。その中で象徴的な問題がトイレだ。性的少数者の人々は、男女に区分けされているトイレの使用で、ストレスを感じている場合が多い。特にトランスジェンダー、つまり心が男性であるが身体は女性である、あるいはその逆の人々は、身体の別をもって分けられているトイレに入るのに抵抗を感じる。

多文化主義の米国では少数派の権利擁護が原則であるため、本人が望むトイレを使えるようにすべきだとの主張が強いが、伝統的な価値観を重んじる地域では「女性トイレに身体的に男性の人が入ってきたら恐いし、混乱する」などと反発する人が多数派だ。こうした対立の中、保守的なノースカロライナ州では「出生証明の性に従ってトイレを使う」ことを決めた。これに対してオバマ政権が「本人の希望優先」の通達を2016年5月に出したのだ。

トランプ政権の新通達は、「オバマ政権が十分な説明や手続きを行なわずに決定した」として適正な手続きを取らなかったことを破棄の理由に挙げた。これに対してトランスジェンダーの生徒の親ら約800人がトランプに手紙を送って差別から子どもを守るよう訴え、人権団体もオバマ通達の尊重を求めて大論争に発展している。トランプ政権内でも、保守派の司法長官ジェフ・セッションズは通達の破棄を求め、女性教育長官のベッツィー・デボスは破棄に反対するなど意見が割れている。新通達自体も州の自主性を尊重するとの趣旨で、必ずしもＬＧＢＴが望むトイレ使用に反対しているわけではない。

トイレ論争は、日本で設置が進んでいる「だれでもトイレ」が解決策だが、費用面の問題が出てくる。頑固な保守派からは、「どこまで少数派の権利のために多数派が犠牲になるのか」といった反発が出てしまう。さまざまな少数派優遇策で黒人、中南米系、女性は教育や就労で好待遇を受けてきた。それだけでも白人男性は不満を持っているが、「今度はトイレまでか」と怒りを募らせているわけだ。

白人至上主義

２０１７年8月、バージニア州シャーロッツビルでネオ・ナチなど白人至上主義団体と反人種差別団体との衝突事件が起きた。近年深まる人種間の分断を象徴する事件である。白人至上主義者が非難されるべきであるのは当然なのだが、自分たちの歴史や文化が侵食されることへ白人側が抱く不満にも注目する必要がある。ロバート・リー将軍と言えば、南北戦争（１８６１～６５年）の南軍司令官として敬われている存在だが、「奴隷制存続のために戦った」として彼の像を撤去しようとする動きに端を発したこの事件は、歴史や文化をめぐる原理主義的な対立の暴力的な帰結である。米国では米大陸を発見したコロンブスの像も、コロンブスの新大陸発見がその後の白人による先住民の虐殺、土地の収奪の歴史の魁《さきがけ》になったとして、撤去する運動まで起きている。これには決して白人至上主義者ではない白人たちも、不満を感じている。

クー・クラックス・クラン（KKK）など白人至上主義団体は、南北戦争後に旧黒人奴隷が発言権を拡大するのに危機感を抱いた南部の白人の間で勢力を拡大させた。1870年代に人種差別取り締まりが強化され、いったんは下火となったが、1920年代の移民の大量流入、50年代の公民権運動の盛り上がりに、白人が焦燥感を抱いて勢いを盛り返した。KKKによる黒人リンチや黒人の投票妨害など、米国史の汚点とも言うべきものだ。

トランプ時代の白人至上主義の再興隆も、この章で詳述したような白人の困窮する状況、黒人など少数派の権利の拡大への反発として起きている。オバマという初の黒人大統領が誕生したり、21世紀半ばには米国で白人人口が50％を切ると予想されるなど、白人は確かに分が悪い。しかし、大統領としてさまざまな主張を持つ人々を融和させる責任を持つトランプは、こうした衝突を鎮静化させるどころか、むしろオルト・ライトなど自らの支持基盤である白人の側の「怒り」を煽る言動をとり、国家の分断を深めているのだ。

2017年9月、私は久しぶりに米国を訪れて白人の権利の維持を唱える団体アメリカン・ルネサンスの代表であるジャレッド・テイラーと、バージニア州にある彼の自宅で会った。白人至上主義者の暴力には反対しながらも、「米国では黒人、中南米系、アジア系、中東系など少数派の権利ばかりがうたわれ、白人はいつも『悪者』扱いだ。白人が自分たちの声も聞いてくれ、と言うと、すぐに白人至上主義者であると叩かれる。これはおかしい。米国は白人がつくった国なのに、われわれは主張を聞いてもらえず、そして今、少数派に国を奪われようとしている」と、その怒りを説明した。

世論調査を見ると、医療保険制度（オバマケア）の撤廃や地球温暖化防止のためのパリ協定離脱などトランプが掲げたそれぞれの政策に対して、世論の3分の2程度が反対しているものが多い。しかし、イスラム圏からの移民禁止策については、わずかだが賛成が上回っている。テロの恐怖もあるのだろうが、「異質」な移民・文化の流入に、米国人が大きく戸惑っていることが分かる。テイラーの言う白人の「怒り」はこんなところにも表れている。

戦略家バノン

トランプの当選はこうした経済と社会問題における「忘れられた白人の怒り」を背景にしていると説明されている。トランプの言動を見れば、「よくこんな人物が大統領になれたものだな。何かの間違いではないのか」と思いたくなる。トランプが一般投票ではクリントンに290万票の差で負けた事実も、「何かの間違い」の感情を後押ししてしまう。

しかし、トランプは民主党の牙城州、特にラストベルト（さびた工業地帯）で圧倒的な勝利を収めた。イリノイ、ミシガン、ミネソタ、オハイオ、ペンシルベニア、ウィスコンシン、ウェストバージニアなどの鉱工業地帯で、トランプは2012年の共和党候補ミット・ロムニーに比べ、大幅な得票増を実現した。クリントンは2012年に再選を果たしたオバマに比べて、ラストベルトの中で31％もの票を減らした郡もある。クリントンという支配層のエリートを拒否し、トランプという破壊者を望む、白人労働者の怒りはラストベルトにまさに蓄積しているのだ。先述した白人中年層が満足のゆく職に就けず薬物に溺れて死んでゆく状況は「絶望死」と呼ばれるが、大統領選でトランプが多く票をとった地域ほど絶望死が多いという統計も明らかになっている。

ニューヨークを拠点に不動産業やカジノ、ホテル業で成功した派手好きなトランプが、ラストベルトの学歴の低い中低所得白人労働者に最初から共感を持っていたかどうかは分からない。しかし大統領選では最大の票田である白人労働者に狙いを絞ると決め、そうした人々が好感する政策案や演説の言説を磨いていった。移民排除の公約などがまさにそれだ。

トランプに怒る白人の心をズバリつかむ身振り手振りを教えたのは、首席戦略官だったスティーブ・バノンだという。バノンは海軍基地で有名なバージニア州ノーフォークで生まれ、バージニア工科大を卒業後、海軍に入隊、その後ハーバード大で経営学修士（MBA）を取得、投資銀行勤務の後、一時ハリウッドの映画制作に携わり、そして保守系のニュースサイト「ブライトバート」の創設に参加、2012年には会長に就任した。バノンの両親はカトリックでケネディ大統領を信奉する民主党支持者だったというが、バノンは大学時代から学生会議の議長を務めるなど、政治意識が高く、ブライトバートを伝統的な保守主義ではなく、オルト・ライトのメディアとして転換させる力を発揮した。オルト・ライトとは、孤立主義、保護主義、反ユダヤ主義、そして白人優越主義の色彩を持つと定義され、ブライトバートは伝統的な保守主義に飽き足らない白人の中低所得者の間で急速に視聴者を増やした。

バノンは「国家主権の再確立」、「経済保護主義」、そして「大衆を搾取するエリート支配層の解体」、という3項目がトランプ政権の核心的な目的であると説明している。

国家主権の再確立とは、米国はグローバル化した世界における一つの国家という無機質な存在ではなく、ユダヤ・キリスト教主義を中心とする独自の文化・価値観を持つ強いナショナリズムの国家であるのに、それが希薄となっている現状への危惧を示し、その再構築を描くものだ。この主張は多文化主義の広がりで伝統的な価値観が損なわれていると感じる白人層にアピールする。

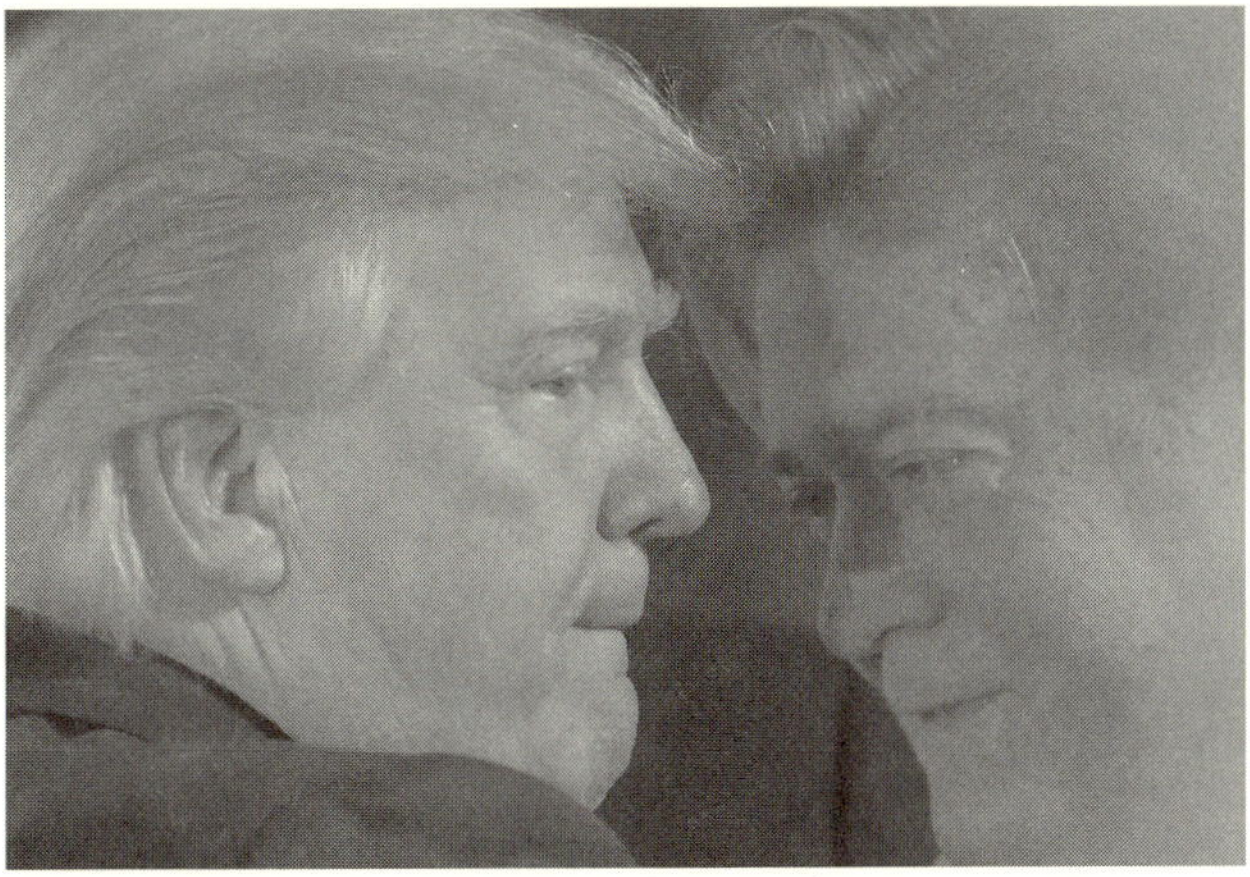
トランプ大統領とバノン首席戦略官（右、当時）（ロイター＝共同）

経済保護主義は、自由貿易によって工場と職を失った米国の非熟練労働者の救済が目的であることは明らかである。大衆を搾取するエリート支配層の解体とは、小さい政府派のティーパーティーに通じる考え方だが、支配層は暴利をむさぼり、大衆が犠牲になっているとの階級闘争的な色彩を帯びる。

「リーマンショックでは、金融機関トップは誰も責任を追及されず、巨額な報酬を受け取り続け、そして一般大衆だけが苦しんだ」とのバノンの分かりやすい発言は、米国の歪んだ資本主義の本質を突いており、右翼も左翼も関係なく広く米国民の心をつかむ。左右を超えて「忘れられた人々」が歓迎するメッセージだ。

バノンは、米国は建国以来、独立戦争、南北戦争、大恐慌、第2次世界大戦と、定期的に危機に見舞われており今新たな危機の最中にあるという考えも持つ。確かに富が独占される資本主義やさまざまな問題を解決できない政治を見れば、米国は数十年に一度の危機的な状況にある。

バノンの考えで見逃せないのがイスラム教に対する敵視だ。米国の基盤はキリスト教主義であり、それが健全に社会の基盤となり続ければ、米国は危機を乗り越えられるが、キリスト教主義を外から脅かすのがイスラム教であると言う。過激なイスラム主義はキリスト教主義を核として持つ欧米の価値観に挑戦しているとして、「西欧文明の防衛」のためにイスラム世界の拡大を防がなければならない、と結論づけている。大騒動を巻き起こしたトランプ政権のイスラム圏の国々からの入国禁止措置などはバノンの思想が背景にある。バノンは解任された後も、保守層、特にオルト・ライトに影響力を持つブライトバートのトップとして米世論を動かすことが可能だ。保守派世論に頼らざるを得ないトランプはバノンの洗脳から逃れられる立場にはないのである。

解がない構造的問題

米国が「希望」から「怒り」の国にいかに変質したかを見てきた。トランプは、バノンの知恵を借りながら、さまざまな政策で「怒り」を持つ白人非熟練労働者の救済を目指している。対メキシコ国境の「壁」の建設、イスラム圏からの入国制限、TPP離脱、保護主義的な貿易政策、石炭など化石燃料産業の再興、公共事業の拡大などがそうした例である。白人至上主義を断固とした表現で非難しないのもその一つだ。しかし、米国が構造的にこの「怒り」の原因を取り除く術を持っていない点が決定的な問題である。

今の格差はグローバル化を止めて保護主義に転じたからといって改善するものではない。過去半世紀の技術革新が、人間の労働力を必要とする製造業職を消滅させたことが大きな原因である。技術革新を止めることはできないし、米国人は世界の誰よりも科学技術信仰が強い。科学技術の粋であるシリコンバレーに代表されるＩＴや、金融は米国の産業力の柱である。米国がグローバル化に背を向け鎖国したとしても、国内でますますＩＴ化が進み、単純労働は消えていくと見るべきだろう。

非熟練労働者の教育・訓練も、日本やドイツなど他の先進国と比べて難しい。日本やドイツは同じ言語を話し、似たような教育課程を経て職業人となるが、米国には英語を話さず、受けてきた教育も異なる人々がたくさんいる。労働者の教育・訓練も画一的にはいかない。

多文化主義の問題も米国の構造からして、解決への道は遠い。民主主義を掲げる以上は、少数派擁護の原則は譲れないし、少数派に自己主張を促さざるを得ない。しかし、そうなると保守的な多数派との衝突は避けられなくなる。こうした解のない問題を考えていくと、米国はさまざまな国民的対立を激化させながら、救いようのない凋落を続けるという予想も否定できないのだ。

世代間の対立

英国の欧州連合（ＥＵ）離脱決定も恐れや怒りが原動力となった。戦後の欧州統合の動きが初めて後退したことを意味し、グローバリズムの逆行、西側民主主義の低迷を象徴する出来事となった。

米国のトランプ現象とともに、ポピュリズム、中低所得層白人の反逆と表現された英国の決定は、米英というグローバルパワーが世界に背を向け敗北に向かう道かも知れない。実際、中国、ロシアなど地政学パワーの伸長に対抗するに当たってもっとも効果があるグローバリズムの放棄は、地政学パワー対グローバルパワーという構図でみれば、それは自失点のようなものである。

英国国民が国民投票でＥＵ離脱を決めた大きな原因は、移民の急激な流入と言われる。２０１6年6月23日の国民投票直前、２０１５年の1年間で英国に33万人の移民が流入したことが明らかにされた。離脱派のキャンペーンも「移民が雇用を奪う」「移民向けの福祉サービスで国庫が干上がる」という移民の排斥が中心だった。52％対48％という差は、この移民の流入がもう少し穏やかであれば、結果も違っていたろうと推測させる差である。

世代と階層。この二つの言葉が英国の国民投票の特徴を表している。

18～24歳でＥＵ離脱を望んだのはわずか27％である。それが25～34歳になると38％、45～54歳で56％と離脱派が逆転し、55～64歳は57％、そして65歳以上は60％である。若い人ほど残留を希望し、高齢者ほど離脱を選んだ。若者はＥＵの一員でいることがもたらす教育、職、生活の広がりを期待し、移民は活力をもたらすと肯定的に捉えている。高齢者は移民がもたらす異質な文化、伝統的な社会の破壊、職の喪失、そして自らが受ける社会福祉の減少への恐怖感が強い。英国で急増する移民は、東欧や旧ソ連圏からの移民、つまり白人であるのだが、異なる言葉、音楽、生活風習を地元の英国人は疎遠に感じているのだ。

階層の方は都会と地方の違いである。ロンドンなど都会はEU残留を希望し、地方は離脱に賛成した。もう一つ階層を決めるのは教育だ。大卒者が残留、大卒未満が離脱を望むという構図である。高度の知識・技術が必要な仕事や、管理職についている人たち、つまり所得の高い層はEUをビジネスチャンスととらえて残留を望み、低所得層はEUに脅威を感じて離脱を望んだ。アジア系、イスラム教徒、アフリカ系は残留派が多かったが、キリスト教徒は過半数が離脱を希望した。ここからは地方に住む中低所得の白人が離脱票の中核である、という図が浮かび上がってくる。

事実より恐れ先行

面白いのは英紙ガーディアンの分析である。離脱票の多かった地域が移民を多く受け入れているのではなく、むしろ受け入れ数は小規模であるという。移民を多く受け入れている地域は残留票が多かった。一例がわずか81人しか移民を受け入れていないエセックス州のキャッスルポイントだ。離脱票が72・7%だった。一方で4598人の移民を受け入れたロンドン市内のランベスは78・6%が残留票だった。

ガーディアン紙は専門家の分析を基に、「離脱派の勝利の理由は、人々が抱く移民への恐怖であり、移民そのものではない」という結論を導き出している。経済統計は、移民は経済規模の拡大に結び付き、決してマイナスではないと指摘しているが、1年間で33万人もが入国したとの数字に「英国は移民であふれかえるのか」という恐怖感を植え付けられてしまったのだ。離脱票が72・7％と高かったキャッスルポイントは、ドーバー海峡を挟んで欧州大陸と向き合う。大陸からの難民・移民流入の「恐れ」を実感できる土地である。

民主主義と国際機関の関係も争点となった。ＥＵが英国に関するすべてを決めるので、自らの主導権を奪われている、という不満である。つまりＥＵはわれわれを代表する民主主義組織でないという認識の表れであり、これはＥＵの致命的な欠陥だ。

もちろんＥＵは欧州議会議員を各国国民が選挙で直接選ぶほか、最高意思決定機関である首脳会議、閣僚理事会はともに各国国民が選挙で選んだ政府の代表からなる。よって形式としては、民主主義が保たれている。しかし、「平和と統一」という究極の目標のために、民族主義やポピュリズムに影響を受ける各国政治から距離を置くＥＵ官僚組織は大きな行政権限を持つ。

本来、政治とは市民の要望を聞き入れて妥協を見つける作業だ。そうすることで市民の側も政治に参加しているという意識を得られ、結果として政治の決定に従う土壌ができる。ＥＵは効率を重んじるあまりに市民との接触を拒み、市民の方は参加意識が生まれずに無力感にさいなまれる。

この国民投票の直前、ロンドン名物の2階建てバスをＥＵは禁止する、英国名物の食べ物フィッシュ＆チップスはラテン語でメニューに表記するらしい、といったフェイクニュースが流布されたのは、無知とともにＥＵへの根強い反感からだ。

一方で、ＥＵはギリシャの財政危機も移民問題も解決できない。それは各国政府がギリシャへの財政支援や移民の受け入れで合意できないという単純な理由からなのだが、一向に解決しない問題に、「ＥＵは役に立たない」と決めつけられてしまった。


ＥＵ離脱決定から1年後の２０１７年6月から7月にかけて英国の世論調査機関ユーガブが、もう一度国民投票が行われたらどちらに投票するかと問う調査を行った。その結果、「離脱」を選択したのは50％、「残留」は46％だった。離脱がもたらす経済的な損失やＥＵとの煩雑な離脱交渉、そして英国政治の混乱を考えれば、後悔派が多数ではないかと思うのだが、そうではないのだ。興味深いのはこの世論調査では離脱が英国経済にも、個人の家計にも、英国の職にも、そして英国の世界への影響力にもすべてに否定的な影響をもたらすと答えた人が多数派だったことだ。国力が低下するとの予想にもかかわらず、英国民が離脱を選択するのは、移民の流入を阻止すべきだという移民嫌いとＥＵ官僚への不満の強さを物語る。

実際２０１７年に入り、英国経済はＥＵ加盟国でも最低の成長率に苦しんでいる。ポンド安からくる輸入品の高騰と、離脱に備えて外国企業が欧州大陸へ拠点を移し始めたことの影響だ。このまま景気の失速が続けば、後悔派が今後勢いを増すのだろうか。それとも難民・移民の流入を恐れて、孤高を選び続けるのだろうか。

揺れる民主主義

トランプの米大統領選勝利と英国のEU離脱。この二つは歴史の曲がり角と位置付けられる出来事だ。さらに探ると、背景には民主主義そのものへの不満が渦巻いているのが分かる。

ここで米国で話題になった政治学者ロベルト・フォアとヤーシャ・ムンクの二人による論文を紹介したい。欧米の先進民主主義国家の若者の間では、民主主義による国家統治は良くないと考え、軍の直接統治など独裁型の政治を望む割合が増えているというものである。

この論文によれば、2011年、米国では16歳から24歳の若者で民主主義は国家の運営にとって「悪い」と答える人は24％に達した。1995年に同じ質問をすると、その割合は16％だったというから、顕著な増加である。欧州でも民主主義否定派は8％から13％へ増えている。また米国では民主主義政治体制の下で生活することはどれほど重要か、と聞くと、絶対に重要だとの回答は30％しかない。

政府が無能な場合に軍が代わって国家を統治するのは「違法だ」と答えた若者は米国では19％しかいない。選挙を経ずに軍が統治するのは民主主義ではないし、クーデターと呼ぶべきだが、2割近い米国の若者がそれを受け入れているのだ。年配の人たちは43％が「違法だ」と答えているから、明らかに若者は軍の統治、そしてクーデターを受け入れやすい。欧州では同じ質問に対して「違法」と回答した若者は36％で、ここでも年配の人々の53％より大分低い。米国では軍の統治を受け入れる人は1995年には6％しかいなかったが、2011年は16％に増えた。

所得が高い人々の方が権威主義的な政治体制を受け入れるという結果も出た。高所得者は学歴も高く、民主主義を受け入れる熟慮があるとの「常識」があったが、どうもそうとは言い切れない。軍政が良いと答えた富裕層の米国人は1995年には5%だったが、今は16%である。若く富裕な層に限れば、35%が軍政を望んでいる。欧州でも同様の結果が出ている。フォアらは「民主主義は富裕層から貧困層への富の分配を想起させ、警戒感を抱かれている」と分析している。アジアでも民主主義への疑問派は増えている。軍や警察への信頼度が高い一方で、メディア、政党、議会など民主主義の諸機関への信頼は徐々に下がっている。

こうした数字は、民主主義国では特定の政治家への支持率は上下しても、民主主義そのものへの信頼は強固であるといった常識を崩す。これらの国では既成政党の党員の減少、議会への支持の低迷の傾向も共通しており、民主主義への信頼低下の兆候の一つかもしれない。総合的に政策を策定する政府や政党よりも、特定の政策を執拗に推す一点突破型のポピュリズム政治家に支持が集まるのも、民主主義の基盤である熟慮を嫌う傾向の表れだろう。中国などの強権政治が一部で支持されるゆえんである。

独裁体制の途上国は経済発展とともに民主主義に移行し、いったん民主化した国は逆戻りしない。そんな単純モデルを我々は頭に描いていた。しかし、中国は豊かになっても一向に民主化しないし、むしろ政治的自由の制約は強まっている。ロシアやトルコ、ハンガリー、ポーランドのように強権政治に逆戻りする国々も目立っている。

世界の民主主義研究で知られるスタンフォード大学のラリー・ダイアモンド上級研究員によると、2000年から2015年にかけて、世界の27カ国で民主主義が後退した。ダイアモンドとは2017年8月にソウルで開かれたアジアの民主主義を考えるセミナーで同席したが、彼はアジアの民主主義にも後退の傾向が見え「危機的だ」と警告した。「アジアの先進民主主義国である日本が各国の民主主義支援に力を入れるべきだ」というのが彼の主張だった。

フェイクニュース浸透の理由

民主主義の揺らぎを示す現象に、フェイクニュースがある。フェイクニュースがまかり通る時代を「ポスト真実の時代」（真実が重視されず感情が優先する時代）と呼ぶ。由緒あるオックスフォード英語辞典はポスト真実を2016年の言葉に挙げたが、その中心はフェイクニュースである。

選挙がらみのフェイクニュースはいくつかに分類される。まず、発信元不明で特定候補を攻撃・支持するものがある。第1章でも触れたが、ヒラリー・クリントンが児童売春組織の黒幕である、ローマ法王フランシスコがトランプ支持を表明した、クリントンが過激派組織「イスラム国」（IS）に武器を売却した、といった内容だ。一般的な常識があれば、すぐに嘘と分かるのだが、攻撃された候補者陣営が「虚偽」であるとの声明を出した後でも、聞いた人の1割程度が信じているとの世論調査結果が出ている。

次に発信元が候補者や陣営であり、虚偽・誇張の要素が強く、有権者の心情にうまく訴えてそれなりに信用されるものがある。トランプ陣営が選挙期間中に発信した、地球温暖化問題は中国による米国の産業競争力をそぐ目的の「でっち上げだ」、オバマはケニア生まれだ（つまり、米憲法の規定では大統領になる資格がない）、メキシコからの移民は米国人をレイプしている、日本や欧州は安全保障で米国にただ乗りしている、といった内容が典型的なものだ。でっち上げとすぐに分かるもの、誇張であるものなど、さまざまだ。

トランプは大統領になってからも、ワシントン・ポスト紙が1日に4件以上の間違いや誤解を招く発言をしていると報じるように、こうした虚偽・誇張発言を続けている。

政治家が自分の業績や公約を売り込み、また対抗馬を中傷する際に、虚偽と真実のぎりぎりの線を突く手法は昔からあった。しかし、トランプの特徴は明らかな虚偽や常識を超えた誇張も厭わない点にあろう。トランプは不動産やカジノ業を営んでいた時代から、事実よりも過大な自己宣伝で相手を信じ込ませて有利な取引を進めてきた。そうした経験が彼にこのような行動をさせるのだろう。

例えば、トランプは自ら「大金持ち」と言いながら、その資産を明言しない。ワシントン・ポスト紙取材班がまとめた『トランプ』（原題：Trump Revealed、2016年、文藝春秋）が面白いエピソードを紹介している。経営破綻も伝えられた2005年にジャーナリストから「本当にあなたは金持なのか」と問い詰められた。トランプはのらりくらりとかわしながら、「私の純資産はマーケットや、消費動向や、自分の感覚とともに上下する。世界はどこにあって、どこに行こうとしているのか。それによって自分の資産も日々急速に変わる」と述べている。確かに景気が良くなれば、不動産価値は上がるし、カジノで遊ぶ人も増えるからカジノ付きホテルの資産価値は上がる。それにしても「自分の感覚」で資産が変動するとは、数字で特定できずとらえどころがない。トランプが印象操作で自分を大物に見せる余地は広いのだ。

テレビショーのルール

トランプはテレビのバラエティー番組のホストとして成功した。バラエティー番組は、番組を面白くするために演出する。われわれテレビを見る側は、バラエティー番組でのタレントの発言は誇張や冗談があるだろうとの認識を前提に視聴する。トランプはそのテレビの演出をそのまま政治の世界に持ち込んでいるように見える。政治の世界はあくまでも真実が基礎となるから叩かれるのだが、トランプは気にしていない。

「事実より感覚」。これこそ、トランプの世論戦略の核心である。細かい数字や事実より、「怒り」をため込んでいる有権者に感覚的に受け入れられるメッセージを出す。時には間違っていてもかまわない。それより「自分が考えていたこととまさに同じことを言っている」という有権者と一体化した政治家像を売ることが主眼だ。だからこそフェイクニュースが通用したのだろう。

トランプはCNNなどトランプを追及するメディアを「フェイクニュース報道機関」だと非難している。トランプがそう言って相手を非難するとは何とも皮肉だが、彼にしてみれば、彼の支持基盤が感覚的に「正しい」と思っていることを、「違う」と言うCNNなどは「嘘つき」となるのだ。

フェイクニュースの中には不特定多数に向かって一斉に流されるのではなく、ビッグデータの解析から特定の人の思想信条を把握して、その人が信じやすいフェイクニュースをコンピューターが機械的に送る手法が取られているものもある。米国の大統領選挙では1980年にロナルド・レーガンを当選させた共和党陣営が、特定有権者の気に入る公約をダイレクトメールで送りつける手法で成功を収めたが、そのフェイクニュース版である。

トランプの首席戦略官だったスティーブ・バノンがかつて共同経営者だったケンブリッジ・アナリティカ（ＣＡ）というビッグデータ解析企業は、英国のＥＵ離脱国民投票やトランプの選挙戦で特定の有権者に絞ったメッセージ発信を請け負い効果を上げたという。その方法は、ビッグデータを解析し、心理学の分析を加えることで個々の有権者の思想信条を特定する。フェイスブックやツイッターなどのやりとりを分析すれば、その人が保守かリベラルかが分かる。嘘のように聞こえるかも知れないが、アメフトの会話が多ければ共和党、バスケットボールなら民主党という具合だ。今何に関心を持ち、不満を抱いているかも分かる。

こうして特定の有権者の輪郭をつかめば、その人の不満を解消しそうな公約をメールで直接届け、特定候補への投票を誘導する。子どもの教育現場の荒廃を懸念する親には教育政策をアピールするわけだ。ＣＡはこれをコンピューターに行わせる。ＣＡ幹部は米国人２億３０００万人のデータを持っているという。人口３億人の国だから、ほぼすべての有権者の情報を持っていると言える。

気になるのはＣＡの前身企業は戦場で偽情報の流布や攪乱作戦を手がけた民間軍事企業だということだ。フェイクニュースも彼らの繰り出した票集めの手段ではないか、との疑問が浮かぶ。フェイクニュースと言えば、小遣い稼ぎで学生が夜中にコンピューターに向かうという図を想像しがちだが、ＡＩやロボットが個人情報を集積した巨大データを駆使してピンポイントで標的の投票行動を左右するという恐ろしい状況が到来しているのだ。

メディアの敗北

伝統的なリベラルメディアは敗北感に覆われた。伝統的なメディアはリベラルであるものが多い。つまりニューヨーク・タイムズやワシントン・ポスト、CNNなどは、予備選でトランプを泡沫候補として扱い、本選ではヒラリー・クリントンの圧勝を予測する読み間違いをした。また一貫してトランプの政策や人物像、虚言を指摘・批判する反トランプ報道を繰り広げた。選挙戦終盤のニューヨーク・タイムズ紙は「トランプ落選」を目標に掲げたキャンペーン報道に徹したが、それでもトランプは当選したのだから、メディアは選挙結果の予想で間違え、しかも応援したクリントンが落選するという二重の敗北を味わった。そして就任後もトランプはかたき討ちとばかりに、伝統的なリベラルメディア攻撃の矛を収めていない。

トランプ支持者たちのリベラルメディア嫌いは徹底している。2017年5月のピュー・リサーチ・センターの世論調査を見れば、メディアを十分に信頼しているとの回答は米国民全体で20%と低い。特に共和党支持層では11%だ。その理由はいくつかある。ここでは1970年代以降の伝統的なメディアの凋落という歴史を振り返り、メディアの側の欠点も検討したい。

私は1990年代後半にワシントン特派員としてビル・クリントンの不倫疑惑を取材した。クリントンは独立検察官に不倫を否定する証言をしたことで偽証の罪で米下院から弾劾訴追され、上院で無罪となった。クリントンがホワイトハウスのインターンとの「不適切な関係」を国民向けのテレビメッセージで認めた時は、ワシントンは大騒ぎになった。特に生々しい表現で大統領のホワイトハウスでの不倫を描写した独立検察官の捜査報告書は世界中で読まれた。

しかし、私は担当記者として毎日膨大な量の記事を本社のデスクに送りながら違和感を禁じ得なかった。果たしてこれが大統領を弾劾するほどの「大罪」なのかと。米国は冷戦に勝ち、グローバル化の波に乗って好景気の中にあり、世界の安定の礎だった。冷戦後のかじ取りを首尾よく行っていたクリントンを弾劾しようという保守派を理解できなかった。不倫は非難されるべきだが、大統領罷免に値するという主張には首を傾げた。

その時読んだ「米国のジャーナリストたちはウォーターゲート事件の再来を祈っている」との指摘に納得したものだ。ニクソン大統領が辞任したウォーターゲート事件とは比べようもない不倫スキャンダルを過大に報じるのは、大統領弾劾というジャーナリストにとって願ってもない事件到来に目がくらみ、ニュース価値を見誤っていると思ったからだ。

1970年代前半のウォーターゲート事件報道やベトナム戦争への介入過程をすっぱ抜いた国防総省秘密報告書の報道は、米ジャーナリズム界の金字塔である。その後のジャーナリストが次の金字塔を目指す気持ちは良く分かる。だが、手柄欲しさの「空騒ぎ」と読者の目に映れば、メディア不信を生む。

1980年代以降、米メディアでは次々と不祥事が続いた。ワシントン・ポストの女性記者は8歳の少年の麻薬づけの生活を描きピューリッツァー賞を受賞したが、この少年は架空の人物だったことが判明したし、ほかにもUSAトゥデー紙などで取材源のでっち上げが発覚した。イラクの脅威を煽り、国民世論をイラク戦争に先導したニューヨーク・タイムズ記者が、ブッシュ米政権の操り人形だったことも明らかになった。CBSテレビは、ブッシュ（息子）大統領が不法にベトナム戦争の徴兵から逃れたとの報道を不十分な取材で行い、看板キャスターのダン・ラザーが謝罪と降板に追い込まれた。

リベラルメディアがトランプ支持者に相手にされていない理由は、こうしたメディア報道の劣化以外にもいくつかある。

一つは、これらのメディアが長くワシントンやニューヨークなど東部を本拠地としてきたために支配層の一員として位置付けられ、格差を苦々しく思うトランプ支持者からは「敵」とみなされていることだ。二つ目はメディア自体が持つ弱者保護の立場から、少数派優遇政策などを支援してきた歴史だ。メディアは黒人差別反対、女性らの社会進出を後押しするキャンペーンを行ってきた。トランプ支持者が嫌う多文化主義普及の原動力であるのだ。三つ目は最も重大だ。それはメディア企業が度重なる合併や売却で地方の拠点を失い、「忘れられた人々」の声を直接聞き伝えるようなジャーナリズム本来の役割を果たせていないことだ。記者がエリート大学出身でワシントンやニューヨークで政治・外交・経済を取材し、地方を良く知らない。このため、人々が「自分たちの声を取り上げてくれない」と不満に思っている。

こうしたメディアの欠陥が、「忘れられた人々」のメディア離れを引き起こし、彼らはSNSなど自分たちの主張を伝えてくれる新しいメディアに引きつけられている。こうしたメディアはフェイクニュースが混じるなど報道の質が劣る場合も多いのだが、うまく人々の心情に合う情報やメッセージを流しているのだ。フェイクニュースが流布される背景には米メディア界のこうしたさまざまな欠陥が潜んでいる。

メディアの「民主化」

21世紀に入りメディアに新しく巨大な潮流が流れ込んだ。かつてはニュース報道の権限を伝統的なメディアが独占的に握っていた。だが、インターネットの普及でこの独占が崩れ、伝統的メディアの報道姿勢に不満を持っていた政治組織や団体、市民が自ら発信を始めた。メディアが市民の手にも開放された「民主化」である。誰もが自分の好む情報を発信することで潜在的に大きな発信力を得た。それは時にポピュリズム、感情の政治を生み出す原動力になりうる。トランプ当選や英国のEU離脱決定が、このメディアの「民主化」の帰結とよく言われるが、中東の民主化運動「アラブの春」や過激派組織「イスラム国」（IS）の興隆など、最近の国際的な激動はSNSなど「民主化」されたメディアがなければ、だいぶ異なったスケールとなったろう。米国では、伝統的メディアのリベラルな姿勢に満足できない保守派、右派は早速「民主化」を活用しだした。ビル・クリントン政権のリベラルな政策に飽き足らないキリスト教右派がまず独自の発信を開始、オバマ政権の大きな政府型の政策に不満を持つティーパーティー派がこれに続き、そしてトランプを支援するオルト・ライトがネットやSNSを活用して、「白人の怒り」をトランプ票に結集させる力を発揮した。

これまで伝統的メディアに相手にされなかった「忘れられた人々」は、メディアの「民主化」、つまりSNSという自ら発信する媒体ができたことで、ようやく政治に影響力を発揮する機会を得たのだから、その活動は盛んにならないわけがない。

実は最初にメディアの「民主化」を活用したのはオバマだ。伝統的メディアから「政治の素人」として軽視されたために、ネットやSNSを活用して若者や少数派に直接訴えかける戦略で当初の劣勢から逆転した。オバマに続くトランプの選挙戦はまさに伝統的メディアを「敵」と扱い、相手にしない手法が効を奏した。最近の大統領選では伝統的メディアの固定観念にいかに挑戦するかが、勝利の鍵の一つとなっているのである。

「ポスト真実の世界」は認められない。このため伝統的メディアは政治家の虚偽や誇張を暴くファクトチェックに力を入れている。有名なのはピノキオの鼻を4段階の高さで変えてその虚偽度を示す漫画を記事とともに載せたワシントン・ポストである。しかし、白を黒と言うような明白な虚偽なら別だが、政治家が業績を誇ったり、相手候補を非難したりすることの是非、あるいは評価が分かれる政策分野の是非には、ファクトチェッカーの主観が入ってしまう。ファクトチェック自体が「敵の宣伝」といって否定されてしまう可能性がある。

トランプはリベラルメディアとの戦いを一貫して続けている。トランプのメディア攻撃は彼の支持者のメディア嫌いを知っての上だ。むしろ攻撃すればそれだけ、自分は支持される、という目論みもあるのだろう。

フィルターバブル

ファクトチェックなどメディアの努力が報われない理由の一つには、保守もリベラルも自分の好む報道しか受け付けなくなってしまったことがある。フィルターに囲まれた空間を意味する「フィルターバブル」という言葉も最近の米メディア界で良く聞く。リベラルもトランプ支持者も自分たちが好むニュースや情報だけを受け入れ、その空間で暮らしているのである。

これもピュー・リサーチ・センターの調査だが、大統領選報道でどのメディアを参考にしたかという調査結果が２０１７年の１月に発表された。トランプに投票した有権者の約40％が保守派のＦＯＸニュースを「主な情報入手先」と答えており、ＣＮＮなど他のメディアはどれも１ケタだった。一方のクリントンに票を入れた人々はＣＮＮが18％、ＦＯＸはわずか３％だった。

同じくピューが２０１４年春に行った調査でも、保守派は信用するメディアとしてＦＯＸ、ブライトバートなどを挙げ、一方のリベラルは、ニューヨーク・タイムズ、ワシントン・ポストなどだった。この調査を見ると、「一貫してリベラル」な人から「一貫して保守」まで思想的な相違によって、信頼するメディアがきれいに分かれるのが見てとれる。まさにフィルターバブル、自分の信条に合うメディアに浸って暮らしている、という図が浮かぶ。自分と思想信条が異なる人々とは混じり合わないのだ。

先に挙げた調査はいずれも大手メディアを対象としているが、現代はさらに小規模なウェブサイトやＳＮＳなどで、個人の好みに特化したニュースやコメントを吸収することが可能だ。大統領選のたびに「二つのアメリカ」が嘆かれるが、分断はますます深まっている。

ニューヨーク・タイムズやワシントン・ポスト、ＣＮＮの報道水準は高い。トランプから「フエイクニュース機関」と雑言を浴びながらも、ひるまずにスクープをものにしている。個々の記者は優秀なジャーナリストが多い。だが、トランプ支持者のフィルターバブルを突破することはできずにいるのだ。

思想の階級闘争

なぜフェイクニュースが浸透するのかを考えると、進化論を信じるかどうか、という世論調査の結果を思い出す。進化論を信じる米国人は5割程度であり、残りは、人間とは神が創造したものだという創造論を信じると答えている。日本人からすれば、驚くべき数字だが、本当に米国人の半数は、人間とは神が創造したものだと信じているのだろうか。実際のところは、進化論を否定するというよりも、神と人間の関係を位置付ける宗教的な信念から、創造論を信じたいという意志がまずあるのだ。

創造論を信じているキリスト教福音派の米国人を取材したことがある。その中の一人、米南部ノースカロライナ州の小さな町ブラックマウンテンで北朝鮮への人道支援を続ける団体「キリスト教徒のコリアの友人」の女性代表は、「神は北朝鮮住民を愛している」と信じて、毎年のように北朝鮮を訪れ病院や施設に栄養剤や医薬品を配って回っている。

彼女は非常に合理的な思考の持ち主で、国際情勢や米国政治にも通じている。知性派の福音派がなぜ進化論を信じないのか、理解できなかった。しかし、丸一日取材を続けるうちに、「使い分け」という言葉が浮かんだ。進化論という科学について認識はしている。それとは別に神と人間の特定の関係を重視する創造論を信条として受け入れている。つまり、正しいかどうか、真実かどうかよりも、どちらがしっくりと自分の心に合うか、なのである。

フェイクニュースも正しいかどうかが重要なのではないのだろう。自分の信条として受け入れられるか、自分のフィルターバブルを通るかどうかが重要なのだ。この福音派の女性のように分別を持って進化論と創造論を使い分ける知恵があれば良いのだが、「怒り」をたぎらせる人々にはそうした余裕がないのかもしれない。

フェイクニュースの政治への影響力に驚き、罰則を科す動きも始まった。虚偽の情報を長く掲載したり、その広告を付けているウェブサイトに罰則を科す。ドイツではフェイクニュースやヘイトスピーチの速やかな撤去を義務付け、違反したSNSなどに最大で5000万ユーロ（約64億円）を科す法案が可決され、2017年10月に施行された。「表現の自由」は民主主義に不可欠の原則だが、虚偽を排除するには「表現の不自由」も時に受け入れなければならないという主張だ。しかし、許されない嘘とは何なのか、政治家の業績誇張をどう扱うべきか、などさまざまな問題をはらむ。サイバー空間での取り締まりなど、そもそも技術的に可能なのか、といった疑問もわいてくる。罰則を科すべきだと言うのは、伝統的なメディアやリベラルな政治家、法律家なので、「忘れられた人々」の方は、フェイクニュース取り締まりを理由に、発信の道具を取り上げられるのではないか、伝統的なメディアがサイバー空間の独占を狙っているのではないか、といった疑心暗鬼が生まれる。フェイクニュース取り締まりは思想統制、思想の階級闘争の性格も帯びてしまい、容易ではない。

たいまつが消えるとき

長い国際政治の取材の中で、私が感動をもって今も思い出すのは、1990年にソ連の崩壊が始まり、バルト三国が次々と独立宣言に踏み出した時のことだ。ラトビアの首都リガでは独立宣言の直後、興奮した10万人の市民が市内の広場を埋め尽くし、強風の中、栗色に白い帯が入ったラトビア国旗をなびかせ、ラトビアの伝統的フォークソングを歌っていた。そばにいた同国の最高会議議長に聞くと、「半世紀前にソ連に併合されてから歌うことが禁じられていたフォークソングだが、今日皆が歌っている。この禁止された歌を親が家で密かに歌い、子どもに伝えていたのだ」と涙を流して語った。

隣のリトアニアの首都ビリニュスでは、独立宣言を採択した最高会議の建物を市民が手をつないで囲んでいた。ソ連が戦車部隊を派遣して力で独立を葬るのではと心配した市民らが、最高会議の建物を自分たちの体を張って守ることで国の独立を守ろうとしていた。武器もない市民が独立を守る手段は、自分の体を差し出すことだった。民主主義が当たり前の政治体制である戦後日本で育った私は、取材しながら民主主義を渇望していた彼らがそれを享受できるようになったことを心から祝福した。

しかし、その楽観的な世界観は消えた。

世界の民主化促進運動の指導国だった米国では、世論調査で80％の米国人が「米政府は国際関係よりも、国内問題に専念してほしい」と回答しているし、「世界の民主化」を米国の外交の優先課題とすべきだとの回答は18％だった。まさに「内向き」の米国である。イラク戦争の強引な民主化の押し付けから無関心への転換はあまりに身勝手と感じざるを得ない。

この章で見てきた米国と英国は、民主主義のリーダーであり、自由で開かれた国際秩序の構築者だった。その米英両国が国際社会との関与に背を向け、自国第一主義に没頭すれば、自由、民主主義、人権、法の支配などリベラルな価値観を対外的に発信できず世界の範となることは期待できない。むしろ自国の利益、自国民の富を最優先に考えて行動することになる。それは国際秩序の弱体化以外の何物でもない。

その結果、理念や普遍的な価値観よりも国家のパワーをむき出しにして、支配地域を広げようという地政学の秩序が支配的になる。中国やロシアが国際秩序の縛りを気にせずに行動できる時代がやってきた。中国やロシアだけではない。トランプの米国もリベラルな国際秩序を支えるどころか、地政学パワーに変質しつつあるのだ。

そもそも自由で開かれた国際秩序や国際協調主義の意義は、普通の市民には大変分かりにくい。米国が世界秩序の構築者になることで具体的にどんな恩恵がラストベルトの人々にもたらされるのか、という疑問に国際関与派の政治家は分かりやすく答えていない。逆に世界の問題を米国だけが抱えて、「その分われわれのために使う予算がなくなる」、「他の国々がお人よしの米国にただ乗りして豊かになっている」、「米国から仕事を奪っている」といったトランプの言葉の方が、説得力を持ってしまっている。

地政学パワーの米国を象徴するトランプの発言がある。就任から間もない2017年2月にF

OXテレビのインタビューを受けた時のことだ。ロシアのプーチン大統領がチェチェン紛争やシリア空爆で無差別攻撃をし、また国内の政敵を殺害している疑いをかけられていることを挙げて、「なぜそれほどプーチンを尊敬するのか、彼は殺害者なのに」と聞かれたトランプはこう答えた。

「殺害者はたくさんいるよ。米国だって無実の潔白者とは言えない」

事実がトランプの発言を裏付けている。正当な理由もなく開戦した米西戦争、戦争の帰趨が決まっているのに投下した二つの原爆、CIAが企てた要人暗殺やクーデター、さらには国内の先住民の虐殺・強制移住や黒人奴隷の処遇など、米国の歴史には数知れない暗部がある。しかし、自由で開かれた国際秩序、民主主義や人権などの理念を掲げる米国の歴代大統領は、こうした暗部を口にしたりしなかった。それは建前であっても理念を優先させたからだ。だが、トランプは正直と言うべきか、平気で米国とプーチン・ロシアを同列視する。理念にもはや価値をおいていないのだ。

このトランプの発言こそがむき出しのパワーを正面に据え、自国の利害のみを行動原理とする地政学大国の証明と言えるのではないか。

第4章 価値観が揺さぶる世界

第3章では世界秩序の中心である米国や英国の「怒り」や「不安」を示してきた。

しかし、「怒り」が今世界で最も熱く燃え盛っているのは、アラブ世界であろう。終わらぬ内戦、国家の溶解、過激派組織の暴力統治、自爆テロ、そして戦火を逃れて危険な地中海を渡る難民。悲劇が凝縮する中で、人々が怒りを燃えたぎらせないわけがない。その怒りはイスラム圏だけでなく、世界を揺さぶる。

アラブ世界は地政学的なパワーのせめぎ合いの場でもある。自由で開かれた国際秩序が受け入れられる余地は見えてこない。むしろ強権国家、過激派組織の伸長は、自由民主主義陣営に無力感を与え、「内向き」にし、冷徹に国益を考える地政学志向にしてしまう。アラブ諸国では怒りが解消する楽観よりも、逆に怒りが増長するシナリオの方が見えてくる。アラブの怒りの突き上げは、世界をどう変えるのだろうか。

この章では、ロシアや中国など、いわゆる地政学パワーと呼ばれる国々の国民感情も見ていきたい。こうした国々がいかに、民族のアイデンティティーや価値観、宗教に依拠して国家を運営しているかを知ると、国際政治が感情によって動かされていることに気付く。

2008年11月の敗北

ある特定の時が、現代世界の方向を決定づける特異な意味を持つことがある。

しばしば国際政治学者はそれを1979年に求める。この年、イランでイスラム革命が起き、近代化された世界で初めてイスラム主義の国が誕生した。鄧小平が中国の改革・開放を本格的に始めたのもこの年だ。そして年末にはソ連がアフガニスタンに侵攻し、米ソのデタントが終わり、冷戦が最後の極みに向かってエスカレートし始めた。

一方、世界史的な出来事こそ起きていないものの、思い返せば、曲がり角と位置付けられる時もある。私には2008年11月がその時に思えてならない。今に続く「怒りの地政学」が、それまで輝いていた「希望」を世界から葬った転換点に見えるからだ。

2008年11月4日、米国大統領選の勝利が決まった夜、シカゴの中心部グラント広場を埋め尽くした12万人の支持者を前に、バラク・オバマは黒人として初めて大統領に当選した喜びを高揚して語った。

「米国の力とは、軍や富ではなく、われわれの不朽の理想、すなわち民主主義、自由、機会、そして屈することない希望にこそある」

これを聞いた世界中の人々は、新しいリベラルな指導者の下で、実際に米国がより自由でより民主主義的な方向に変わり、そして米国のリーダーシップで世界中が平和を謳歌することを期待した。世界の課題だったイスラム主義者と米国の和解も、オバマなら成し遂げられるという過剰とも思える希望が広がった。

しかし、同じ２００８年11月、世界はオバマのリベラルなメッセージと交差する形で「屈辱と怒り」のメッセージを聞いて驚愕するのだった。

数世紀の民族の怒り

オバマの当選から3週間後の11月26日、インド亜大陸最大の都市ムンバイの最高級ホテルなどをイスラム過激派のテロリストが襲撃し、インド富裕層や欧米人観光客ら約２００人を殺害した。

過激派はパキスタン国内で訓練を受けたカシミール独立を主張する組織ラシュカレトイバ系の若者たちだった。3週間前にオバマが打ち出した和解のメッセージをあざ笑うかのように、「屈辱と怒り」を叫びながら殺戮を続けた。

あるテロリストは人質を取ったままインドのテレビ局に電話し、「カシミールで何人が殺されたのか、知っているか。インド軍が今週だけで何人殺したか」と怒りをぶちまけた。

ホテルで人質にとられ処刑されようとしていた一人の宿泊客が襲撃犯に「なぜわれわれをこんな目に遭わすのか」と聞くと、襲撃犯は「バーブリー・マスジドを忘れたのか」「ゴドラを忘れたのか」と叫んだ。

バーブリー・マスジドは、北インド一帯を16世紀から19世紀にかけて支配したムガール帝国の初代スルタン（イスラム教国の君主）であるバーブルが建てたモスクで、1992年にヒンズーナショナリズムの暴動で破壊された。ゴドラとは、2002年に宗教対立がエスカレートしてイスラム教徒の虐殺が起きたグジャラート州の町だ。

カシミール、バーブリー・マスジド、ゴドラなどイスラム教徒の苦しみの歴史を、襲撃犯がテロを正当化するために持ち出すのを聞くと、その「屈辱と怒り」の深さにおののく。米国で「希望」「和解」の大統領が誕生したことなど、民族と宗教が持つ長い歴史の怨念にとっては、何の意味もないのである。

ムンバイはインドの「希望」の象徴だった。「世界最大の民主主義」を誇るこの国は広大な国土と市場、そして英語やITなどグローバル化の時代に不可欠な武器を手に、世界大国への道を躍進中だ。その中でもムンバイはインドが誇るグローバル都市だった。

そのムンバイの高級地区を、何世紀も前からの民族の誇りを土台にしたむき出しの「怒り」が血の海にしたのだった。『「感情」の地政学』の著者ドミニク・モイジは、このムンバイ・テロについて「屈辱の象徴が数世紀を経てもなお感情をかき立て、ひいては人間の行動を支配する、永続的な力を持っていることを改めて証明した」と述べて、歴史や宗教、民族を背景にした感情の力を現代国際政治でも読みとる必要性を強調した。

オバマの「希望」とムンバイの「怒り」。2008年11月には、まだ世界でこの二つのメッセージがせめぎ合っていた。どちらが優勢となるのか、この時は分からなかった。しかし、あれから10年足らずの間に起きたさまざまな出来事は、あの2008年11月の意味をよりくっきりと浮き上がらせる。

同じ2008年に起きたリーマンショックは世界を経済危機に陥れ、グローバル化がもたらした格差を浮き彫りにした。その後に続いたアラブの春の失敗と中東の溶解、「イスラム国」（IS）の反乱、移民の奔流と「開かれた欧州」の終焉、そして米国におけるトランプの登場と自由民主主義理念の失墜。「怒り」が「希望」を打ち負かし世界を席巻している。

オバマというリベラル理念の旗手は、当選後最初に起きたテロに対して、沈黙したままだった。「インドとパキスタンの関係改善を求める」と心に響かない声明を発表したものの、その雄弁な知性は、イスラム教徒の「怒り」に何も語れなかった。なすすべがなかった。

あの2008年11月、「希望」は「怒り」に敗北した。問題は敗北が今も続き、ますます絶望的になっていることである。

アッシリア王国の都

サダム・フセインがイラクを強権的に統治していた1989年、バグダッドから夜行列車に乗って、イラク北部のクルド人地区へ取材に出た。丸みを帯びた古い寝台列車で、付添いのイラク情報省の役人が買ってきてくれたチキンとナンをコーラで流し込んで横になると鉄路の規則的な響きが心地よく、ぐっすりと眠ってしまった。翌朝モスルに着いた。

「モスルだ」と車掌が声をかけてくれ、眠い目をこすると飛び込んできたのはチグリス川の豊かな水量だ。砂漠と土漠の多い、荒れたアラブ世界で、モスルがいかに豊壌の地であるかを知った。

モスルは、トルコやシリアとペルシャ湾を結ぶ交易路の中心として、またモスリンに代表される綿布や糖、小麦、大麦、果物、革製品の産地として古くから栄えたイラク第二の都市だ。年間降水量も400ミリと比較的豊富で農牧地が広がる。第2次大戦中には油田も発見された。バグダッドから北に行くにも東や西に行くにも、モスルを通る。

チグリス川を挟みモスルの対岸には古代都市ニネベがある。ニネベは古代国家アッシリアの首都で、メソポタミア文明の拠点であった。イスラム教が興るはるか前のことだ。ニネベでは赤茶けた山肌にそびえる石造りのシリア正教の聖マタイ修道院が有名だ。西暦363年に建てられた世界でもっとも古いキリスト教修道院である。これもイスラムの登場より300年ほど前である。

古い歴史やキリスト教徒の存在、トルコ、クルド、イランなど外国との交易の影響もあって、モスルはイラクの他の都市に比べて、多様性や市民の活気を感じる。そして緑が多い豊かな街並みは、権力者の支配欲をそそるに違いない。モスルは明らかに「武の都」ではなく、「商業や文化の都」である。

アッシリア王国に始まり、アケメネス朝ペルシャ、ササン朝ペルシャ、アラブのウマイヤ朝、アッバース朝、セルジューク朝トルコ、モンゴル帝国、サファビー朝ペルシャ、オスマントルコ、英国、そしてイラク、と多くの王朝と軍がやってきてはモスルを支配し、そして衰退していった。聖マタイ修道院は、その興亡を見つめてきたのだ。

最後にモスルにやってきたのがＩＳだった。ＩＳの創設者であるアブー・バクル・アル・バグダーディはモスルを陥落させた後、ヌーリ・モスクの金曜礼拝の説教壇に現れ、カリフ制国家の設立を宣言した。ムハンマドの子孫が着けるとされる黒いターバンを頭に巻き、その模様はインターネットで世界中に流れ、演出効果も抜群だった。

あれから3年後の２０１７年7月、イラク政府軍は米軍の支援を受けてモスルをＩＳから奪還した。ＩＳの聖地でもあったヌーリ・モスクもＩＳが撤退した際に爆破し瓦礫の山となった。ＩＳがモスルに侵攻した時、モスルのキリスト教徒家族70世帯が聖マタイ修道院に避難してきたが、彼らもモスルに戻った。２０１７年10月、ＩＳはついに本拠地のラッカを失った。

しかし、ＩＳが世界に突きつけた難問、つまりアラブ世界の「怒り」は残ったままである。

矛盾の象徴ＩＳ

ＩＳとは一組織ではなく、イスラム教徒の「怒り」の表出であり、欧米に対するイスラムの挑戦であるという点で、単なる統治者とは異なる性格を持つ。９・11テロのアルカイダもそうだったが、アラブ世界の矛盾の凝縮と呼ぶべきかもしれない。

奴隷制や強制結婚など非現代的な統治、外国人を人質に取り斬首する凶暴さなど、ＩＳは論理的な理解を超えている。しかし、カリフ制の統治に、中東・北アフリカだけでなく、欧米、アジアからもイスラム教徒の若者が引きつけられて参加したＩＳ現象をどう考えれば良いのだろうか。

アラブ世界には今、かつてないような無力感が漂う。２０１０年の暮れに始まり、アラブ世界一帯に瞬時に広まった民主化運動「アラブの春」の高揚ははかなかった。チュニジアでこそ十分でないものの民主主義が根付いたが、エジプトは軍政に逆戻りし、リビアはカダフィ政権崩壊後に分裂し、イエメンも内戦に突入した。そしてシリアはＩＳの暴力統治の主舞台となり、壁に閉鎖されたパレスチナの窮状は深まるばかりだ。そしてこうした国・地域を逃れて、年間１００万人もの難民が欧州を目指した。

このアラブ世界の苦境は一日にして生まれたわけではない。ＩＳのような組織がなぜ生まれたのか。そしてＩＳ後も「怒り」を基調にして過激派組織が世界に挑戦する現象が再び出現すると予想されているが、それはなぜなのか。その疑問に答えるには歴史を遡る必要がある。

かつてイスラムは世界の最先端を走った。

7世紀に始まったイスラム教はアフリカ北部、欧州南部、アジアの南部まで支配下に入れる世界帝国を築いた。ウマイヤ朝、アッバース朝と続くアラブ・イスラムの絶頂期である。16世紀から17世紀にかけてはオスマントルコがハプスブルク帝国の首都ウィーンを2回包囲するまで攻め立てた。医学、薬学、数学、天文学、錬金術などのイスラム科学は、欧州のルネサンスの基礎となったのである。

しかし、近代化に遅れをとり、オスマントルコ帝国が第1次大戦で崩壊した後は、西欧帝国主義によって植民地化された。第2次大戦後はイスラエルがパレスチナの土地に建国、そのイスラエルとの戦いは敗北の連続であり、特に１９６７年の第３次中東戦争の敗北はアラブ世界に決定的な屈辱感を植え付けた。

ガマル・ナセル（エジプト）、サダム・フセイン（イラク）、ハフェズ・アサド（シリア）、ムアンマル・カダフィ（リビア）らアラブの指導者は民族主義と社会主義を混ぜ合わせて導入し、欧米に挑戦する英雄と崇められたものの、やがて独裁者に変わった。一方でサウジアラビアなどペルシャ湾岸の王制産油国は豊富な財政で米国に防衛を頼り、国民を補助金漬けにして、健全な市民社会を育成しなかった。

油田をめぐる対立からイラクがクウェートに侵攻した１９９０年の湾岸危機は米国の軍事力に頼ってしか解決できず、２００３年のイラク戦争では大義もなく侵略した米国にフセイン政権が潰されるという汚辱にまみれた。ようやく訪れた民主化運動「アラブの春」も失敗に終わり、内戦と難民の大量流出が起きた。歴史的な衰退感と無力感が覆う。繁栄する欧米及びアジアと自分たちを対比した時に、「なぜなのか」と怒りがたぎらない方が不思議だろう。

資源の呪い

経済でもアラブ世界は遅れている。

アラブ諸国は3種類に分けられる。サウジアラビアに代表されるペルシャ湾岸の王制産油国、アルジェリアやイラク、リビアなど産油国である共和制国家、エジプトやシリアのような石油がない共和制国家だ。

王制産油国は石油の富があるからこそ、民主化や経済発展が遅れる「資源の呪い」に陥ったままだ。サウジアラビアで導入された脱石油産業化は計画倒れで終わる可能性が高く、最近の石油価格の下落で毎年赤字予算を余儀なくされている。脱石油産業化計画の骨子は、新規産業の育成と石油収入に基づく補助金の削減だが、石油収入依存の「不労所得経済」から脱するのは難しい。補助金に守られた社会に規制緩和や民営化を導入しても、もともと競争力のない企業や労働者は勝ち残れない。

2番目の石油が豊富にある共和制国家は人口も多く、成功の条件を整えているとみられていた。しかし長く独裁者が政権を握り、豊かな石油収入を近代的な兵器の購入や隣国との戦争に費やすなどし、産業育成や、国民教育、インフラ整備を二の次にしてきた。これらの国は警察国家でもあり、活力の基盤となる市民社会や民主的な政治も育たなかった。

3番目の石油がない共和制国家は、産油国からの財政支援に依存している。エジプトは工業化にいち早く取り組み、ナイル川の水利に恵まれた農業、古代遺跡がもたらす観光業、そしてスエズ運河の収益などアラブ世界では恵まれた経済環境にあった。しかし社会主義経済の導入と産油国からの支援は、競争力ある産業を育てなかった。エジプトは現在、スエズ運河の拡張やサウジアラビアと結ぶ橋を紅海に架ける計画を打ち上げているが、すべてサウジの財政支援が前提なのだ。

3グループともに、結局は石油依存の経済である。シェール革命で石油価格が下落したままとなれば、アラブ世界の浮上は難しい。ペルシャ湾岸のアラブ諸国は、巨大な空港、車線の多い高速道路、都市部に入ると目に入る高層ビル群、そして大型のスーパーマーケットなど、豊富な財政に支えられた豊かな社会が広がっている。だが、石油の低価格が続けば、そうした生活は維持できない。石油生産を増減することで石油価格を上下させる価格決定権は、もはやサウジアラビアからシェールオイルの生産で沸く米国に移行してしまった。

加えて、イラク戦争、アラブの春、内戦、そしてＩＳの勃興と難民流出は、産業に壊滅的な打撃を与え、外国からの観光客も激減している。アラブの春以降の6年間で、アラブ世界全体の国内総生産（ＧＤＰ）は15％も減ったという統計もあるほどだ。一方で年間1兆ドルもが賄賂などで浪費されているという。

２０１１年のアラブの春で、カイロのデモ参加者は、「パンと自由と社会正義」をスローガンに反政府活動を行った。彼らが最初に挙げたのが「パン」であることは、経済問題がデモの大きな要因だったことを浮き彫りにした。アラブ諸国はどこも産油国の支援で補助金を投入して小麦価格を抑え、主食であるパンを安価に維持してきた。エジプトは政府支出の7割が公務員給与と補助金という補助金経済の典型だ。食糧や石油の補助金削減は常に人々の抵抗を呼ぶ。

人間開発の遅れ

「なぜアラブに民主主義は根付かないのか」。この疑問に、国連開発計画が２００２年から発表している「アラブ人間開発報告書」は客観的に答えようとしたものとして興味深い。

深く根ざした欠陥が現在のアラブを覆っているという。その欠陥とは、自由の欠如、女性の地位向上の遅れ、そして知識の不足である。これらは人間の能力にかかる重大な制約であり、除去されねばならないと指摘している。

まず自由がない。アラブ人は王族あるいは独裁者による抑圧、内戦、さらに海外の諸勢力の軍事介入によって、市民的・政治的な自由が欠如している社会に暮らす。自らの将来を決定できない生活は、人間の尊厳と相いれない。社会混乱と人的損失を抑える統治を実現しなければ、人々は自由を享受するような生活を得られず、将来を決める自由がなければ、個人の発展はあり得ない。

2番目の女性の地位向上の遅れの問題も根深い。サウジアラビアでは女性が運転免許を取得できない（2018年6月から解禁）。アラブ世界における女性に対する制約は厳しいものがある。アラブ人間開発報告書の2016年版によると、アラブ世界では労働力全体の中で女性の占める割合は18％で、これは世界全体の39％からすると大きく落ち込んでいる。青年層だけを見ても24％であり、世界全体の50％に比べて小さい。若い女性の失業率は47％とこれまた世界全体の16％に比べて際立つ。アラブ世界では女性は大学で十分な教育を受けても能力を生かす場がない。

サウジでは1999年まで女性が個人として身分証明書を持てず、常に父親や夫の身分証明書に付記されていた。もちろん社会全体が女性の進出に否定的なわけではない。強硬な保守派だけが反対しているのだが、その声が進歩派を封じている。国政では選挙がないサウジだが、地方議会では選挙導入の動きが広がっている。しかしそうした地方議会でも女性の参加が認められたのは2015年からで、しかも有権者登録をした女性は男性の10分の1である。

女性の家庭外での活動を制約する背景には、宗教・文化的な理由があるから、簡単に批判はできない。女性が社会に進出するかどうかで成長と改革の行方が決まってくるという欧米流の発想に立てば、計り知れない負の遺産となるが、一方でサウジ女性は世界でもっとも保護されている、との指摘も聞く。その境遇に満足している女性も多い。女性が全面的に社会進出すれば、それは男性の職を奪うことになるため、社会のバランスが著しく崩れ不安定化する。こうした面を考えずに米国流の民主化を押し付けるのは賢い選択とは言えない。アラブ世界の変化は時間がかかる。

最後に知識の問題がある。知識こそ繁栄への道標である。しかし石油の膨大な富がもたらす怠惰、国民に知識を与えることを恐れる独裁者、そしてキリスト教国に対する反発もあり、欧米型の教育や知識の習得をさげすむ環境が指摘されている。こうした問題を解決しない限り、アラブ世界には経済発展も、民主化も、そして人間の開発もない、とアラブ人間開発報告書は断言するのである。そしてこれらは特に若者の苦しみに凝縮されている。

アラブ人間開発報告書の２０１６年版は、アラブ世界全体では人口の3分の2が30歳未満の若者であるのに、彼らが中心になって起こした「アラブの春」の失敗、そしてその余波で起きた内戦の結果、若者は絶望の淵にあると言う。

自由よりも安定を重視するこれまでのシステムは崩壊したが、新たな政治制度はできておらず、遅れた教育環境に置かれ、有力者一家の関係者以外は良い職にありつけないという「排除」の社会環境が、有望な若者の芽を潰している。絶望の中で将来設計を描けない若者がＩＳなどテロ賛美の過激主義に引きつけられている。誰にでも機会が与えられる制度、良質の教育・雇用・医療などが若者の能力を拡大するのに必要なのだが、今のアラブではその実現は難しい。

こうした多重の構造的な歪みの中で、アラブ世界の若者人口は今後も増え続ける。今後10年間は人口が年率で2%ずつ増加すると予想されているのだ。機会が与えられず排除され続けて「怒り」を蓄積する若者たちの数もそれだけ増える。彼らが社会不安の元凶になるのは、残念ながら避けることが実に難しい。

アラブ人間開発報告書をまとめた国連開発計画アラブ局長で、自らもエジプト人であるムラド・ワフバに2017年6月にインタビューしてみると、「アラブの若者は確かに怒りをため込んでいるが、それだけ変革を実現するエネルギーを持っていることにもなる」と肯定的な見方をした。しかし「同時に社会不安の大きな要因である」と付け加えることも忘れなかった。

苦悩をさらに深めるのが現在進んでいる戦争である。

戦禍を逃れ

シリアの内戦が激しさを増していた2013年、シリアから国境を越えてヨルダンに逃げた難民が暮らすキャンプを回って取材した。その一つザアタリ難民キャンプでは照りつける太陽と熱風、砂ぼこりの舞う中、12万人もの難民がコンテナハウスであてどなく暮らしていた。

シリア難民にインタビューしていて驚いたのが、シリア大統領のバシャル・アサドへの憤りとともに、自分たちの都合で民主化運動を支援したり、軍事攻撃に踏み切ったりする欧米国家に対する反発を難民たちが次々と口にしたことだった。

「毒ガスで1000人が死んだかどうかで、軍事介入をするかどうか決める、と言う。既にシリアでは10万人が死んでいるのだ。いまさら軍事介入なんて国際社会に向けた単なるポーズ、自己満足だ。本当にこの地に平和を実現しようとなんて思っていない」

砂まじりの乾いた空気に汗のすえた臭いが混じるコンテナハウスではこんな言葉を聞いた。彼らの多くがシリア南部で暮らしていたスンニ派イスラム教徒だった。当然スンニ派を弾圧するアサド政権が倒れ、新しい国民統合政権が樹立されることを望んでいる。

しかし、大国は軍事力を使ってでも平和を実現する覚悟はない。欧米でテロが起きず、難民の流れが止まればそれで良い。そんな欧米社会の本音を知るアサド政権はますますスンニ派を弾圧し殺害する。祖国はさらに破壊され、自分たちがシリアに戻れるあてもなくなる――。彼らの言葉からは苦々しさがひしひしと伝わってきた。

実際、ザアタリ難民キャンプは2012年7月に開設されたが、既にヨルダンで5番目に大きい「都市」になっていた。学校から医療施設、食料品店、衣料品店、ネットカフェまであり、キャンプ生活を工夫していた。しかし水の供給も十分でない非衛生的な環境で、麻薬取引や感染症の報告もあり、一緒に取材に回ったヨルダン政府の担当者は強烈な太陽光線の下で、「ここに5時間もいれば、病気になってしまう。耐えられない生活だ」と漏らした。

ザアタリ難民キャンプは24歳以下が人口の57％を占め、毎週80人の赤ん坊が生まれている。問題は若い難民たちがいつシリアに帰れるかの見通しがまったくたたないことだ。ISなど過激派組織の壊滅、アサド政権と反体制派の和平達成、そして難民帰還というのが理想的なシナリオだが、それは実現するのか。そうした環境が整ったと言われても、荒れ果て、いつ宗派間の対立が再開するかも分からない国に帰る気には簡単にはならないはずだ。

取材したアントニオ・グテレス国連難民高等弁務官（現国連事務総長）はシリアの悲劇を「21世紀最大の人道的悲劇」と呼んだ。その理由を聞くと「難民の規模が大きく、長期化し帰るあてがまったくないためだ」という答えだった。ポルトガル首相から難民保護の仕事に飛び込んだ熱血漢のグテレスは、目に涙をためながら、「最大の人道悲劇なのに、私は何もできない。私の仕事は失敗に終わった」と語った。

集中する戦争

アラブ世界では紛争が日常だ。アラブ世界の人口は世界全体の5％を占めるだけだが、戦闘に関連する死者は世界の68・5％に達し、難民の数は57・5％、そして世界のテロの45％がアラブ世界で起きている。今のまま戦火が拡大すれば、２０５０年にはアラブ世界の人口の75％が戦火にさらされて暮らすと先のアラブ人間開発報告書は予想している。そしてシリアでは２０１３年の時点でＧＤＰの38％、イラクでは２０１４年時点で32％が戦争のために失われている。アラブ各国が過去25年に費やした軍事費は２兆ドルという。アラブ世界の大国エジプトの国内総生産の10年分に当たる額である。

長引く紛争でアラブ世界では人々が生存を求め逃避している。シリアでは２０１７年5月の時点で国外に逃れた難民は５００万人で、国内に残りながらも居住地に住めなくなった人は７６０万人に達した。シリアの人口は２２００万人だから、その半数以上が家を追われたことになる。イラクでも５００万人が居住地から避難し、イエメンではその数は２７０万人である。

国際移住機関（ＩＯＭ）によると、２０１６年の1年間で中東・北アフリカからの難民・移民５０７９人が密航船の遭難などで地中海を渡航中に死亡・行方不明となった。死因は水死や窒息死だ。こうした犠牲者はこの3年間増え続け、２０１５年の３７７７人と比べれば大幅増である。犠牲者には子どもも多い。豊饒な時代である21世紀に、決死の覚悟で地中海をボートで渡ろうとして多数の人々が落命している事実は衝撃である。

難民といえば、かつてのインドシナやアフリカのやせ細り、傷ついた人たちを思い出すが、シリアの難民・移民は教育を受け、外国語を話し、職業技術を持ち、そしてよりよい生存環境を求める意志と体力を持っている若者が多く、彼らはエリートでもある。エリート層の「頭脳流出」は、アラブ世界の将来に大きなダメージを与える。いったん国を離れた人々が、仮に紛争が終わったとしても母国に帰らないことは、長年移民を受け入れてきた欧州や米国の例から明らかなのだ。

それにしてもなぜアラブ世界はこれほど戦争が多発するのだろうか。それはこの地域を幾重にも覆っている禍をみる必要がある。英国とフランスが人為的にこの地域の支配範囲を定めて国境を引いたサイクス・ピコ協定が象徴する、西欧勢力の帝国主義的な介入があった。それに対する民族主義勢力の戦いが20世紀の基調である。だが、西欧の帝国主義勢力に対する戦いは、アジア、アフリカ、あるいは中南米地域にも共通する苦難である。

アラブ世界の特徴は１９４８年にイスラエルの建国があり、反イスラエル闘争という新たな戦いが加わったことだ。米国がイスラエルの安全保障を支え、ソ連がアラブ側を軍事支援するという米ソ超大国の代理衝突の場でもあった。さらにはイスラム教の多数派であるスンニ派と少数派のシーア派の対立があり、それはイラクやサウジアラビアが代表するスンニ派アラブ諸国対シーア派のイランという国家間の戦争・緊張でもある。もう一つの要素に石油がある。世界一の石油埋蔵量を誇るペルシャ湾岸地域はエネルギー利権のための米国の軍事介入をもたらしたし、石油が生む富は不釣り合いなほどの量と質の兵器の購入をアラブの国々に可能にした。

宗教のくびき

アラブ世界の苦境を順番に説明していくと、最後にアラブ特有の問いに行き着く。それは「この幾重もの苦境はイスラム教と果たして関係があるのだろうか」というものだ。民主主義の遅れ、発達しない市場経済、女性の社会進出の遅れ、激しいテロ、ISの暴力的な統治などの問題の源をイスラム教に求める論も多い。先述のアラブ人間開発報告書も、イスラム教について、「宗教は政治紛争をさらに煽るような強力な要因である」と指摘し、「変革と再生を阻もうとする集団が自らの主張を裏付けるために宗教を援用している」と分析している。確かにISがその残虐な統治にイスラム教を利用したことをみれば、イスラム教がアラブ世界の暴力、あるいは発展の阻害に悪用されているというのは間違いない。

世論調査（2009年ギャラップ）では、宗教が生活の重要な要素だと答える人々は、アラブ世界では最低のシリアでも88%で、エジプト98%、イエメン96%、クウェート93%など軒並み高い。日本24%、英国27%、フランス30%、ドイツ40%など先進国とは異なる宗教観だ。比較的宗教色の強い米国でも69％である。また、女性の活動の制約などイスラム教が変革を阻止する条件を用意していることも確かである。

イスラム過激派のテロ組織は、信心深いイスラム教徒だけでなく、現状への不満を持つ若者を引きつけており、国家機能や自治体機能が崩壊した地域で暮らす人々は宗教組織が提供する公共サービスや保護に頼り、そのイデオロギーを受け入れやすい。こうした事情から、他宗教、他宗派の排除を唱える不寛容な過激派組織の教理に影響されやすくなると説明されている。

ＩＳに参加する若者の動機としては、給与など物質的な欲求、暴力を使うことで力を得たとの錯覚、メディアの注目を浴びる快感などさまざまある。アラブ世界の縁故主義や腐敗が恒常化する政治を目の当たりにすると、正しい政治体制をつくり貧困をなくすためには、過激派組織以外に望みを託す手段がないと判断した上で参加するという。となると、イスラム教が最初にあるのではなく、「不正をただす」手段を過激派組織が示しているのでそこに加わるというプロセスが浮かび上がる。

イスラムの誇り

アラブ世界の失敗と屈辱の末に登場したのが、価値観、アイデンティティーとしてのイスラム教だ。かつてのカリフ制帝国が築いた栄光の歴史、欧米にない独自性、そして生活のすべてを律する権威を持つイスラム教こそが、帰属できる力となって浮上したのだ。

アラブではないが、ペルシャ人の国イランが１９７９年に親米王制を打倒した革命でイスラム教シーア派聖職者の指導体制を確立した。これもアラブではないが、アフガニスタンでは1980年代の内戦でイスラム戦士がソ連を追放した。これらの革命、戦いを勝ち抜いた際のアイデンティティーがイスラム教だった。イスラムに準拠すれば、超大国やその庇護にある王制を打倒できるという成功モデルが示されたのである。

特にイランは米国という超大国と対峙し、イスラム教を軸にした国家づくりに成功したことで、イスラム教徒のあるべき姿をアピールした。イスラエルに有利なエジプト・イスラエル平和条約締結などアラブ世界がイスラエルや米国に屈服していくのに対して、イランがイスラム革命の伝播を目指し、反イスラエル闘争を支援したことは極めて魅力的に映ったのだった。

私はイランで1991年から92年まで特派員をしていたが、イランがアラブの反イスラエル闘争に資金や武器、人員などを投入して支援していることへの誇りを良く聞かされた。イラン政府当局者に、「イランはテロ支援国家だと思うか」と問い詰められて困った記憶がある。「イランは虐げられているアラブ人を人道的に助けているだけだ」というのが彼の答えだった。そして得意気に語るのが、「本来はサウジアラビアなどアラブの富裕国が支援すべきなのに、米国とイスラエルに骨抜きにされてしまった。イランだけがイスラム世界のために戦っている」という矜持であった。イランには反米、反イスラエルの姿勢を貫き、イスラム世界の輝ける見本となったとの誇りが生きている。

ＩＳは幾重にも重なった屈辱の歴史から、アラブ人を解放する組織として自らを位置づけようとした。ＩＳが言うカリフ制はかつての栄光である7〜8世紀のウマイヤ朝から取ったものだし、奴隷制や強制結婚など時代錯誤的な統治は、その時代を絶対視する思想の表れだ。イスラム教を利用して支配すれば、イスラム教を生活の原則とする教徒に受け入れられるとの確信があったのだろう。

欧米は民主化と市場経済がアラブの地域と人々を発展させると教えてきた。しかし、イラク戦争で明らかになった米国の帝国主義的な支配思想、そして現在の欧米の政治・経済の低迷をみると、民主主義や市場経済は明らかに魅力を失っている。イスラムが相対的に価値を高める環境にある。

ホームグロウンテロ

欧米で育ったイスラム教徒の若者たちが中東に出向いてISに参加する現象や、欧米諸国でテロを起こすホームグロウンテロが大きな問題となっている。彼らの心の中をのぞくと、アイデンティティー、価値観が影響を与えているのが分かる。

英国に本部がある「過激化と政治暴力の国際研究センター」（ICSR）は、欧州からISなど中東の過激派組織に戦闘員として参加したイスラム教徒への聞き取り調査を行っている。2015年12月の調査報告書は、欧州育ちのイスラム教徒でISなどシリアの過激派組織に参加しその後に欧州に逃げ帰った58人にインタビューした結果として、彼らが過激派組織に参加した理由を四つ挙げている。

まずはシリアのスンニ派市民がアサド政権の暴力で虐殺の危機にあり、同じスンニ派イスラム教徒として救援に行く義務感を感じたこと。彼らは欧州の居住地で説教師の講話やビデオ映像を見てその思いを強くする。

二つ目はカリフ制国家のISは、イスラム教徒の共同体ウンマの実現のために完璧な環境であると考えたため。イスラム法にのっとった聖域がそこにはあり、過激なイスラム思想に染まった彼らにすれば、シリアに行きISの戦闘に参加することは当然の帰結である。

三つ目は戦闘という欧州では味わえない冒険、それを通して生まれる戦友意識、英雄願望が挙げられている。彼らはとりたてて宗教心が厚いわけではないし知的に洗練されてもいない。しかし、欧州で露骨な移民排斥思想に直面し、差別や貧困の中で疎外感を味わう彼らを英雄として歓迎するISが、存在意義を与えるというのである。

四つ目はもう少し現実的だが、ISの戦闘員募集の広告では、給与や食料、ぜいたく品、車の支給などが約束されており、職に就く、物質的な満足感を得るという目的でのIS参加である。

しかし、彼らも突然自ら戦火の中東に出向いてISに参加するわけではない。見逃せないのが、感化し手引きする人物の存在だ。ICSRによると、彼らの居住地近くにいる聖職者が不満や怒りを持つ若者を引き付け、IS参加を促す役割を果たしていた。

2015年11月から2016年3月にかけて、パリやブリュッセルで欧州生まれのイスラム教徒による無差別テロが起きたが、ここでもイスラム過激主義やシリアにわたる具体的な方法を教え込む世話役がいた。この人物はイスラム教徒居住地の若者たちに金や仕事を与えて面倒を見ながら、聖戦への参加を説いていた。2017年5月に英マンチェスターで人気歌手アリアナ・グランデのコンサート会場を自爆攻撃したテロの実行犯も、父親の出身地リビアの内戦に参加した後に英国に戻り、ＩＳ系の指導者に引き付けられてテロの意義に目覚めたという。

ニューヨーク市警が２００７年にホームグロウン・テロリストを調査した報告書によると、イスラム教徒の若者がテロに走る道は、①目立たない生活を送る過激化前段階、②イスラム過激主義について関心を持つ、③イスラム過激主義を深く信じるようになる、④強い信念を持ちテロに参加する――の４段階のプロセスを進むという。

①の段階ではイスラム教徒ゆえの貧困や差別という環境がある。②の過激主義について関心を持つ契機は、イスラム教徒であることを理由とした失職や移動の制限、疎外、差別、イスラム教徒が巻き込まれ犠牲になる国際紛争の発生、家族の死亡など個人生活での悲劇などが挙げられる。③の深く信じる段階では、事態改善のために行動が必要であると確信する。同じような信条を持つグループとの交流や前述の精神的な指導者による勧誘が重要な意味を持つ。ここで出会ったグループはそのままテロの実行グループに発展していく。④では行動しなければならないという信念が確固としたものになり、実際のテロ行動に出る。

差別や貧困が引き金となり、イスラム教徒としてのアイデンティティーに気付く、その凝縮過程がテロへのプロセスであるとの分析だ。中東イスラム世界では、欧米に対する抵抗の礎としてのイスラムの価値観が身近にあるのだが、むしろ欧州のイスラム教徒の場合は、差別や貧困への「怒り」が最初にあり、それがイスラム教徒の仲間たちの苦境へと対象が広がり、テロに発展するわけだ。

特にフランスでは、非移民とイスラム移民の間に雇用や教育面で大きな格差があり、イスラム移民は貧困に苦しみ、差別を感じることが他の国より多いという統計が出ている。フランスは移民統合政策をとっているが、実際は、移民は疎外されている。そして少数派の価値観を認めない厳格な統合政策ゆえに、イスラム移民は頼るべきコミュニティーがなく、一層社会的な疎外感、孤独感を強め、不満と怒りを募らせる。

イスラム女性のスカーフ着用をめぐる激しい対立も、フランス特有の統合政策に起因する。むしろ米国や英国のような、英語を話さなくとも暮らしていける少数派コミュニティーの並存を認める緩やかさが、イスラム教徒の疎外感を解消するのだ。

西欧社会は自由民主主義の本来の姿として、イスラム教徒を包摂すべきなのに、経済低迷や、「他者」による文化・社会の変質やテロへの恐れから、イスラム教徒を排除している。この現実がテロのプロセスを選ぶ若者を拡大再生産していると言える。

コーランを奪えるか

ISは敗北した。全盛期の版図を大幅に減らし、数万人の戦闘員が殺害された。欧米からアラブ世界に渡り、ISに参加する若者の数も減った。それでもイスラム過激派が消滅するとは思えない。なぜだろうか。

2016年8月、シリア北部の都市アルバーブで、米軍無人機が精密誘導弾でISのナンバー2であるアブ・ムハンマド・アドナニを殺害した。死の直前にアドナニはISの将来を暗示するメッセージを発表した。「アラーの神は我々が支配地を固めようと、荒野、砂漠に散らばり、追い詰められようとも、祝福してくれる」「欧州と米国の『イスラム国』の兵士に告ぐ。この地での行動よりも彼の地での小さな行動の方が愛おしい」。欧米におけるいわゆる一匹狼、あるいはホームグロウンテロの奨励であろう。ISがカリフ制国家の象徴である領土の獲得よりも、世界各地でのテロ重視へ転換したことをうかがわせるメッセージである。

最後にアドナニは「アメリカよ。モスルやスルト（リビアの地中海岸の都市）、ラッカ（シリアのISの拠点）をとれば、我々の敗北であり、そしてお前たちの勝利だと言うのか。それは違う。イスラム教徒の胸からコーランを奪えなければ、我々が敗北し、お前たちが勝ったとは言えない」と言った。

ISの強烈なメッセージは、スンニ派アラブ人の「怒り」の代弁である。スンニ派とシーア派はイスラム教の二大宗派でライバル関係にあるが、スンニ派は圧倒的多数派だ。イスラム諸国の多くはスンニ派が政権を握る。しかしイラク戦争の後、フセイン政権を支えた多数派のスンニ派はシーア派主導の政権や軍から追われ、辛酸をなめてきた。弾圧され排除されたスンニ派がISの基盤である。隣国のシリアでもスンニ派は多数派であるにもかかわらず、アサド政権の弾圧の犠牲になってきた。アラブ世界の戦争では、死者も難民もスンニ派が圧倒的に多い。スンニ派は負け続けているのだ。

スンニ派の守護者であるはずのサウジアラビアやエジプトは、自国の安定を優先し、イラクやシリアで苦境にあるスンニ派の力にならない。シーア派の方はイスラム世界全体では数では劣るが、同派の大国であるイランが各国のシーア派の後ろ盾となっている。イランは1979年のイラン革命以来、イスラムを国の柱に据えて欧米に挑戦し、スンニ派も含めて抵抗組織への支援を続けてきた。またオバマ時代の米国と核凍結合意に達し、国際社会への復帰を果たしつつある。国内の体制改革にも独自外交にも踏み切れないサウジやエジプトに比べて、イスラムの大衆からすれば魅力的に映る。イランの「成功モデル」と比べて、スンニ派の国々が停滞し、そしてイラクやシリアのスンニ派市民の苦境を救おうとしないのは、同派にとって一層の絶望感に結び付く。

世界を見渡せば、スンニ派の擁護者を自任し、戦闘力を持つのはISやアルカイダなどの過激派組織しかいないとも言える状況だ。だが、そのISやアルカイダ系過激派組織の暴力統治やテロは絶対に世界に受け入れられるものではない。スンニ派の知識人は「スンニ派は鬼っ子だ。欧米もシーア派もすべてを敵に回した」と言う。

怒りの発露、あるいは生存への救いを求めるスンニ派の人々がいる限りは、イスラム教過激派組織が存在意義を見出すだろう。スンニ派住民にとって、自らが正当に評価されるカリフ制国家への夢は消えるものではない。ISにしてもアルカイダ系組織にしても、その夢を提示して屈辱と怒りにまみれた住民を引きつけてきた。

コーランはイスラム世界のためのジハード（聖戦）を定めている。イスラム世界とはイスラムの主権が確立された世界であり、そのための聖戦とは、イスラム世界を攻撃する異教徒や欧米、あるいは欧米を志向する政治指導者に対する戦いを意味する。聖戦の対象は理論的にはいくらでもある。しかもこの章で説明した通り、アラブ世界の経済の低迷は当分続く。戦禍にあえぐ若者たちに向けて、過激派組織はSNSなど扇動的なメッセージを発信して動員する手段を得た。かつてないようなアラブの不満が「怒り」、暴力に転ずる土壌がある。

「コーランを奪われない限り、敗北しない」という過激なメッセージに、我々は何と答えるべきなのだろうか。

＊　＊　＊

世界を揺るがす「怒り」の震源であるイスラム圏をここまで見てきた。統治力の弱さからイスラム圏、特にアラブ世界では人々の感情が国家を激しく揺さぶっている、と思ってしまう。

しかし、第3章で見たように成熟した民主主義国家である米国、英国でも人々の感情が国家の行方を決めている。それは国内体制が比較的安定しているように見えるロシアと中国という地政学大国にも当てはまる。強権を持つこれらの国の指導者は理性的な地政学だけではなく、国民の怒りや不満に突き上げられ、それをコントロールしながら国家を運営しているのだ。

ここからは強権国家の体制がいかに人々の感情をコントロールし、地政学に利用しているかを探ってみたい。

アトス山のプーチン

エーゲ海に突き出た小さな半島が2016年の春、突然注目を浴びた。「聖なるアトス山」と呼ばれるギリシャ北部の東方正教の聖地である。東方正教が勢いを持ちスラブ世界に広がり始めた9世紀、ビザンチン帝国から主権を授けられて以来、正教の聖地となり、今も世界中から多くの巡礼者が訪れる。女性の入域は禁止され、銀行の営業も許されていないなど、正教独特の慣習が生きる。

注目を浴びたというのは、2016年5月、この聖地をロシア大統領のプーチンが訪れたのだ。黒い服と黒い帽子、そして長いひげの修道士に囲まれて写真に収まったプーチンは、ネクタイを外し、笑みを浮かべてリラックスしている。アトス山こそが自分にもっとも適した場所である、とばかりに喜んでいる様子がうかがえる。

プーチンはここで演説をした。「一千年以上にわたり、我々の精神的伝統や価値観はこの地で育まれてきた。われわれは愛国心、歴史の記憶、そして伝統的価値を復興させるのだ」。カトリック、プロテスタントに比べて国際政治で影響力を発揮できなかった東方正教が、久しぶりに大国の指導者の下で、復活を誓う力強さを感じさせた。

プーチンは大統領に就任して以来、アトス山を2回訪れている。それ以外にも訪れようとしたことが2回あったが、嵐のためにヘリコプターが飛ばなかったり、ロシアでテロ事件があったりして途中でキャンセルを余儀なくされた。プーチンはアトス山、そして東方正教へ並々ならぬ思いを抱いている。クリミア併合やジョージアへの軍事介入でプーチンはソ連の復活を考えていると指摘されているが、実は東方正教圏のリーダーとして、16世紀に始まりロシア革命（1917年）で終わった専制君主制であるツァーリ（皇帝）時代のロシア帝国の復活を夢見ているのではないか、とも言われているのだ。

東方正教の聖地、アトス山を訪れたプーチン（2016年5月）（ロイター＝共同）

実際、プーチンが大統領になって以来、ロシアはロシア正教の修道院のほか、ギリシャ正教、セルビア正教、ブルガリア正教などアトス山にある各国正教の修道院に多額の財政支援をし、それはアトス山の運営に不可欠なものとなっている。これはロシア革命で帝国が崩壊するまでロシアが正教圏の最大の庇護者として、この山に施してきたことである。

実はプーチンがどこまでロシア正教への信仰心を抱いているのかは、皆が疑問視している。大統領になるまで、プーチンの信仰心の深さを証明する発言が、聞こえてこなかったからだ。どこの国の政治家も宗教組織を支持母体とするために、さまざまな手を使う。プーチンの場合も「正教の政治利用」という疑念は付いて回る。

しかし、ロシア正教はプーチンにとって、他の国の宗教に比べ、はるかに利用価値の高いものだ。それは自らの国内の政治基盤固め、東方正教圏の盟主となること、そして世界の保守運動のリーダーとなること、という三つの面から説明できる。

まず第一の側面である国内の政治基盤固めである。ロシア人は、世界初の社会主義国家ソ連をつくり、国境を越えた階級の連帯を説いて世界に君臨した。しかしソ連崩壊で社会主義というアイデンティティーを失ったロシアは、いったん欧米の民主主義と市場経済を受け入れて国の再生を期すが、エリツィン大統領時代に政治、経済ともに混乱し極端な不安定に陥った。結局西欧化に失敗し、想定された国家の復活も叶わなかった。

ロシア人の苦悩は深い。第3章で、米国の高学歴でなく収入も多くない白人労働者が、職場のIT化や多文化主義についていけず、絶望から薬物やギャンブルに依存するなど破滅的な生活を送り死亡率が高まっている現状を伝えた。ロシアでも世界保健機関（WHO）によると、男性の平均寿命は63歳で非常に短い。ここ25年間伸びていない。女性は75歳で男女平均では69歳である。将来に希望を抱けない絶望のロシア人像が浮かぶ。

こうした混乱、絶望の中で、ロシア人はアイデンティティーを模索してきた。その一つが西欧や米国にはない、民族的な誇りとなりうる正教なのである。ロシア的なものへの回帰、愛着が強まって、ロシア正教の意義が浮上してきたのである。東方正教の守護者であった時代、帝政ロシアの時代は、ロシアは確かに欧州を脅かす帝国だったのだ。

ソ連時代はマルクス主義の「宗教はアヘンである」といった宗教への敵対姿勢からアトス山へ

の支援は減り、ロシア正教の修道院もさびれた。しかし、今や東方正教はロシア人に独特の価値観を与えている。プーチンはロシア国内におけるロシア正教の教会への支援も拡大させており、自らも年末には必ずモスクワ郊外の教会を訪れるなど、宗教と政治の一体化を進めている。

この狙いが当たったのが、2012年3月の大統領に返り咲いた選挙である。2期8年の任期を終えていったん首相に退いたプーチンが再び大統領を目指すことは、民主派からの激しい反発を招いた。この時プーチンはアトス山の修道院に連絡し、歴史的に価値がある遺宝の展示ショーをロシア各地で開き、敬虔深さを印象づけた。また反プーチン派が正教に対する姿勢で分裂していることを見抜き、正教会を味方につけることで大統領選を乗りきった。

ロシアの世論調査によると、正教会の信者と答えた人は70％を超え、「正教が人生に意味を与えてくれる」との回答や正教会への信頼が高まったとする回答も増えている。ロシアはエネルギー輸出に依存する国で先進国経済の仲間入りができていない。クリミア併合に伴う2014年からの制裁やエネルギー価格の下落でマイナス成長が続き国民もあえいでいる。ロシアを訪れると、欧米は政治、経済、軍事でロシアを包囲し、潰しにかかっている、といった論を知識層も大衆も語る。こうした心理状況のロシア人にとって、東方正教は過去の栄光と心の安寧をもたらしてくれる不可欠なアイデンティティーになりうるのだ。

二つ目に、対外政策における狙いがある。プーチンの目標はクリミア併合で欧米から科されている制裁の解除である。このうち欧州連合（EU）の制裁はEUすべての国の合意で科されたものので、どこかの国が拒否権を発動すれば、その場で制裁は解除となる。プーチンは東方正教圏の盟主となることでEU内の東方正教の国であるギリシャやブルガリアとの関係を深め、これらの国が拒否権を発動するよう期待している。私もそうしたプーチンの正教を利用した外交の現場を目撃したことがある。

プーチンとチプラスの抱擁

「あれ、誰かがでてきたぞ」。2015年6月、サンクトペテルブルク。プーチン大統領の肝いりで開かれた世界経済フォーラムの全体会合の壇上に、黒いスーツにノーネクタイ、きびきびとした足取りの男が現れ、マイクに向かって語り始めた。

「古代ギリシャは海に出て文明を築いてきた。今ギリシャは嵐に見舞われているが、我々は嵐を恐れない。再び海に漕ぎ出し、そして安全な港を探しているところだ。私はギリシャにとっての安全な港であるロシアに今日やってきたのだ」

ギリシャ首相のアレクシス・チプラスだ。欧州連合（EU）から押し付けられていた財政緊縮策を「災難」と拒否した急進左派の面目躍如である。15分ほどのスピーチを終えたチプラス首相は、フォーラムの主催者であるプーチンと抱擁した。

ロシアとギリシャの接近はこの抱擁に象徴的に表れている。

チプラスはこの年1月の首相就任直後に最初の外国元首からの祝電としてプーチンから「関係強化」のメッセージを受け取り、ロシアが欧米から科されていた制裁を「欧米は経済戦争をロシアに仕掛けている」と断罪した。

フォーラム後のプーチンとチプラスの首脳会談は深夜まで続き、このあおりでその日の夕刻から予定されていた私たち外国メディアとプーチンのグループインタビューは日付が変って12時過ぎから始まった。プーチンから指定されたインタビューの場所であるサンクトペテルブルク市内の大統領図書館の大きなソファーで待ちながら、これほど長く会談するロシアとギリシャの思惑を考えた。

ロシアとギリシャの接近。それは制裁で西側から締め出されたロシアと、放漫財政でEUから追放の脅しを受けるギリシャの「敗者」同士の連合に見える。しかし欧米への対抗という共通の国益とともに、両者には東方正教という宗教が持つ価値観の共有も浮かび上がる。

ギリシャは豊かな歴史を誇る欧州の起源国である。北大西洋条約機構（NATO）構成員として欧米と行動をともにしてきた。冷戦はトルーマン政権がギリシャをソ連から防衛すると決断したことから始まったように、西側の防衛ラインが通過する重要な国だ。しかし今やその文明の起源国が、財政問題を理由にEUに足蹴にされている。チプラスは欧米に嫌われているプーチンと抱擁してみせて、「怒り」を表明したつもりなのだろう。

私は2013年の春、経済危機のギリシャを取材した。失業率が6割に達した若者たちは、ドイツを中心としたEUの過酷な財政引き締め命令に憤りながらも、「ギリシャは素晴らしい歴史を持つ国だが、明るい未来が切り開けない」と自国をあきらめて、職の機会があるドイツに向かうのだった。医師や弁護士など高等教育を受けた若者ほど国を捨てる傾向が強かった。アテネの下町からは神々しいパルテノン神殿（紀元前432年完成）が良く見えた。歴史に誇りを持つギリシャ人だけに、今の苦境は耐えられないほどの屈辱である。

そんな時、東方正教というつながりを持つ大国ロシアの強い指導者プーチンからのラブコールは、格別に嬉しいものだったに違いない。

東方正教と地政学

ロシアの周辺国の主要宗教はみな東方正教である。ジョージア、ベラルーシ、ウクライナ、アルメニア、マケドニア、モンテネグロ、モルドバでは東方正教が多数派である。東方正教の信者は合計2億6000万人だが、これらの国を束ねる立場にいたいロシアにとって宗教の権威は極めて重要である。

東方正教はローマ帝国が4世紀に分裂してできた東ローマ帝国で発展した。「神聖にして正統普遍なる使徒の東方教会」と称したことから東方正教と呼ばれる。ギリシャ語を典礼語とし、東ローマ帝国の版図であった南イタリアからロシアなど東方のスラブ地域にまで広まった。欧米を中心とするカトリックやプロテスタントとは異なる神秘性の高い宗教文化圏を形成し、これらの国のアイデンティティーとなっている。

ロシアにとって重要なのは10世紀末にロシアの前身であるキエフ公国が東方正教を受け入れたことだ。ロシア人にとってキエフは「聖都」である。ウクライナに対するロシアの干渉の理由の一つは、そのキエフを首都に持つ国はロシアと特別な関係を持たなければならないし、他の欧州諸国のようにEUや北大西洋条約機構（NATO）に加盟することなど許せないという思いがあるからだ。

東方正教は、ギリシャ正教会、アルメニア正教会、ロシア正教会など各国、各民族にそれぞれの教会組織を認めており、それぞれに総主教がいる。それだけ独立性が高く、民族的なアイデンティティーの形成に結び付きやすい。その東方正教圏のリーダーとして覇権的な影響力の確保を、ロシア正教会は目指している。2016年2月には「1000年を超える東西キリスト教分裂の克服」として、ローマ・カトリック教会を率いる法王フランシスコと、ロシア正教会の総主教キリルがキューバの首都ハバナで会談した。「やっと会えた」と喜んだ二人だが、喜びはキリルの方が大きかったに違いない。キリルがフランシスコの会談相手として選ばれたことは、遅れて東方正教圏入りしたロシア正教会が正教界の代表であると認められたに等しいからだ。

このロシア正教会の格上げの裏では、プーチンが大きな働きをした。2000年にプーチンは当時の法王ヨハネ・パウロ2世と会談し、13年には就任したばかりの法王フランシスコとも会談し、ロシア正教との和解を働き掛けている。カトリック側も大国の後押しを受けたロシア正教を正教界の代表として認めざるを得ない。

さて、プーチンがロシア正教を利用する狙いの三つ目として、世界の保守運動のリーダーとなる思惑がある。東方正教徒は一般に保守的な価値観を持ち、同性愛や同性婚に厳しい立場をとることで知られる。ロシアもプーチンの意向を受けて2013年に公の場で同性愛を宣伝することを禁じる法を制定するなど同性愛規制を行っている。これに対して米国やフランス、ドイツなどの首脳が翌2014年のソチ五輪の開会式出席を見合わせた。しかし、西側先進国のこうした多様性を認める姿勢を、「腐敗した西側文化」と批判する保守派は、プーチンの姿勢を歓迎している。

これはトランプの首席戦略官だったバノンがプーチンのキリスト教の伝統的な価値観を守る姿勢を高く評価しているように、米国のオルト・ライトからも歓迎されている。同性愛はキリスト教世界の保守主義者にとって「重大問題」だが、欧米の指導者は差別を禁じる「ポリティカル・コレクトネス」に従って同性愛について否定的な見解を述べることはしない。同性愛を不信仰であると考える世界の人々はプーチンに引き付けられるのである。

プーチンは東方正教を超えてキリスト教全体の擁護者としての声も上げる。2015年にロシアはシリアのISなど反アサド派に対する空爆を開始した。この時、プーチンは「シリアにいるキリスト教徒の救済のため」と明言している。米国も対IS攻撃を続けているが、「キリスト教徒の救済」とは言っていない。政教分離を原則とする先進民主主義国政府は、特定の宗教信者を守るための軍事行動などできない。しかし、「イスラム教徒の暴虐にキリスト教徒が犠牲になっている」と考えるキリスト教徒にとっては、宗派の違いはあってもプーチンの言葉は頼もしく聞こえるのだ。

プーチンが東方正教をいかに地政学的に利用しているかが良く分かる。

引き裂かれた国

クリミアを併合しウクライナの西欧入りを阻止した一連のロシアの動きは、ロシアの地政学戦略と価値観戦略の大きな成果と言える。

実は、このカトリック・プロテスタントの西欧キリスト教と東方正教の境界、つまりキリスト教の内部の壁が今、ウクライナ問題だけでなく欧州のさまざまな対立の裏に読み取れる。これはもっぱらロシア側が正教に価値観を見つけるという覚醒から生じているのだが、西欧側もそれに対抗するようにカトリック意識を高めている。

西欧キリスト教と正教の境界線を引いてみると、北はフィンランドとロシアの国境に始まり、エストニア、ラトビア、リトアニアのバルト三国とロシアとの国境を通り、ベラルーシ、ウクライナ、ルーマニアの国内を二分して通過し、さらにセルビア、マケドニア、ギリシャを正教側に包み込んで地中海に抜ける。

境界の西側にあるバルト三国、ポーランド、スロバキア、ハンガリー、クロアチアが冷戦後にEUやNATOに次々と加盟して西欧化の道をたどっている。ロシアのクリミア併合を受けてバルト三国にはNATO部隊の増派も決まり、欧米による「仲間を守ろう」との決意が明確になっている。第2章で旧ユーゴスラビア紛争について触れたが、あの戦いは東方正教のセルビアとカトリックのクロアチア、スロベニアの衝突から始まっており、冷戦中に押さえ込まれていたキリスト教の内部の対立が最初に噴出したものと言える。

この境界線を眺めてみれば、カトリックと正教に「引き裂かれた国」ウクライナの困難が見えてくるのだ。ウクライナ国民の世論調査では親欧州連合（EU）派が、やや親ロシア派に勝っている。だが、プーチンという正教を地政学的に使う独裁者がモスクワにいる間は特にウクライナ全体の西欧化の道は険しい。

西欧キリスト教（左）と東方正教の境界線

中華民族のエネルギーの爆発

もう一つの地政学大国中国も、民族の「怒り」をバネに復興を果たそうとしている。

2016年7月、中国国家主席習近平の発言が世界のチャイナウォッチャーの注目を集めた。「中華民族のエネルギーはあまりに長く抑えられてきた。そろそろ爆発させて偉大な中国の夢を実現せねばならない」。中国北西部の寧夏回族自治区を視察した際の発言である。

中華民族のエネルギーを爆発させる、とは聞き流せない言葉である。これは、中国人は本来エネルギーを発揮して発展すべきなのに、それが内外の制約で閉じ込められてきたとの物語を前提に、今こそ正当な地位を得るべき時である、という民族主義的な色彩の濃いメッセージだ。長年積み重なった「怒り」を背景にして、跳躍しようというのである。

習の真意がどこにあるのかは分からない。しかし、「爆発させろ」の指示を真に受けて、軍部の指導者が活発な活動に乗り出せば、日本を含めて周辺国は身構え対抗せざるを得ない。そしてアジア太平洋地域は不安定化してしまう。

中国の指導部がナショナリズムを使って国民を鼓舞しさらなる発展を目指すのは、ある意味自然でもある。

かつての大帝国がアヘン戦争（1840～42年）以降、欧米、さらには日本の侵略の対象に転落した屈辱感は、他の民族には容易に想像できない。その中国は鄧小平が始めた改革・開放路線が急激な経済成長を実現し、2010年には国内総生産（GDP）で日本を抜いて世界第2位の経済大国となった。2008年のリーマンショックでは、日米欧の三極がマイナス成長に転じる中、世界の期待に応えて大型の財政出動と利下げの連続で世界経済を一国だけで牽引した。屈辱から栄光への軌跡は、世界帝国への願望を助長する。

リーマンショック後の積極的な経済政策の負の遺産として、2015年初夏に始まった経済不調とその後の「新常態」は中国経済をスローダウンさせた。二桁の経済成長はもはやあり得ず、6%台の成長が基調となっている。しかし、資源入手を目的とした幅広いアフリカ投資や一帯一路構想、アジアインフラ投資銀行（AIIB）の創設など中国の国際的な経済活動は世界でもっとも積極的であり、再生可能エネルギーの大胆な導入の試みなどを見ると、中国は依然「希望」を放射していると言える。

中国は自由民主主義によらずとも国家と人々を豊かにする新しい道を提示したことで、新たな価値観、アイデンティティーを得た。自由民主主義とは異なる道「北京モデル」に惹かれるアフリカやアジアの国々も多い。中国はAIIBや一帯一路構想で、欧州との結びつきも強めている。英国のEU離脱で統合力が弱まったEUは、中国にとって攻めどころであろう。

一方で、南シナ海を中心にした威圧的な海洋進出は周辺国や米国の反発を招き、2016年7月の仲裁裁判所判決で明らかになったように、米国が中心となる国際規範の壁にぶつかっている。報道を制限し少数派を弾圧し、民主化の動きには天安門事件以来なかったような強権的な対応をする習近平政権は実は脆弱であるとの見方も否定できない。「中所得国の罠」、高齢化社会の負の効果など中国が今後停滞する可能性は大きい。そうなれば「強く大きくなる」という価値観は否定され、「不安」、そして「怒り」が表面化しやすい。

実際、中国人の所得や貯蓄に対する満足度はここ数年下降傾向にある。世論調査は中央・地方政府の腐敗への不満や食品、医薬品の安全に対する懸念の高まりも示している。右肩上がりの豊かさを今後も継続的に享受することは難しくなっている。

こうした傾向を知り、豊かさだけを追うモデルの限界を感じてか、習近平は「中国の夢」という価値観を掲げた。豊かさの追求を捨てることなく、そこに大帝国の復活というナショナリズムを加え、2017年10月の第19回共産党大会では「強い国」の建設を訴えた。

富者のための共産主義

腐敗撲滅運動で国民の人気を獲得したものの、習近平には共産党の統治に対する危機感がある。経済発展とともに、共産党が求心力を失い、国民の意識が拡散し独自に欲望の実現に動きだせば、中国は解体してしまう。自由のない社会主義が政治制度として維持が難しいことはソ連の崩壊の前例を見れば、良く分かる。だから習近平の危機感は当然である。特に習近平が恐れるのが大衆の「怒り」だ。豊かさを実現した実績で政治面の不満は抑え込んだ。政治体制に不満を持つ者は巨大な人口のごく一部でしかない。しかし食や医療、環境の悪化に対する不満は膨らむばかりだ。共産党、人民解放軍、地方政府の腐敗への反発も裾野が広い。ここにいったん火がつくとコントロールできないような反共産党運動が起きる。習は必死で腐敗摘発や食の衛生問題に取り組んでいるが、それには限度がある。

危機感にさいなまれる中国指導部が国民を糾合するスローガンに、「二つの100周年」がある。習近平は「中国の夢」と並んで、「二つの100周年の奮闘目標」を呼び掛けている。最初の100周年は、中国共産党の設立から100年となる2021年に衣食が足り、豊かさを実感できる「全面的な小康社会」をつくる。もう一つの100周年は中華人民共和国建国から100年となる2049年に、豊かで強く、民主的で文明的な、調和のとれた社会主義現代国家をつくる、というものだ。これは小康社会をさらに進めて、社会主義の先進大国を築くという目標である。

逆に言えば、こうしたスローガンを掲げなければ国民がついてこないほど、中国共産党は求心力がないのかもしれない。中華民族の偉大な復興を追い求めてきた結果が、社会・経済格差の拡大、環境問題や食品の衛生問題で表面化している安心・安全の欠如であり、伝統的なコミュニティーの崩壊、儒教価値観の霧消である。国民の不安はいつでも怒りに転じる気配がある。「中国の夢」も「二つの100周年の奮闘目標」も単に、国家の富国強兵、大国化だけでなく、「人民の幸福の実現」を目標に加えている。

共産党統治を揺さぶる最大の懸念は格差の劇的な広がりであろう。

格差についての著作が世界中で読まれているフランスのトマ・ピケティ教授の、2017年2月の新聞コラムが興味深い。「中国では1995年から2015年に、上位10%の富裕層が保有する私有財産のシェアは41%から67%に上昇した。この期間に不動産業はほぼ全面的に民営化されたが、取得では大きな不平等があり非常に不透明な条件のもとでごく限られたグループの人たちだけに可能だった」と言う。その結果、「中国は一種の『富者の共産主義』を発展させる恐れがある。資本主義国以上に私有財産の（富者への）集中が進み、全てを共産党一党が掌握する状態だ」と言っている。共産党幹部だけが肥えるのでは、「二つの100周年」など実現しない。「中国の夢」を人口13億人の大国で実現するのは極めて難しい。6％台の成長で果たして全面的な小康社会は実現するのか、米国との対決に備えて軍事費を大幅に増加せざるを得ない中で、社会保障制度の充実など「人民の幸福」にどれだけ資金を費やせるのか、悪化する一方の格差、環境問題の是正は可能なのかなど疑問は多い。中国はかねてから南シナ海などで地政学的な拡張主義の傾向を見せている。難問を抱える共産党が国民の不満解消のために「エネルギーを爆発させろ」とばかりに地政学戦略に頼り、外に敵をつくる手法に陥る懸念は実に大きい。

第5章　移民の地政学

不満と怒りを持った人々は厄災を逃れようと脱出する。交通機関や通信手段の発達、グローバル化によるいくつかの地域での国境の消失で移動はかつてないほど容易になった。現代の世界は「南」から「北」へ、そして「地方」から「都市」への人口の大移動を経て出来上がっている。もう少しはっきり言うと、人は「北」の「都市」に集中しつつあるのだ。世界人口の半分が都市に住んでおり、都市人口は今後ますます増える。そして都市とは基本的にはリベラルであり、進歩的である。保守的に動く国家の縛りを突き破ろうとするのが都市だ。移民、そして移民が集まる都市は世界地政学とその行方にどれほどの意味を持つのだろうか。

北に人が引き付けられる

シリア、イラク、リビア、エリトリア、そしてアフガニスタン——。戦禍を逃れて地中海やエーゲ海、あるいは陸路で欧州に向かうこれらの国家の難民、移民の苦難は、まさに「21世紀最大の悲劇」だ。この豊かな時代に、なぜこんな悲惨なことが起きるのか、と頭を抱えてしまう。

難民・移民が命をかけて欧州に渡る理由は、「欧州ではうまく行けば素晴らしい将来が待っている。地中海で溺れ死ぬかもしれないが、このまま母国にいてもどうせ死ぬのだから」「子どもたちに将来を与えたい」など、「生きるためには他に選択肢がない」という切実な思いに尽きる。それほど、中東やアフリカ、南アジアの一部の国々の状況はひどい。

何も欧州まで行かなくとも、中東やアフリカの安全な国に避難すればよいではないか、との疑問も浮かぶ。近隣の国にある国連の難民キャンプで暮らし、戦争が収まったところで母国に帰還する、という穏当に見える選択をなぜしないのだろうか。

その疑問への答えは、難民キャンプでは満足できる生活が送れず、将来への計画が持てないというものだ。トルコやレバノン、ヨルダンに既に100万人単位のシリア人が避難しているのだが、これらの国は自国民の職や教育の機会を守るために、難民をキャンプに押し込めるなどし、数々の制限をつけている。それに、国連難民高等弁務官事務所(UNHCR)の予算にも限りがあるから、豊かな生活を手にすることは不可能だ。

難民たちの母国は長期間の戦禍にあり、安定と平和がいつ戻ってくるのか、誰も予想できない。難民問題の究極の解決は母国の紛争の終結による帰還しかないのだが、その見通しが立たない。それゆえに中途半端に近隣国の難民キャンプであてどない生活を送るよりは、危険を冒してでも欧州へ行くという決断をするわけだ。

欧州にとっては、難民・移民の大量流入は悪夢である。だからそれを抑えようと、寛容や多様性を受け入れるという原則をかなぐり捨てて、国境閉鎖や受け入れ制限という対抗手段に出た。それでも難民は欧州に向かう。難民問題を追う英国人ジャーナリストのパトリック・キングズレーが著作『シリア難民』(原題:The New Odyssey、2016年、ダイヤモンド社)で言うように、欧州側の難民拒否の思惑は、難民の生きたいという「必死」の思いにはかなわない。

「北」へ行く人々の中には戦禍や政治的弾圧を逃れる難民のほかに良い職を求める経済移民がいる。経済移民を止めるには、母国で良い職を得られることが必要だ。このため開発援助が唱えられる。1人当たりの所得が先進国の4分の1程度に引き上げられれば、経済移民は激減すると専門家は語るが、例えばエリトリアの1人当たりの年間所得は490ドルで、ドイツの100分の1だ。経済が崩壊し人権が無視され刑務所国家と呼ばれるエリトリアで、人々の所得が短期間で飛躍的に伸びるとは予想できない。むしろ、開発援助の結果、所得が少しでも増えれば、密航業者に資金を払う余裕ができて、経済移民は増えるとの予想も聞かれるのだ。

「蛮族」という欧州の脅威

地政学の祖ハルフォード・マッキンダーは、欧州の命運を握ってきたのは南、あるいは東からの「蛮族」の侵入であると語っている。中世の欧州は「その防衛力のすべてをあげて、南東の方角から襲来する敵の脅威にあたった」し、「イスラム教徒の攻撃と包囲に悩まされ、鍛えられてもきた」。中世における法王の欧州を束ねる権威の確立、ベネチアの海上勢力の勃興、英国やフランスなどの国民国家の成立といったものは、みな、来襲した強敵に対して、諸民族が団結して反撃をした歴史の産物であると振り返る。

フランスの国際政治学者のドミニク・モイジも、『「感情」の地政学』の中で、「かつて欧州のキリスト教国の共通の敵はイスラムだった」と語り、そして「今の欧州の将来をめぐる不透明感は根強く、他者、とりわけ南からやってくる最貧困層への恐れから始まる」と分析している。そして「今の欧州の恐れは、アフリカ人が欧州に大挙して殺到することなのだ」という結論だ。

マッキンダーやモイジからすれば、2015年に記録した年間で100万人を超える中東、北アフリカからのイスラム教徒の難民、移民はまさに地政学的な脅威である。絶望の末に地中海を小さなボートにすし詰めになって渡ってくる難民、バルカン半島を大きな荷物や子どもを抱えて北西に徒歩で向かう移民の長い列、イスラム移民の2世、3世がパリやブリュッセルで起こすテロなどを目のあたりにすれば、欧州人は歴史を思い出し地政学的な恐れを感じるのだろう。

この思いは、1200万人と言われるヒスパニック系を中心とした不法移民を抱える米国も同様である。職を奪われる、社会保障費が使われる、犯罪が心配だ、といった不安とともに、米国のアイデンティティーが奪われるという、価値観の喪失に対する危機感が背景にある。

現代地政学を見るにあたり、この南から北への人の動きは避けて通れない。そして歴史をさかのぼってみると、常に人の動きが、地政学の大きな要素だったことが分かる。「移民の地政学」とでも呼ぶべき現実がある。

人口のバランスシート

移民の奔流は北の国々や人々を押しつぶしてしまうのだろうか。

2017年3月に国際移住機関（IOM）の事務局長ウィリアム・スイングに聞いてみた。すると、「人口動態も赤字と黒字がある。北は赤字で、南は黒字。赤字と黒字のバランスをとるのは当然だから、南から北に人は流れる」と言う。

北の先進国は生まれる人より死ぬ人の方が多い。よって人口が減っている。しかも高齢化が進んでいるから働ける人の数はもっと減っている。つまり労働力不足という赤字である。一方で南は生まれる人の方が死ぬ人よりも多い。しかも若者が多い。だから労働力は大幅に余っている、つまり黒字である。北は経済力が大きいから雇用口は多いのに労働力は不足している。南には仕事がないのに労働力は多い。となれば、「南から北に人が流れるのは経済のためにも良い」とスイングは言う。

スイングは米国務省の外交官として南アフリカ、ナイジェリア、ハイチなど6カ国で大使を歴任、国連の特別代表としてPKOを指揮したこともあるベテラン外交官で、アフリカや中東情勢に明るい。そうした経歴から、現在起きている移民の流れを「当然の帰結」と割り切っている。

むしろ地球全体の経済をバランスよく発展させるためには、移住を積極的に進めなければならない、と語る。経済面だけでなく文化面でも、グローバル化の影響で多民族が一緒に暮らし、多文化、多言語社会になっていくはずだ、と確信を持って将来を予想する。だから、必要な課題は、移住をいかに秩序だてて進めるかであり、移民への偏見や反感をいかに解消するかである。スイングはトランプが大統領就任直後にシリアやイランなどイスラム圏7カ国からの入国禁止命令を下した時にも、反対の声明を出した。スイングの声明は、人権・人道上の理由からだが、地球上の労働力調整という経済的な背景もある。

もちろん「北」は簡単に同意しない。スイングも今の移民の動きは「歴史上、これほど人が動いている時はない」と断言する。西アフリカのナイジェリアからアフガニスタンまで10カ国もの国で、同時に紛争が発生するのなど見たことがないし、どの紛争も和平に向けた政治プロセスが進んでいない。北の国々に住む人々は毎年100万人もの帰る当てのない人々を受け入れたら、自分たちに対する脅威になると当然思う。そしてそれぞれの国は国境を閉鎖して移民の流入を阻止し、あるいは移民を受け入れてもできるだけ早く次の国へ通過させるという手軽な方法をとり、移民受け入れ能力の欠如を見せつけた、とスイングは語る。

しかし、移民はやってくる。もし許可が出ればすぐにでも他国に移住したいと考えている人は世界の成人の14%、すなわち6億人だ。一時的でもよいから海外で働くことを望んでいる人は10億人を超す。すべての人が第一希望の国に移住すれば、オーストラリアやニュージーランドの人口は2倍となり、米国でも60%増えるという。

移民は今の紛争や経済的な苦境を考えれば、どんな策を講じてもやってくるのだからうまく管理して自国経済のために役立たせる以外に方法はない。それが、IOMのトップとして10年間、世界の移民問題の最前線で対応してきたスイングの結論である。

移民受け入れは得か損か

移民の受け入れは得か損か。そして移民が出発する国は、人口減や有能な人材の喪失で廃れていくのか。

多くの経済学者や社会学者がこのテーマで調査・研究を続けてきた。その結果、移民受け入れ国、つまり欧州や北米の国々は、経済的に利益を得るという結論がでている。もちろん短期間に大量の移民を受け入れれば混乱を生み、負の結果をもたらす。しかし、長期的にみればプラスになる。

裕福な国々への移民制限が撤廃されれば、人々は持っている技能を最大限に生かせる国で働けるために、世界経済に50兆ドルから150兆ドルのプラスになるとの試算もある。日本の国内総生産（GDP）の10倍から30倍である。これは、アフリカで単純労働をしても1日1ドルしか稼げない人が、米国に行けば同じ仕事で100ドル稼げる、といった計算を積み上げたものだ。

一方で、犯罪の多発など治安の悪化、テロの発生といった受け入れ国の負担も指摘されている。また、技能の高くない労働者が職を奪われ、8％の賃金ダウンを一時的に余儀なくされるとの研究もある。移民の子どもの教育費や生活保護費などの受け入れ国の負担も無視できない問題だ。しかし、移民は仕事を得れば税金を払う。ニューヨーク市の中心部は1970年代、80年代に住民が郊外に移住したため荒廃したが、その後に住んだ移民が市に収入をもたらし蘇った。

移民は戦禍の母国を逃れ、言語や文化の異なる国で自らの運命を切り開こうという体力、知力を持つという意味ではエリートとも言える。このため移民が出て行ってしまう国にとっては、

「頭脳流出」となるが、受け入れ国で職を得ると、家族や親族のために送金を始めるから、移民送出国も経済的に恵まれる。優秀な人材が先進国での経験を母国に持ち帰って、国家経済の立て直しに貢献する「頭脳循環」も報告されている。

移民受け入れ国にとって、テロや犯罪の問題はもっとも厄介である。ポピュリズム政治家は、反移民政策の根拠として「イスラム教徒が起こすテロや中南米系移民の犯罪」を上げる。イスラム圏からの移民の2世や3世がテロを起こしているのは事実だ。1世は先進国にあこがれて苦労してたどり着いたために、差別など気にせず暮らすが、2世、3世になると、差別の壁にぶつかり、反感を強めていくという実情が浮かび上がる。

同化と変質

経済的な損得よりもっと根深い問題が、受け入れ国の変化である。ここに移民がもたらす地政学的な意味がある。

移民が完全に受け入れ国に同化すれば、問題はない。しかし、移民は母国の文化を持ち込むし、移民同士でかたまって住み仕事もするから、その文化を長く維持する。分かりやすい例は言語だが、米国での調査では1200万人といわれる不法移民の中で英語に堪能なのは3割だという。彼らの多くは清掃、建設、農業といった職につくが、こうした職業では英語は不要である。だが英語ができないとなれば、良い賃金の職についたり、コミュニティー活動に参加したり、地域の責任あるポストを担ったりすることは不可能であるから、同化は難しい。

もちろん移民の子どもは、学校教育で英語を学び、米国人の友達をつくり同化する環境にある。しかし、多文化主義をとる米国ではスペイン語での教育が公教育の場で行われているように、同化が進まない場合もある。米国の社会学者のハーバート・ロンドンは、移民2世は受け入れ国に「同化」するのではなく、親の母国の文化・宗教・民族的アイデンティティーに忠誠を誓い、「回帰」する傾向があると指摘している。特に技能の低い移民グループにその傾向が強いため、低技能移民の受け入れを制限すべきだ、との声も聞かれる。

こうした状況を前提に考えれば、移民の大量受け入れは、「国家の変容」をもたらす可能性がある。米国や英国という自由主義国家の気質は、宗教、哲学、政治状況ゆえに存在する、という論がある。具体的には「プロテスタントの精神、法の支配、自己責任の原則、起業家精神、信頼、個人主義からなる環境」とされている。学校、教会、家族、組合のような組織がそうした自由主義の基礎となっている。19世紀から20世紀にかけて欧州から米国に大量の移民が押し寄せてきた時に、当時の大統領セオドア・ルーズベルトはこうした国家の基盤の崩壊を恐れて「移民はアメリカ化すべきだ」と説いた。米国の法に従い、米国の習慣を受け入れ、生活スタイルを学び、英語を話すという、つまりは「郷に入っては郷に従え」である。

しかし、20世紀を通じて欧州、アジア、中南米、中東からの膨大な移民の流入は受け入れ国である米国を変えた。政府の指導者たち、特に移民票をあてにした民主党政権は、米国の価値観を移民に押し付けるよりも、移民がもともと持っている価値観の維持を奨励し、寛容な多文化主義を育てたのだ。

それが、公教育の場での外国語使用への財政援助、人種・民族別の教育や職の確保などの一連の少数派優遇政策である。選挙の時に米国の投票所へ行くと、英語以外にスペイン語や中国語、ベトナム語など何カ国語にもわたる表示があるが、これも少数派への配慮の一つである。実際、自らのアイデンティティーを問う世論調査では、「アメリカ人」と答える人よりも「ヒスパニック」や「ラティーノ」と答える人の方が多い。

ここまでは文化や生活様式の話である。これが政治・外交・安全保障政策となると、本書のテーマである地政学に密接に関係してくる。日本など米国と関係を持つ国々は、移民が米国の政治や対外政策をどう変えていくのか、という点は大いに気になる。

移民は途上国から先進国にやってくる。途上国の価値観は、年長者や上司への従属を受け入れ、政府の権威を重んじ、部族、宗教、職場、親族、家族など集団への帰属意識が強い。移民が「アメリカ化」するのでなく、母国の文化をアイデンティティーとして維持し続ければ、米国がよって立つ価値観も国全体として薄まっていくのではないか。

移民は、政府による個人生活への補助・介入を受け入れるなど「大きな政府」に賛成し、「言論の自由」への支持は弱く、権威主義的であり、そして投票に行かない、という傾向があるという。「小さな政府」「自立自助」を好む米国人気質とは異なる。

普通の国になるアメリカ

膨大な移民が米国の外交・安全保障政策を変えるだろうと感じたのは、2013年の1月にワシントンでオバマ大統領の2回目の就任式を取材した時のことだ。正午からの就任式が終わった後、私は就任式があった米議会から地下鉄を乗り継ぎ、ワシントン北部のデュポンサークルで中南米系住民の投票参加促進運動の代表であるベン・モンテロソを取材した。

黒人としてハンディを負っていたはずのオバマが大統領になれたのは、7割がオバマに投票したという中南米系の支持が大きな要因だ。中南米系は人口で既に白人に次いで2位である。投票率も毎回高くなり発言権も拡大している。そうなれば白人の国であり、キリスト教右派の熱情に駆られて戦争までする米国はどう変わるのか。実際に移民票を大量に獲得したオバマは、最近のどの大統領よりも「戦争嫌い」になった。モンテロソにインタビューして、非欧州移民が大挙して流れ込む米国の外交・安全保障政策の変化の行方を知りたかった。

モンテロソは絵に描いたような移民の成功者だ。36年前、18歳の時に中米の小国グアテマラから米国に不法移民として密入国した。左派ゲリラとの戦いで友人が次々と死に、「この国には将来の希望がない」と決断したという。スペイン語の強いなまりは残るが、今は市民権を得て米政治にも参加している。

母国を出たのは、内戦の殺し合いで国がどん底の時だ。だから「米国がイラクまで行って人を殺す国になるのはごめんだ。われわれ、戦争の悲惨さを知る少数派が力を持てば、外国への理解が増し、世界を知らない白人が始める介入戦争はなくなる」と言う。「白人のように〝馬鹿な戦争〟をわれわれはしない」とも言った。それでは超大国の米国は、日本のような普通の国になってしまうが。そう聞くと、「普通の国になって何が悪いのだ。日本は平和で豊かな幸せな国だ」

と逆に問い返された。

モンテロソは米国そのものを寛容で、少数派への差別がなく、富が適切に分配され、そして銃保有が規制される国にしたいという。それは米国大改造だ。モンテロソは「中南米系の人口が増えれば、米国は彼らの母国とも友好関係を持つ方向に舵を切る」といった外交の変化を予測した。実際オバマはキューバとの国交回復に踏み切ったが、中南米系移民の期待の声もオバマの決断を後押しした。

一方、白人の権利の維持を唱える団体アメリカン・ルネサンスの代表ジャレッド・テイラーは米国から「白人の価値観」が失われていることへの危機感とともに「メキシコからの移民は、米国とメキシコが対立した場合、メキシコの側に立つ。これでは米国の外交、安全保障上の国益を維持できない」と強い懸念を語った。

移民に極端に厳しい政策をとるトランプの登場で、米国の変容、外交・安全保障の「普通の国」化は止まるのだろうか。トランプは移民に厳しいものの、その「米国第一主義」は対外軍事関与を減らす方向だ。しかも、中南米系だけでなくアジア系も過去10年で人口が1・5倍になり、イデオロギーを振りかざす戦争に距離を置く人口の割合はますます増えている。イスラム教徒も増加しており、米国は「白人の国」でなくなりつつある。米国は長く、世界を啓蒙して覇権を打ち立てる特異な使命を持つ、という原則を懐に抱いて、世界に出て行った。しかし米国の基盤の変質でその原則は揺らいでいる。

オバマやトランプが言う「米国はもはや世界の警察官ではない」という言葉は、世界の啓蒙というキリスト教福音派的な国家的使命に関心を抱かない移民にとっては、当たり前のことだろう。

超大国の外交・安全保障政策が変質すれば、地政学世界は大きく変わる。「馬鹿な戦争をするな」という移民の圧力もあり、米国が軍事介入や国際関与をやめて内向きに転じれば、地政学パワーであるロシアと中国が「空白」を埋めてますます進出する。服従や権威主義に抵抗感を示さない移民の増加で、米国はこれまでのような人権軽視を理由にした中国との対決姿勢を改めるとなれば、それは米中関係を変質させる。

欧州でも東欧やイスラム世界からの移民が非西欧的な価値観を持ち込めば、人権や民主主義の促進のためには武力行使も厭わない、という価値観に基づく対外原則は崩れていくだろう。特に欧州の場合は、中国と経済で深い関係が既にできている。そこでは中国の人権状況は問題となっていない。テストケースは対ロ関係だ。西欧的価値観を共有しない移民たちを多数抱える欧州は、クリミア併合という現在の西欧的価値観では認められない国際法無視の行為を、いつまで問題視しロシアへの制裁を続けるだろうか。

都市の時代

「南」からの移民は、世界の大都市やその周辺に集まる。職があることと異質な文化を持つ移民を受け入れる寛容な土地柄がその理由だ。この章で取り上げてきた中東やアフリカ、あるいは中南米からの移民も、みな都市を目指す。都市にもぐりこめれば、不法滞在者でも同胞の助けを借りるなどして何とか仕事にありつけるし、都市のもつ「匿名性」が自由を与えてくれる。都市の方でも、ニューヨーク市が移民の流入とともに経済的に回復した例など、移民の活力をバネに再生するケースは多い。

リベラルな市民が住む都市の人口が今後さらに増えていけば、保守性を増す地方との乖離はますます激しくなってしまう。英国の欧州連合（ＥＵ）離脱と米国のトランプ勝利という、２０１６年の二つの投票結果は、両国とも都市と地方がいかに異なる思想を持っているかを、歴然と表した。

英国の場合、ロンドン、バーミンガム、リバプールなど都市ではＥＵ残留派が多く、地方の離脱派とくっきり分かれた。離脱派勝利の理由の一つに、移民流入への拒否反応があった。米大統領選挙もニューヨークやロサンゼルス、シカゴなど大都市ではヒラリー・クリントンが勝利したが、地方ではトランプが圧勝した。共和党のシンボルカラーが赤であることから「赤い州」と呼ばれる共和党が優勢な州と、民主党のシンボルカラーをとった「青い州」との違いである。「青い州」の大都市は長年多くの移民を受け入れてきた。しかし、大方の国で選挙制度は地方の一票が都市の一票より価値がある仕組みになっており、都市市民の意向が国家政府レベルで採用されることは少ない。保守的で権威主義的な国家政府に対する都市市民のフラストレーションは高まる一方だ。

都市間外交

２０１７年３月、東京で欧州連合（ＥＵ）と日本の都市との国際都市間協力プロジェクトの発足式が開かれた。このプロジェクトは日本の8つの都市とEUの8つの都市の合計16都市が協力して、気候変動対策などを行う、というものだ。

ＥＵ側を代表して出席した欧州委員会地域・都市政策局チーフアドバイザーのロナルド・ホールは、「都市人口は1世紀前の2倍であり、そして２０５０年には52億人（世界人口の3分の2）に拡大する。都市の時代が既に始まっている」と主張した。このプロジェクトはＥＵの二酸化炭素排出削減目標である１９９０年比マイナス40％を実現するために、ＣＯ２削減や再生可能エネルギーの利用、エネルギー効率の向上に関して、ＥＵと日本の自治体同士が情報を共有し助け合うというものだ。商業施設や住宅、病院を中心部に集めるコンパクトシティー、エネルギーを効率的に使い二酸化炭素の排出を抑えるスマートシティー、高齢化社会、災害対策などの分野でも協力する。

都市はグローバル化の進展とともに、各自治体で予測していなかった国際問題に対応しなければならず、国家の専権事項である外国との関係づくりに乗り出さざるを得ない。外国人の居住や外国人の人権問題、外国企業の進出、地場産業の海外への流出、国際的な非政府組織（ＮＧＯ）との接触などが都市が抱える国際問題の例である。

このプロジェクトの日本側の座長である井村秀文名古屋大学教授は「これまでの都市間国際交流と言えば、市長同士が会って握手して姉妹都市関係を結び、市民が互いに旅行に行って終わりだった。これからは必要な情報を交換しビジネスに結び付ける」と語る。

都市間協力で二酸化炭素の排出を削減する取り組みは、前ニューヨーク市長のマイケル・ブルームバーグが中心となっているC40という組織が有名だ。ブルームバーグは、21世紀は国家ではなく「都市の世紀」であると宣言し、保守対リベラルというイデオロギー対立で身動きが取れない中央政府を飛び越えて実務的なアプローチで結果を出すために、市長らの結集を呼び掛けている。ニューヨーク、東京、上海、シンガポール、リオデジャネイロなどの大都市はいずれも海沿いにあって気候変動による海面上昇に対する恐れを共有しており、イデオロギー対立にふける余裕はない、というわけだ。

ブルームバーグはトランプが2017年6月に、地球温暖化防止のための「パリ協定」離脱を宣言し世界を驚かせた時も、米国の9州や125の都市を代表して、「われわれはパリ協定に残る」との声明を発表、米国が同協定で課せられた温室効果ガスの2割削減の責任を果たすと宣言した。この声明に参加した州や都市の人口を合わせると、全米の4割近くに達するという。

ブルームバーグが唱えるのは「大都市の価値観」である。「大都市の価値観」とは、創造性、起業精神、自由、多様性と彼は定義している。これらの価値観を基に、都市は中央政府よりも有効に施策を実現できるという主張である。米国ではトランプが大統領となり、共和党と民主党の対立で、連邦政府の運営がマヒしている。「本当の権力はワシントンから都市に移っており、教育、インフラ、健康、気候変動などの問題で米国を動かすのは都市である」と鼻息は荒い。

国家との対決

しかし、都市が先進的でリベラルな政策を次々と実現するのを国家は黙って眺めているわけではない。

象徴的な出来事が、米国の各州政府が都市のリベラルな政策遂行を禁じる州法を施行させていることだ。市よりは州が、州よりは国家が上位の法規範を打ち立てるのはどの国でも同じだ。米国では50州のうち33州を共和党の知事が握り、州議会は32州で共和党が多数派である。こうした保守的な州政府は都市のリベラルな政策を封じている。

それは最低賃金の引き上げ、有給休暇の拡大、銃規制の拡大、不法移民に対する福祉の提供などを禁止し、LGBTの権利擁護や、天然ガス掘削規制、電子たばこの規制などを撤廃するもので、広い分野に及ぶ。都市の側は「州政府によるいじめ」と非難し不満を強めている。

また、都市市民がリベラルな生活環境を楽しんで暮らしていると言っても、それは軍隊や治安部隊を持つ国家が平和を守っているからこそ可能なことでもある。リベラルな都市の存立の基盤である平和と安全の保障は、保守的な国家・政府に握られているのが現状である。この辺りは、リベラルな国際秩序を維持するためには、軍事力による裏付けが必要だが、オバマを代表としたリベラルな政治家は往々にしてそうした現実を忘れるのに似ている。

それでも都市は人口が増え税収が増え、教育を受けた富裕層が多く、国家にチャレンジするのは間違いない。産業にしても地方が代表する農業や漁業、製造業より、金融、ITなど将来発展の可能性が大きい業種が勢いを持っている。政治的に正当な発言権を得ていない都市市民の「怒り」も募る一方である。都市と地政学と言えば、小国ながら国際政治に影響力を持つシンガポールが思いつく。都市は賢明な指導者がいれば、地政学的に重要な役割を果たすものだ。人口が拡大すれば、その可能性は大きくなる一方である。

　地球温暖化対策の都市・自治体運動のリーダーの一人である米カリフォルニア州上院議長ケビン・デリオンが来日した際に話を聞くと、なぜ国際条約は国家だけが当事者なのか、と逆に問い返された。デリオンはパリ協定から離脱したトランプの米政府には期待できないため、州政府が独自にパリ協定に参加できないか、との検討を始めたという。米憲法の規定から現状では難しいと言うが、こうした動きは都市・自治体側から政府に挑戦する下克上である。ここでも人々の「怒り」が国際政治を動かしている。

第6章

地政学と怒りの交差地

大国の地政学、その底流にある人々の価値観に基づく「怒り」が国際情勢を揺さぶる実相を描いてきた。地政学的な対立があり、そこに価値観に基づく「怒り」が交差する地点は、世界の今後を探る上で注目せざるを得ない。この章ではそのいくつかを検証してみたい。その中には国家同士のせめぎ合いが緊張をはらみながら決定的な対立を回避して推移する場所もあれば、一挙に戦争に発展しそうな火薬庫もある。

共通するのは支配秩序の揺らぎである。第2次大戦から七十余年を経て、世界を統治してきた政治秩序は行き詰まり、グローバル化がもたらした格差で、人々は宗教や民族に帰属意識を強めている。冷静な判断を寄せ付けない感情がこれらの地域を覆っているのだ。

（1）あらゆる地政学の縮図――北方領土

「大山鳴動してネズミ一匹」。そんな表現が浮かぶ北方領土をめぐる日ロ交渉である。「返還」ではなく、4島での共同経済活動という日ロ間の合意は、「もっとましなことができると思った」との失望も生んでいる。

しかし、おやっと思わせる瞬間がいくつかあった。

2016年12月、世界が注目する中、ロシア大統領のプーチンが来日し山口県長門市と東京で首脳会談を行った。雪が舞った12月15日の長門市とはうって変わり、翌16日の東京は抜けるような青空が広がった。日ロ首脳会談の結果が発表された共同記者会見で、記者の一人が北方領土問題の解決について「大統領は後退したのではないか」とプーチンにストレートに聞いた。

プーチンは嫌な質問には気色ばんで答える癖がある。往々にしてそういう時に本音を語るが、この時もそうだった。

まずプーチンはソ連が日本との平和条約締結後に歯舞群島と色丹島を引き渡すと約束した1956年の日ソ共同宣言を説明した。その中で、当時の米国のアイゼンハワー政権で国務長官だったジョン・フォスター・ダレスが日ソの和解を嫌い、米国の利益に反することをすれば、沖縄を返還しないと当時の鳩山一郎首相に通告したことを説明した。いわゆるダレスの恫喝である。

米国の露骨な干渉は、日本がソ連陣営に吸収されるという冷戦思考の危惧から出たものだが、超大国の傲慢さそのものである。しかしそんな米国を非難するのではなく、プーチンは「われわれは米国の利益を含む、地域のすべての国家に対して敬意を持たなければならない」と冷静に語った。

その狙いは何なのだろう。プーチンは核心となる言葉を続けた。

「ロシアはウラジオストック北方に太平洋艦隊の基地をもつ。ここからロシアの艦船が出航するが、われわれはこの地域で何が起きているのかを監視しなければならないのだ」。ロシア太平洋艦隊の潜水艦が国後島と択捉島の間にある国後水道を通過して太平洋に出る。そして偵察活動から始まり、実際に有事となれば軍事活動に切り替える。国後水道は深さがあり、潜水艦が潜航してオホーツク海から太平洋に出られる重要なルートだ。

だが、北方領土が日本に返還された後に、そこに日米安全保障条約に従って米軍がロシア軍を監視・攻撃する基地をつくったら、ロシアは圧倒的に脆弱になってしまうというわけだ。プーチンは次のように言って質問の答えを締めくくった。

「日米関係が持つ特別な性格を考えれば、日米安全保障条約上の義務はこの島々ではどうなるのか、との疑問が浮かぶが、われわれは知らされていない。日本はロシアが持つこの懸念に配慮してほしいのだ」

半年後の2017年6月初旬。プーチンはサンクトペテルブルクの世界経済フォーラムで、記者たちを前に再び北方領土周辺の軍事情勢を語った。米国や韓国のミサイル防衛（MD）システムの配備、日米安全保障条約に基づく北方領土への米軍配備の可能性などを挙げて、「地域全体の緊張緩和の必要性」を強調した。北方領土問題は、日ロ二国間の交渉ではなく、米国を巻き込んだ複雑な外交課題であることがあらためて明確になった。ロシアとの交渉も骨の折れるものだが、大国間の安全保障問題の存在が浮き彫りになり誰もがその難しさを再認識することとなった。

オホーツク海という要衝

返還後の北方領土には米軍基地を置くな、というロシアの立場は、この首脳会談の前にも伝えられていた。米国が北方領土に軍事基地をおかないと約束しない限り、返還には応じられない、という確固とした国家意思にも聞こえる。

日本では北方領土問題は、もっぱら旧島民の思いなど人道問題であり、漁業問題であり、そして領土をめぐる歴史的正義の問題だが、ロシアにとっては民族主義、安全保障、そして地政学の問題である。北方領土から千島列島へと延びるオホーツク海を囲む島嶼群は、米国の攻撃から国土を守る防衛線である。また、北方領土は太平洋と北極海を結ぶ重要な航路沿いにあり、北極海の石油、天然ガス資源の開発が進むにつれて、中国、韓国などアジア太平洋諸国の経済パワーがこの航路への並々ならぬ関心を持っている。地政学的に極めて重要な地点なのだ。ロシア、米国、中国の安全保障上の利益が重なる戦略的要衝を米国に奪われるのは許せない、というのがプーチンの思いだろう。

実際、ロシアは日ロ首脳会談の最終準備が進んでいた2016年11月下旬に、新型地対艦ミサイル「バスチオン」と「バル」をそれぞれ択捉島と国後島に配備したことを明らかにした。バスチオンは射程300キロ、バルは130キロである。これまで北方領土には小規模の歩兵師団しか駐屯していなかったが、大幅に近代化し、国後水道など海洋の警戒に当たる。

また、カムチャッカ半島の海軍基地には2015年から原子力潜水艦が配備され、対艦ミサイルや戦闘機、空挺部隊などの訓練が行われている。この地域ではロシア太平洋艦隊の新拠点の候補地として千島列島のマツワ島の調査が行われており、ロシア軍機の偵察飛行も増加している。千島列島が軍事拠点となるならば、北方領土の意味は随分変わってくる。

プーチンは「強いロシア」を掲げ、ジョージア、ウクライナと拡張政策を続けてきた。ソ連の版図復活とも言えるその政策をロシア人は歓迎し、プーチンを支持してきた。北方領土の返還はそれに逆行する「領土縮小」である。

ロシアの世論調査では、北方4島の1島でも日本に返還するのに反対だという声は、1992年の71%から2016年には78%に拡大している。ロシア人にとって北方領土の問題は、「第2次大戦でソ連が世界を救った」という愛国心に関係するものだ。連合国は劣勢だったが、ソ連が1941年冬のモスクワの戦いや翌42年のスターリングラードの戦いなどで膨大な犠牲を払って勝利に導き、その犠牲の上に今の領土があるというのが、ロシア史観だ。プーチンにとっては、北方領土の返還はそうした史観や愛国心の否定に結び付く危うさをはらむ。「強いロシア」を掲げるプーチンは渡りたくない橋だろう。

エネルギー地政学

北東アジアはエネルギー地政学の縮図でもある。

プーチンは2017年4月末の日ロ首脳会談では、日ロパイプラインに意欲を見せた。会談後の共同記者会見で「私は安倍首相とサハリン—北海道パイプライン共同建設計画について話し合った」と明らかにしている。安倍はパイプラインについては会見で触れなかったので、プーチンの積極姿勢が浮き彫りになった。

サハリンで生産される天然ガスは現在LNGとして日本や中国に輸出されているが、パイプラインを直接結んで輸出する計画である。日本にとっては天然ガスが今より安く購入できるようになるため、日露天然ガスパイプライン推進議員連盟もできている。しかしロシアとパイプラインで直接つながることは、エネルギーをテコとした日ロ一体化の印象を与えるために米国の反対が予想される。

冷戦中の1960年代末に、西ドイツ首相のウィリー・ブラントがソ連と天然ガスパイプライン建設で合意、西ドイツがソ連の天然ガスを大量に輸入し、以降ソ連との経済関係は飛躍的に拡大した。米国は当時反対したが、ブラントは押し切った。この時にできたソ連と西ドイツの信頼関係が、後に東西ドイツ統一にソ連が反対せず、統一が平和的に実現した理由の一つだと指摘されている。確かにパイプラインはエネルギーだけでなく、経済全体、さらには政治の緊密化も生む。

プーチンの日ロパイプライン計画に対する突然の積極姿勢の表明は、日本政府を驚かせた。しかし、米ロが激しく仕掛け合うエネルギー地政学から見れば、その理由は良く分かる。

トランプは米大統領に就任するや、オバマ時代の再生可能エネルギー優先の方針から米国内の石油、天然ガス生産の拡大に舵を切る「米国第一エネルギー計画」に180度方向を変えた。カナダ産の石油を米国縦断でメキシコ湾に運ぶキーストーンXLパイプラインなど2本のパイプラインの建設を許可する大統領令も出した。その狙いは、シェール革命を利用しエネルギー自立を果たすとともに、原油の国際市場で価格決定権を握ることにある。

これまで価格決定権はサウジアラビアなど石油輸出国機構（OPEC）が握ってきたが、その力を奪い、米国がエネルギーを武器に世界ににらみを利かす地経学戦略である。米国は生産調整を行うことで原油価格を低めに設定し、エネルギー輸出に財政を依存するペルシャ湾岸の産油国とロシアの弱点を握れる。もちろん中国や日本などエネルギーの大消費国にも有利に立てる。エネルギー業界のトップであったエクソンモービルの前CEOレックス・ティラーソンを国務長官に起用したのもそうした思惑からだろう。

こうしたトランプの意図を感じるプーチンは、石油・天然ガスで日本や中国との接近を急いでいる。欧州がクリミア併合を理由とした対ロ制裁でロシア産エネルギーの購入を増やせないならば、北東アジアに期待をつなぐしかない。日本とのパイプライン計画ができれば、大量の天然ガスを安定した価格で永続的に輸出できるのだから、ロシアにとっては利が多い。

パイプラインは地政学的にも重要な意味を持つ。先述したように冷戦中の西ドイツとソ連の関係深化をもたらし、冷戦構造の崩壊や東西ドイツの統一に寄与した。日ロパイプラインも実現すれば、北東アジアの地政学を変える歴史的な出来事となるだろう。果たしてトランプの米国がそれを許すだろうか。

ロシアとの取引は、トランプ自身が実現したいのであって、日本や他国に先を越されるのは彼の性格からすると反発するに違いない。北方領土返還に関してプーチンが指摘した米国のミサイル防衛システム配備問題など「地域の安全保障問題」をロシアと日本が協議するのも、米政府や軍は嫌うだろう。日ロ米中の歴史や感情、そして地政学と地経学が絡み合うこの問題の解を見つけるのは生やさしい話ではない。米ロ関係や日中関係の抜本的な改善といった国際情勢の力学の大転換がなければ、北方領土の返還問題は凍り付いた状態が今後も続きそうだ。

(2) 第二のベルリンの壁——バルト海

バルト海の観光名所ゴットランド島が注目を浴びている。スウェーデン領のゴットランド島はロシア北西部をにらむ地政学的な要衝である。バルト海のちょうど真ん中にあり、数百年にわたってスウェーデンは軍部隊を配備、特に冷戦中はロシアの軍事作戦の警戒にあたる駐屯地として最大で2万人の部隊が置かれた。しかし冷戦後は欧州のセレブが別荘を建てるなど、風光明媚な観光地として世界中から人を集めてきた。

この人口5万7000人の小さな島にスウェーデンが2015年、12年ぶりに軍の再配備を決めたのだ。北大西洋条約機構(NATO)の専門家は、ロシアが対立するエストニア、ラトビア、リトアニアのバルト三国に対する軍事作戦に踏み切る場合に、この島をまず占拠して軍事拠点を構築するとみている。実際ロシアは2015年3月にゴットランド島の占拠を想定しているとみられる軍事演習を行った。

そうなるとNATOにとってもこの島は、加盟国であるバルト三国の安全を維持するために死活的に重要になる。島に配備されたスウェーデン部隊は300人程度の小規模なものだが、象徴的な意味を持つのだ。非同盟中立を宣言してきたスウェーデンはNATO加盟国ではないが、最近はNATOの主要な会議にオブザーバーとして必ず出席するなどNATOへの接近を進めている。2011年のリビア空爆ではNATOの作戦に参加した。世論調査ではNATO加盟を過半数が望んでいる。

徴兵制の復活

スウェーデンは2017年3月には徴兵制の復活も決定した。毎年4000人規模の若者に1年ほどの兵役を課す。スウェーデンは2010年に徴兵制を廃止していたから、7年ぶりの復活である。

こうしたスウェーデンの軍事への目覚めは、ロシアの最近の軍事的な圧力に対抗する狙いがある。2014年のクリミア併合に始まるウクライナへの軍事攻勢だけでなく、ロシアはスウェーデンに対しても、ストックホルム沖に潜水艦を出没させ、6機のロシア戦闘機がストックホルムに対する攻撃訓練を行うなどしたという。スウェーデンはロシアからとみられるサイバー攻撃の被害も受けている。

軍事に覚醒したのはスウェーデンだけではない。バルト三国の一つでNATO加盟国のリトアニアも徴兵制を再開し、2014年以来、兵員数を24％増加させた。国防費も国内総生産（GDP）の1・8％に達し、NATOが定める目標の2％を2018年には達成するという。リトアニアから陸続きにあるロシア領のカリニングラードで、ロシア軍が増強を進めており、それへの対抗措置だ。

2017年5月に来日したリトアニアのリナス・リンケビチュス外相にロシアの脅威について聞いてみた。「ロシアがリトアニアに突然侵攻してくるとは思わないが、サイバー攻撃や情報戦などを仕掛けられている。リトアニアの今の軍事機能の強化はあくまで象徴としてのものである。ロシアに対して、軍事挑発はするなとのシグナルを出すことが目的だ」との説明だった。ロシアは冷戦が終わってから国防費を削り続けたが、2010年から増額に転じたし、30万人の兵力を北西部に張り付けているほか、バルト諸国に隣接するロシア領に対艦ミサイル「バスチオン」や戦術核搭載可能ミサイル「イスカンデル」も配備している。リトアニアの軍の増強はまだ足りないくらいだという。

NATOはロシアの拡張主義的な動きの煽りを受けて、2016年からバルト三国とポーランドに4個大隊からなる前方展開部隊の配備を開始した。欧州ミサイル防衛システムもNATOの統制下で運用が始まり、バルト三国の一国エストニアには米軍の最新鋭戦闘機F35が飛来するなど、ロシアへの対抗を強めている。スウェーデンと同じ非NATO加盟国のフィンランドも、米国との同盟の第一歩となる防衛協力協定の締結を検討中だ。プーチン・ロシア大統領は「第二のベルリンの壁を築くつもりか」と警告しているが、もとはと言えばロシアのクリミア併合が今の緊張が始まったきっかけである。互いの疑心暗鬼は解消する見通しが立たない。

バルト三国はソ連を構成する共和国としては最初に独立を果たし、ソ連崩壊の引き金を引いた国々だ。ソ連への併合も第2次大戦中の１９４０年と遅い。バルト三国の反ロシア感情は歴史に根差している。三国とも小国だが、西欧型の小規模な建築が並んでいる街並みは、壮大なビルが威圧的な印象を与えるロシアの都市とは異なる文化を感じさせる。三国とも独自の言語を持ち、エストニアとラトビアがプロテスタント最大の宗派であるルター派で、リトアニアはカトリックだ。歴史をさかのぼると、長くドイツ騎士団やスウェーデン、あるいはポーランドの支配下に置かれ、18世紀にはそれぞれロシア帝国の版図に入った。ロシア革命後の１９１８年に三国は独立を果たし、西欧的な議会制民主主義を導入したが、結局ソ連に併合されてしまった。

バルト地方はソ連の工業化の中心地であり、遅れたソ連の他地域に富を吸い上げられてきたという苦い思い出がある。また政治、経済、文化のいずれの面でも西欧志向である。自由化を求める民族運動、反体制運動も盛んで、ゲリラ組織の抵抗運動も活発だった。ソ連はバルト三国が対西側防衛の第一線であるために反体制派を許さず、軍部隊の配置やロシア人の移住でロシア化を進めてきた。

こうした民族の歴史の積み重ねの末に、バルトの人々は「自由民主主義のバルト」対「強権主義のロシア」という価値観、イデオロギーの対立を描いた上で、ロシアへの憎悪を深めている。

親ロシアと目されたトランプが米大統領に就任したことで、バルト三国は心中穏やかでない。

三国の外相は一緒にワシントンを訪れ、トランプ政権の安全保障担当高官らと会談し、ロシアの脅威を訴え、米国のバルト三国防衛の約束を取り付けた。先のリンケビチュス外相は「会談は成功した。ロシアの行動を見れば、誰もがこの地域の防衛力を強化しようという結論になるはずだ。トランプ大統領は欧州の安保ただ乗りを批判していたが、我々は軍の増強を始めた。トランプ大統領は満足していた」と言う。

ハイブリッドの脅威

リトアニアのリンケビチュス外相が言うように、バルト三国や欧州諸国が脅威と感じるのはロシアによるあからさまな軍事侵攻ではなく、サイバー攻撃である。

エストニアで2007年4月に、首都タリンにあったソ連占領時代の屈辱のシンボルとされたソ連兵の銅像の撤去を契機に起きた大掛かりなサイバー攻撃は、新しい戦争空間の到来を告げた。エストニアの政府機関、軍、金融、企業、メディアなどの機能を一斉にマヒさせたサイバー攻撃は、NATOや欧州連合（EU）加盟で西欧への接近を進めるバルトや東欧の国々へのロシアからの警告となった。

バルト三国は、正規軍の近隣地での演習に加え、フェイクニュースなども含むサイバー空間での攻撃、そしてロシア系住民でつくる民兵組織の国内でのゲリラ的な活動を交えたロシアの脅威を「ハイブリッド脅威」と呼んでいる。

ハイブリッド脅威の例が、2017年2月にNATO軍部隊としてリトアニアに駐留を始めたドイツ軍兵士数人がリトアニア人の10代の少女をレイプしたとのニュースがウェブサイトに流れた件だ。リトアニアの警察とドイツ軍が捜査したが、レイプはなかったことが判明した。リトアニア人にドイツ軍の駐留への反対論を巻き起こすことを狙ったフェイクニュースとみられ、リトアニア政府はロシアの工作だろうと見立てている。これを受けて4月にはバルト三国が中心となり、ハイブリッド脅威に対する戦闘能力向上センターが発足している。センターはサイバー攻撃やフェイクニュースを阻止するための策を共有することを目的としている。

地政学と民族の歴史とサイバーという最新技術がまざり合って、バルト海に対立の壁が出来上がった。リンケビチュスは「誰もクリミアが軍事力の脅しの中で併合されるなんて予想していなかった。だから安心はできない」と述べている。

東西冷戦の象徴だったベルリンの壁が１９８９年11月に崩れてから30年近い年月がたった。東西の融合はいったん進んだが、今は離反と対立が基調である。バルト地域に新しい心の壁ができあがっている。

（3）地政学と宗派のせめぎ合い——中東

「中東で力を発揮できない国は大国として認められない」。そう言ったのは、ソ連国家保安委員会（ＫＧＢ）出身の国際政治学者である。

ロシアが2015年秋にシリアに軍事介入を開始した。なぜ今、ロシアは中東に手を出すのか。2017年春にその疑問をぶつけたところ、返ってきた答えである。また同じころサウジアラビアの政府系シンクタンクの研究員も「中東を押さえなければ、世界を制覇できない」と語った。ロシアは2008年にジョージアに軍事介入してその一部を支配下におき、14年にはクリミアを併合した。ここまでは旧ソ連時代の版図の回復である。だが、これだけでは「大国」とは呼べない。暴力が吹き荒れる中東に首を突っ込めてこそ、一人前というわけだ。

元KGB氏はロシアの具体的な目的も教えてくれた。

それは①誤爆を避けるために大規模な作戦を遂行できない米国に比べて、無差別攻撃といってよいような激しい爆撃を強行する意志を中東諸国に見せ付ける。②軍事力を背景にシリア和平の仲裁者となり、ロシアが望む政権をシリアに樹立する。③タルトス海軍基地などシリアのロシア軍基地を強化する。④チェチェンをはじめ国内のイスラム過激派に対して政府の過激派を認めないという強い意志を見せつける。⑤イラク戦争、さらにはアラブの春以来、混迷を深める中東でロシアこそ安定の実現者であるとアピールする――である。

米国が掲げてきた自由民主主義の理念は、中東では知識人層以外では人気がない。力の支配の方が安定につながるとして歓迎される傾向がある。しかし、そうした力の支配を行える政治指導者が今のアラブ世界にはいない。力の行使を厭わないロシアの登場は、好感を持って受け止められる余地があるのだ。

もちろん、中東には中国も兵器の売却などで軍事的な進出を進めている。「一帯一路」構想では、中東への大規模なインフラ投資を進めている。エジプトやサウジアラビアなどへの兵器売却にも熱心だ。元KGB氏は「我々は中東を中国に奪われたくない」と話す。米国も中東での影響力行使をあきらめたわけではない。中東という要衝で米国、ロシア、中国の3カ国が影響力の行使を競っているのだ。

だが、中東はかつて東西冷戦の最前線だったが、今は違う。シェール革命でペルシャ湾岸の産油国の意義は大きく変わった。中東は重要性を失った、というのがオバマ・ドクトリンだった。それでもこの地は依然、大国がせめぎ合う戦場なのか。私が抱いていたそんな疑問は、大統領就任から2カ月半後に、シリアにトマホーク巡航ミサイルを撃ち込んだトランプの決断で答えが出た。トマホーク攻撃の表向きの理由はシリア軍による化学兵器使用の懲罰である。だが、その本音はオバマが背を向けて以来ロシアやイランが好き放題とばかりに武力を行使している中東に、米国の存在感を示したいというものだろう。

トランプは中国国家主席の習近平との首脳会談の最中にシリアにトマホークを撃ち込み、習に得意げに攻撃を告げたという。トランプは後日、「習はきょとんとして何を告げられたのか分からなかった。『もう一回繰り返してくれ』と言ったんだ」と嬉しそうだった。中東の大国ゲームの主導権を握るのは自分である、というメッセージである。「大国」を印象付けるために軍事介入を始めたロシアに巡航ミサイル攻撃で応じ、それを嬉々として中国に告げる米国。実に野蛮な行為だが、大国地政学のリアリティーが感じられる。そして苦しむのは現地で暮らす人々だけだ。

それにしても、米国の中東政策は破綻の連続である。冷戦時代はイランとサウジアラビアという二つの親米王制産油国家に安定を任せる「二本柱戦略」をとった。しかし1979年のイラン革命でその戦略は破綻、イラン封じ込めに転じ、イラクのクウェート侵攻が起きてからは、イランとイラクの両方を封じ込める戦略に転換した。中東和平交渉の成果でイスラエルの安全は確保できたが、湾岸戦争やイラク戦争など米国の中東への軍事介入は、アラブ人の反発を生み、9・11テロや、過激派組織「イスラム国」（ＩＳ）の勃興などの反撃も受け、結局は後退を余儀なくされた。

こうした流れを逆転させようと、トランプは就任後最初の外遊先に中東を選んだ。また中東政策の責任者に側近の中では最も信頼を置く、娘婿で上級顧問のジャレッド・クシュナーをあてた。中東で負ければ、世界のどこまでも後退を余儀なくされる、それがトランプの直観であろう。先に挙げた元ＫＧＢ氏の中東観と同じである。

中東は今でも欧州とロシア、アジア、そしてアフリカの結節点という地理的な要衝であり、石油・天然ガスは依然圧倒的な埋蔵量を誇る。そこに揺らぐことない地歩を築くことは、プーチンの目標である「大国の復活」のための必要条件であろう。トランプからすれば、米国が多くの戦争で犠牲を払って「裏庭」としたはずの中東に、ロシアや中国が駒を進めるのを座視するのは耐えられないのだ。

しかし、中東に手を伸ばす米国、ロシア、中国の三国はいずれも決定的な力に欠ける。3カ国で抜きんでたパワーを持つのは米国だが、オバマ―トランプと続く「米国第一主義」は、実際のところは中東への本格的な関与を許しそうにない。ロシアもエネルギー価格が低迷し財政難に苦しむ中で、中東への軍事・外交・経済面での充実した関与は難しい。そして中国は中東との関係はまだ日が浅く、兵器売却や石油輸入など、比較的簡単な仕事しかしていない。一帯一路の進展や軍事的な関係の深まりは、イスラム過激派という厄介な組織との衝突につながる恐れがある。中国が中東関与にどこまで本腰を入れるかはまだ分からない。

そんな三国の中途半端なせめぎ合いは、中東の多極化と呼んでもよいだろう。圧倒的なパワーが存在しないために、一層の不安定化を予想させるのだ。

宗教と民族と歴史

大国地政学の現場である中東は、イスラムの宗派がぶつかり合う場でもある。こちらはさらに複雑だ。

アラブ世界が長い歴史の中で、屈辱的な経験を重ねてきたために、人々に「怒り」が充満していることは、第4章で述べた通りである。イスラム過激派が持つ反近代化、反米思想も根強い。神を絶対視しコーランに従った生活を望む敬虔なイスラム教徒と欧米流の自由主義という文化的相克もある。「文明の衝突」が語られるゆえんだ。

しかし、さらに深く探れば、そのイスラム圏でスンニ派とシーア派の対立が過去に例を見ないほど激化しているというイスラム教内の問題が見えてくる。

スンニ派とシーア派の対立は、7世紀にイスラム教が誕生した直後に遡る。初のイスラム王朝であるウマイヤ朝（661〜750年）を支持する人たちと、ウマイヤ朝に排除された血統を支持する人たちとの間で抗争が始まり、それぞれがスンニ派、シーア派となった。イスラム軍がササン朝ペルシャ帝国に進軍するにつれてペルシャ人たちはゾロアスター教からイスラム教に改宗し、16世紀に成立したサファビー朝ペルシャがシーア派を国教に指定した。この段階で「シーア派でペルシャ人」というイランの民族主義の基盤ができ、「スンニ派のアラブ人」との敵対の枠組みが完成した。

中東の現代政治における両派の対立は、1979年のイラン革命で決定的となった。革命の成功を受けてイランはシーア派革命の中東への輸出を企て、アラブ世界から忌み嫌われた。イラクのフセイン大統領がサウジアラビアなどスンニ派の財政支援を受けてイランに侵攻した、8年間にわたるイラン・イラク戦争が相互の憎悪をあおった。イランと敵対するスンニ派の今の代表はサウジアラビアである。サウジとイランは2016年1月に、サウジがシーア派聖職者をテロ扇動の罪で処刑したことを発端に外交関係を断ったままだ。関係復活のめどは立っていない。両国はシリア、イエメンで代理戦争とも呼ぶべき対立の最中でもある。IS掃討作戦でさえも、シーア派の徹底殲滅を唱えるスンニ派のISに対してイランがシーア派の民兵組織を送りこんで戦った。

スンニ派・シーア派という宗派とは別に、サウジアラビアがアラブ人の国であり、イランがペルシャ人の国であるという、民族の違いも大きい。アラブは7世紀にイスラム教を興しペルシャ人を改宗させたという誇りがある。ペルシャ人の方はイスラム教が広まった後も、イスラム発展の担い手であり帝国を実際に動かしたのはわれわれであるとの自負から、アラブ人を常に見下してきた。ペルシャ人からすれば、イスラム教が興る前に長くアラブを支配したのはペルシャであるし、王朝が弱体化した際にイスラム教を受け入れたものの、それ以外の政治、経済、文化の面では我々の方が優れているという認識がある。

イスラム世界は中世まで科学や文化で欧州を圧倒したが、ほとんどのイスラム科学者は非アラブ人だったといわれており、その非アラブ人のかなりがペルシャ人だったと推定されている。現代に時を移しても、20世紀初頭で既にイランが立憲革命を経験し、1950年代にはイラン人民族主義を背景にした民主主義政権が樹立されている。そして1979年のイラン革命では、イスラム教を国家の基本に据える現代世界では初の試みに成功した。イランは中東における政治体制の変革では良くも悪くも、常に先頭を走っている。

サウジアラビア人と話すと、決まって「イラン人は傲慢だ」となり、イラン人は「アラブ人は野蛮だ」とくさす。スンニ派・シーア派という宗派の違いも加わり、両国の対立というか喧嘩は、「何百年も続く」と見るサウジアラビアの知識人もいる。

代理戦争

この積み重なった対立に大国が関与している。ロシアがイラン側に立ち、米国がサウジにつくという構図だ。まさに重層的な対立構造だ。さすがにイラン・サウジ間の直接の軍事衝突はないだろうが、代理戦争は既にシリアとイエメンで起きており、ペルシャ湾岸の王制国家にいつ広がってもおかしくない。2017年6月にサウジはイランとの関係を深めるカタールと断交したが、これはサウジ対イランの危機がさらに広がり、深まる予兆である。「中東で勝つのは、イラン、トルコ、そしてロシア。負けるのはアラブだ」と豪語するイラン政府高官もいる。

火種はいくつもある。まずイランの核問題だ。イランの核開発を凍結する見返りに経済制裁を解除した2015年7月のイラン核開発凍結合意を、トランプは「ひどい内容だ」と非難しており、イスラエルもこれに同調している。そしてサウジアラビアは、イランがこの合意を隠れみのにして核兵器を保有すると疑っているし、何よりもイランが合意を機に国際社会に完全復帰するのを嫌悪している。イランは人口8000万人の巨大市場である。石油・天然ガスだけでなく幅広い製造業も有している。欧米や中国との経済関係が深まれば、中東で圧倒的な大国となる潜在力を秘める。世界第4位の原油埋蔵量を誇るイラン産原油が本格的に国際市場に出れば、今の低い油価がさらに下がる。それはサウジにとって悪夢であろう。

「21世紀最大の悲劇」と呼ばれるシリアの内戦も、イランとロシアが支えるアサド政権が、スンニ派アラブ人が中心でサウジアラビアや米国が援助する反体制派と果てしない流血の戦いを続けている。サウジとイランが和解に向かえば、シリアの和平も見えてくるのだが、その兆しは残念ながらない。

サウジ王室が、焦りからか極端にイラン敵視政策をとっているのも気になる。サウジのイエメン内戦への介入や、イラン、カタールとの断交など、イランを敵視する政策には、ムハンマド・ビン・サルマン皇太子の意向が強く働いている。若い皇太子はサウジの脱石油産業化構想であるビジョン２０３０の立案者であり、将来のサウジ王室の中興の祖として、知力、意志ともに期待がかかる。高齢のサルマン国王に代わって若い皇太子が国内の支持固めのために、イランに対するさらなる強硬路線に出るのは必至だろう。

中東の危機は続く。そして腐敗し民主化に背を向ける政治、石油依存から脱せられず国民に良い職を与えられない経済を考えれば、絶望の時代が終わり、中東が安定するとは想像できないのだ。

（4）核と怒りの共鳴――朝鮮半島

北朝鮮の核ミサイル危機は、今の世界で軍事衝突につながる危険がもっとも高い。外交で北朝鮮の核ミサイルの放棄が実現すると見るのは楽観的過ぎる。米国が主導して金融、貿易など、対北朝鮮経済制裁が強化されているが、それが北朝鮮に核ミサイル開発を完全に放棄させるほどの効果を上げるとも考えられない。しかし、戦争という最悪の選択肢を北朝鮮はもちろん、米国や中国、韓国、そして日本が望んでいない。となると2番目に悪い選択肢である、核ミサイルを放棄しない北朝鮮を、米国、日本、韓国が軍事力で包囲して長期的に封じ込める方向に進むと見るのが妥当であろう。中国も厳しい制裁で包囲網に参加するに違いない。北朝鮮と周辺国の緊迫したにらみ合いが今後も続く。それでも、北朝鮮が核ミサイルをあきらめずに、最後は自爆的な行動にでる公算も大きい。

弱小国の地政学

トランプは北朝鮮がレッドライン（越えてはならない一線）を越せば、北朝鮮という国家を「完全に破壊する」と通告した。トランプに近い米下院アジア太平洋小委員会のテッド・ヨーホー委員長（共和党）にその意味を聞くと、レッドラインとは「米本土や同盟国に対する直接の攻撃だけでなく、ＩＣＢＭの米領土近海に向けた発射や、太平洋上での水爆実験も含む」と定義した。レッドラインが侵されれば、「米議会は大統領に対北朝鮮武力行使の権限を与える」と言う。戦争の脅しである。こうした発言からは、軍事力の脅しを使った封じ込めという2番目の戦略が始まっているとうかがえる。これには日本、韓国や海洋に配備されるミサイル防衛システムの強化だけでなく、爆撃機や空母、潜水艦など対北朝鮮直接攻撃能力の拡充などが含まれている。封じ込めの最終手段として在韓米軍基地への戦術核兵器の再配備も想定されているという。

一方の北朝鮮は、公式・非公式のルートで米政府との対話を模索している。北朝鮮の最終目標は、核兵器を搭載したＩＣＢＭで米本土を攻撃できる核保有国として国際的な認知を受け、その立場で米国と対等な交渉を行い、平和協定の締結、経済制裁の解除など金正恩体制が継続できる確証を得ることである。イラクのフセイン政権やリビアのカダフィ政権が、ともに核ミサイルを持っていなかったために、米国の攻撃を受けてあっけなく体制が崩壊したという「教訓」から学んだわけだ。厳しい制裁が金正恩の思考を変えてイランのように核開発凍結合意を米国と結ぶ、との見方もあるが、北朝鮮は核弾頭搭載のＩＣＢＭ保有という最終目標の達成を不可能とする中間的な合意には関心がないだろう。トランプがイランの核凍結合意を「最悪」と非難し、イランの国際社会への復帰をあらゆる場で邪魔しているのを見れば、一時しのぎの核開発凍結合意よりも、最終目標まで一挙に進む構えだろう。むしろインド、パキスタンなどが核保有で制裁を科されながらも、年月の経過とともに国際社会に復帰したことから、北朝鮮もそのように「おとがめなし」になると踏んでいるはずだ。

しかし、北朝鮮が望む相互不可侵を柱とする平和協定を、米国と結べる可能性は極めて小さい。米国は、対話の前提は北朝鮮による核兵器放棄の意思表明であるとしている。これに対して北朝鮮は核保有国としての立場を確立し侵略を受けないとの確証を得た上で交渉に臨みたいわけだから、その立場の違いはあまりに大きい。取引を得意とするトランプだが、核やミサイル実験を強行し、しかもグアムや米本土攻撃を宣言してトランプに対する非難もエスカレートさせる北朝鮮と、交渉に乗り出して合意を結べば、威嚇に怯んだ弱腰の大統領との印象を国内外に与えてしまう。

トランプの米国と習近平の中国が、北朝鮮の核ミサイル計画の放棄、さらには体制の変更、南北朝鮮の統一に向けた道筋で合意し、米中が共同で北朝鮮問題を解決するというグランドバーゲン（大取引）の構図も描かれているが、さまざまな問題で利害が対立する米中がそうした合意にまで到達できるのか、予断を許さない。もう一つの利害当事国である韓国がそうした，頭越しの米中の大取引を受け入れるだろうか。

何よりも、核ミサイルの保有にかける北朝鮮の意気込みがいかなる合意をも難しくしている。北朝鮮の核兵器開発は地政学そのものだ。核兵器大国や経済大国に囲まれ、人口が少なく産業もない小国の北朝鮮にとって、大国と伍していくには核ミサイルの保有しかないという結論に行き着いたに違いない。冷戦構造が終結した1990年代初頭に、北朝鮮は転機を迎えた。東西ドイツが分断を克服して統一した。もう一つの分断国家である南北朝鮮では、南の韓国が中国と国交を結びその関係を大幅に改善して経済発展につなげたが、北朝鮮の方はソ連からの支援が打ち切られた上に、念願だった米国との国交樹立は、1987年の大韓航空機爆破事件などのテロ行為を理由に実現しなかった。1960年代から着手していた核兵器や弾道ミサイルの開発に拍車がかかったのはこの頃からである。大国に相手にされないという屈辱を味わった弱小国の選択だ。北朝鮮には米国だけでなく、中国も同盟関係の見直しなど冷たく当たった。この屈辱の大きさは、今の北朝鮮が口汚く中国をののしる様子からうかがえる。北朝鮮の「怒り」である。

金正恩ら支配層だけが、核ミサイル開発を望み、北朝鮮市民は核ミサイル開発を放棄して国際社会に復帰し平和と繁栄を享受したいと考えていると期待したい。しかし、大国に無視、見下されてきた過去四半世紀の屈辱の積み重ねと、大国を敵視する官製メディアのレトリックに浸ってきた北朝鮮市民の「怒り」も侮れない。斬首作戦でトップさえ代わればうまく行くといった楽観論は慎むべきだろう。イラクのフセイン政権を軍事力で打倒した後に訪れたテロの嵐、過激派組織「イスラム国」（IS）の脅威といった、市民の「怒り」を源とする混乱にイラクは陥った。北朝鮮には核兵器と弾道ミサイルがあるのだから、トップの顔が代わったとしても、その後に市民の「怒り」が噴き上げ、破局的な事態が起こることも想定すべきだ。

包容政策

大国に翻弄されるという「怒り」は、韓国でも大きな意味を持つ。北朝鮮の核ミサイル危機の深化と並行して行われた2017年5月の韓国大統領選は、北朝鮮融和策を掲げる文在寅が圧倒的な得票で当選した。核実験やミサイル実験を繰り返す北朝鮮に対して厳しい安全保障政策をとる保守派の支持が増えるべき局面だが、そうならなかった。文在寅はもともと米韓同盟に批判的で、高高度防衛ミサイル（THAAD）配備に反対するなど、「親北左派」と呼ばれている。実際、就任直後の2017年6月から7月にかけて、2018年2月開催の韓国・平昌冬季五輪での南北合同チームの結成など、日本や米国を驚かせる提案を次々と行った。この北朝鮮への融和的な姿勢は国際常識からかけ離れ、独善性さえ感じさせた。

文は対北朝鮮包容政策の政治家だ。北朝鮮との対話・援助を通して核ミサイル問題を解決し、将来的には統一を実現するという目標を持つ。金大中元大統領がその始まりだが、南北首脳会談、大規模な経済支援、共同工業計画、人的交流などが実現したものの、次の盧武鉉大統領まで2代続いた包容政策は、北朝鮮の核ミサイル問題を解決しなかった。文氏が再び包容政策を遂行しても、北朝鮮問題の本質的な解決には結びつかない。

ではなぜ今、親北政権が誕生したのだろうか。

その疑問への答えを示唆するのが、2016年夏にソウル大学の統一平和研究院が発表した世論調査だ。北朝鮮を協力対象と答えた人が、2015年の35・2%から43・7%に、対話によって妥協する可能性があるとの答えも28・7%から30・5%に増えている。逆に北朝鮮が持つ核兵器を脅威と認識する人は84%から79・5%へ、北朝鮮は「敵」であると答えた人も、16・5%から14・3%へ減った。この融和的姿勢は、経済制裁や軍事圧力の下でも北朝鮮は核やミサイルの実験を強行しており、圧力は効果がないとの結論を反映したものと受け止められている。

北朝鮮の核ミサイル開発の進展と米国の軍事圧力の間で、韓国人は緊張の中での生活を余儀なくされている。軍事作戦や偶発的衝突で朝鮮半島の一般市民は甚大な被害を受ける。対話や融和が最終的な解決に結び付かなくとも、戦争より良いのは間違いない。

ここに一つの試算がある。1994年に北朝鮮が核兵器開発を進めていると発覚した時に、米国が軍事攻撃を想定して行ったシミュレーションだ。当時の国防長官だったウィリアム・ペリーが後に明らかにした。朝鮮半島で全面的な戦争が起きた場合、米軍の死傷者は3万人、韓国軍は45万人、民間人は100万人以上が死傷し、韓国経済に与える損害は1兆ドル以上というものだ。当時の韓国大統領金泳三は米大統領ビル・クリントンに「絶対反対」を伝えた。今は北朝鮮の攻撃能力は向上し、初日だけでソウルで6万人が犠牲になるとされている。文は「朝鮮半島で二度と戦争を起こさせない」と述べており、現在の危機でトランプが軍事攻撃の選択肢に傾いても阻止する構えだ。

歴史に根差す反米、反日、反中感情を抱く韓国の国民意識も理解すべきである。世論調査では統一には南北協力がもっとも必要であるとの方針が圧倒的な支持を集めている。米国や中国、日本、そしてロシアが朝鮮半島に利害を持ち込んだ歴史から、韓国人は利用されているとの認識は根強い。朝鮮半島は大陸パワーの中国と海洋パワーの日本や米国の間にある地政学的に重要な半島である。古くは豊臣秀吉が中国の明王朝征服の野望で始めた文禄・慶長の役（1592〜93、97〜98年）は、朝鮮半島の焦土化をもたらしたし、日清、日露戦争は朝鮮半島の支配をめぐって始まった。戦前、戦中の日本による苛烈な統治は韓国で国民的記憶として語り継がれている。朝鮮戦争（1950〜53年）も、米国、中国、ソ連の参戦で巨大な戦争に発展し、韓国人に大きなツメ跡を残した。米国が擁立した軍事政権の独裁、そしてグローバル化と新自由主義の導入で被ったアジア通貨危機などの苦境。そうした苦悩の歴史が「恨」と呼ばれる感情を韓国人に育んだ。韓国人は大国が再び朝鮮半島を蹂躙するのを拒否する。歴史に根差す「恨み」が、地政学的な課題に加わり、北朝鮮問題にも影響を与えている。

韓国首相を務めた李洪九に朝鮮半島の将来をじっくり聞いてみたことがあるが、日清戦争、日露戦争に始まった大国の干渉は悲劇だったが、今も韓国の民主主義は基盤が弱く、北朝鮮は核ミサイル開発に邁進しており、「地政学の悲劇」に対する懸念は深まる一方であるという。

韓国の世論調査を総合すると、北朝鮮の核ミサイル問題の解決や南北統一は、結局は南北が自ら協力し合わないと実現しないとの心情がうかがえる。そのためには平壌入りして南北首脳会談をしたいとの意図を語る文在寅の大統領就任が望ましいとの結論である。

見逃せないのは、韓国自らの核兵器保有論も賛成が6割程度あることだ。米国の核抑止力は十分信頼されていない。韓国の日本海沿岸には原子力発電所がいくつも並んでいる。私は古里原発

（釜山市郊外）を取材したことがあるが、青い海を挟んで対馬（長崎県対馬市）が見え、「この原発で放射能漏れ事故が起きたら、日本は大きな被害を受けるだろう」と驚いた記憶がある。そうした原発取材で必ず韓国政府高官が口にするのが、自立した核燃料サイクルをつくるために、ウラン濃縮と核燃料再処理技術を確立したいという悲願である。しかし、同時にウラン濃縮と再処理技術の確立は将来の核兵器保有に向けた一歩と位置づけられているのだ。

現状維持の悲劇

それでは北朝鮮に対して何ができるのか。

日本の民間シンクタンク、言論NPOが発表した日韓世論調査では、韓国人に10年後の朝鮮半島について聞いてみると、「現状のまま」が2013年の21・7％から、23・2％（14年）、35％（15年）、44％（16年）と年を追うごとに増えている。北朝鮮の核ミサイル問題の解決は南北朝鮮の統一という形で表れるはずだ。そう見れば、「現状のまま」とは北朝鮮の核ミサイル危機が解決せず、統一も実現しないということである。10年後というかなり先を聞いているのに、それでも「統一に向けた動きが始まる」は22・1％しかない。「現状維持」というさめた見方である。

むしろ韓国では、北朝鮮の核ミサイル危機の解決よりも、韓国の内政の方が強い関心を集めている。朴槿恵前大統領の疑惑発覚から、短期間で弾劾罷免、逮捕に至った原動力である韓国人の「怒り」は世界を驚かせた。

「怒り」の裏には、民主主義と市場経済で成功を達成しながら、サムスンなど一部の財閥企業の従業員以外は成長の恩恵にあずかれない仕組みや、国全体が最大の貿易相手国である中国市場に頼り、ＩＴなど新しい産業が雇用を生まない経済構造がある。さらに言えば、その財閥企業がここ数年低迷しており、国全体に閉塞感と怒りが漂う。若者は過熱する競争社会を生き抜くことを余儀なくされながら、過去最悪の失業率に苦しんでいる。韓国社会が抱える問題は簡単には解決できない。「怒り」の深まりはポピュリズムが高まる土壌を与え、政治の安定は簡単に損なわれそうだ。

北朝鮮が脇目も振らずに核ミサイル開発に邁進したのに対して、周辺国の方には切迫感がなく、上手くいくはずがないと高を括っていた。

米国は制裁など圧力と、２国間協議や６カ国協議という対話で北朝鮮の抑制を試みた。しかし、遠い極東の弱小国への対処は、米国にとって優先度が低かった。オバマ政権の「戦略的忍耐」という、何もしない政策が米国の本音を物語る。ＩＣＢＭや核弾頭の小型化が手の届くところとなって、ようやくトランプの米国は重い腰を上げげつつあるが、それでもまだ中国頼りである。

中国からすると北朝鮮という緩衝国家の崩壊は、難民流入だけでなく自らの安全保障が損なわれるから避けたい。北朝鮮は中国にとって、米国の影響力を遮断する地政学的に極めて重要な国家である。北朝鮮の崩壊は米国と韓国主導の朝鮮半島統一を意味するから、中国は国境を隔てて米国の脅威に直面することになる。中朝国境の丹東から北京まではわずか６００キロだから、丹東まで米国の影響圏に入ることは中国にとっては悪夢である。渤海沿岸の大連、威海、黄海沿岸の青島などに中国人民解放軍が基地を持つが、軍の動向も米国は把握しやすくなる。

日本も北朝鮮のミサイルの射程内にあるし、6万人の在留邦人が住む韓国が戦火に覆われる事態は可能な限り回避したい。「金正恩も恐いが、トランプの暴走も恐い」との日本政府高官の言葉にその思いは表れている。

ユーラシア大陸の北東に位置し周辺を大国に囲まれる朝鮮半島は、地政学の悲劇が起こる地理的環境にある。大国がにらみ合い、韓国人は「恨」の思いを抱き、北朝鮮は生き残りをかけて核にしがみつく。朝鮮半島のシナリオは危機の深まり以外に、考えうる予想が浮かばないのが現状である。

(5) アジアの地中海を制する——中国

南シナ海も典型的な地政学ポイントである。

第2次大戦末期の地政学者ニコラス・スパイクマンは、「リムランド（周縁地域）を支配するものがユーラシアを支配し、ユーラシアを支配するものが世界の命運を制する」と言って、リムランド理論を打ち立てた。リムランドとは、大陸パワーと海洋パワーが接するユーラシア大陸の沿岸部を指す。降雨量が多く農耕に適し、このため人口が多く、生産活動が活発である。主要文明も主要宗教もリムランドで始まった。歴史を振り返れば、リムランドが大陸パワーと海洋パワーのどちらにつくかで、覇権の行方が決まっている。

グローバル・ガバナンス

このリムランド理論で現代の世界を考えれば、米中のせめぎ合いは海洋パワーの米国と大陸パワーの中国の覇権争いであることが分かる。その中で、リムランドとして位置付けられるのが、アジアの沿岸部にある日本、朝鮮半島、台湾、東南アジアである。その中でも南シナ海は「アジアの地中海」と呼ばれ重要である。欧州では地中海を制したローマ帝国が長く覇権を握ったが、中国も地域の覇権国になるには南シナ海を握る必要があると考えている。

中国はここを、「一帯一路」構想における「21世紀の海上シルクロード」、つまり中国沿岸部から南太平洋、そしてインド洋をつなぐ中国経済に死活的に重要なルートの要衝と位置づけている。南シナ海での埋め立てや建造物の設置、軍事化など多大な投資を行っているほか、陸上でも沿岸国に幅広くインフラ投資を行い、東南アジア諸国との緊密化を図っている。インフラ投資を通じて親中国家に転換させる狙いだろう。

2016年7月、仲裁裁判所が国連海洋法条約に基づく南シナ海に関する判断を示し、九段線など中国側の主張をことごとく退けたが、中国は南シナ海行動規範（COC）の締結による平和と安全の維持、という方針で東南アジア諸国から合意を取り付けた。もっともCOCは拘束力がないから南シナ海情勢は中国ペースで進んでいくのは間違いない。仲裁裁判所に南シナ海問題を付託したフィリピンでドゥテルテ新政権が誕生し、中国への接近に転換したことも、中国にとって好環境となった。

中国の南シナ海と東南アジアに対する攻勢は、自国のシーレーン確保や地域の発展による自国への経済効果といった実務的な狙いだけではない。中国の政府系シンクタンクである中国国際問題研究院の栄鷹副院長に中国の世界戦略を聞いてみると、「米国がつくった世界秩序に挑戦するのではなく、提案、補足、変革していくものだ」と語っている。中国は米国一極のグローバル・ガバナンス（世界統治）にあからさまに挑戦するのではなく、「変革」を目指し、その中で中国が新たな「極」となるよう着々と手を打っているわけである。当面米国との二極体制を描いているのだが、やがて中国が米国に代わって覇権を握るシナリオも想定されている。まさに「中国の夢」である。南シナ海問題が単なる地域問題ではなく、米中二国による世界分割統治への一歩になると、世界が注目するゆえんだ。

　中国は「一帯一路」で、中国から中東、アフリカ、欧州に広がる一つの経済圏をつくり、その盟主になる構想を抱いている。これまでも上海協力機構（SCO）、BRICs、アジア相互協力信

現代版シルクロード経済圏構想「一帯一路」

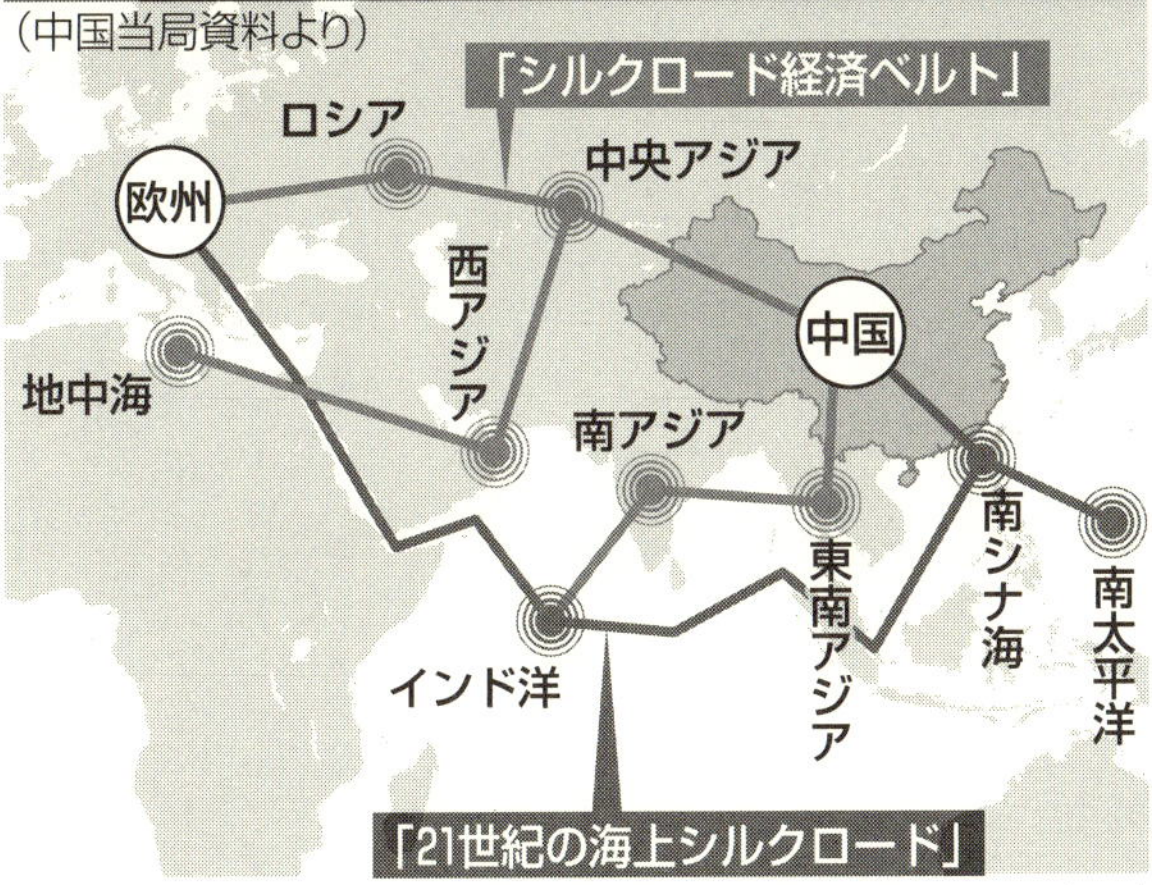

（共同）

頼醸成会議など、地域を超えた枠組みをいくつもつくってきた。中東欧との関係では「16＋1」という経済協力の枠組みがある。16とはアルバニア、ボスニア・ヘルツェゴビナ、ブルガリア、クロアチア、チェコ、エストニア、ハンガリー、ラトビア、リトアニア、マケドニア、モンテネグロ、ポーランド、ルーマニア、セルビア、スロバキア、スロベニアで、ここに中国が加わる。しかし、グローバル・ガバナンスの第一歩である一帯一路の成功のためには南シナ海の確保が不可欠だ。

南シナ海は中国だけでなく、東南アジア諸国、日本、韓国、さらには米国、オーストラリア、インドなど域外国家も活用する公海である。「航行の自由」を原則とした開かれた海であり、それを担保するのは米国の軍事力であるとの共通理解に各国は達した。中国の大規模なサンゴ礁破壊、漁業資源の乱獲、埋め立て、滑走路などの施設建設、港湾整備はいずれもこの開かれた海の中国による囲い込みであり、地政学戦略、つまり相手が自分より弱く十分な対抗ができないことを見越して影響圏を拡大する動きである。

米国にとって南シナ海は、単なる地政学的な陣取り合戦を超える意味を持つ。米国は公海における行動は国際法に従い、対立は平和的に解決するとの原則を国際規範として世界に示している。公海をできるだけ、開かれた公共の空間としておくことが、海洋パワーである自国の利益にもなるという判断が基盤になっている。だからこそ、域外国の関与を徹底的に嫌う中国の主張に対しても、米国は中国が嫌がる艦船や航空機を南シナ海に派遣する「航行の自由作戦」を繰り返し、「公海の守り手」として影響力を手放さない姿勢を示してきた。

中国は南シナ海を「核心的利益」と位置付け、「絶対に譲れない」と強硬姿勢を崩さない。米国に対して「相互の核心的利益の尊重」、「ウィン・ウィンの関係づくり」などを呼び掛け、相互譲歩を求めているが、米国は応じていない。相互利益の尊重の原則を受け入れれば、中国の南シナ海における拡張主義を認めるだけでなく、尖閣諸島など他の領土対立や、反体制運動家や少数派民族に対する弾圧など、中国のあらゆる問題について、中国側の利益を尊重することにつながりかねないからだ。米中のこの対立は、「自由民主主義」対「共産党の強権統治」という政治制度の相違に加えて、「公開」こそが国益となるという海洋パワーの開かれた国際秩序の原理と、「囲い込み」で生存空間を広げるという大陸パワーの地政学原理のぶつかりあいであるだけに、真の合意はあり得ない。

この米中の対立に変化をもたらしたのがトランプである。トランプ時代の米国は自由で開かれた国際秩序や自由民主主義の理念、価値観を揺るがす政策をとり始めた。北朝鮮の核ミサイル問題や貿易・為替といった経済問題など米中間では共通の懸案が多い。トランプが好むとみられる中国との「大取引」の中で、優先度が高いのは北朝鮮と貿易である。一方、南シナ海で「航行の自由作戦」を加減するなどトランプは既に譲歩の姿勢を示している。

トゥキディデスの罠

米国と中国の関係は、既存の覇権国と台頭する大国との関係である。そのため、ギリシャ時代の戦史家であるトゥキディデスの語った「罠」に陥ると指摘されている。

それは、古代ギリシャ時代に覇権国であったスパルタと新興国のアテネとの間の戦争の歴史から、覇権国の交代時期にはほとんどの場合、両者の間で戦争が起きるという「傾向」を指す。地域的な領土や国家の奪い合いではなく、覇権国が敷いた国際ルールの変更を台頭国が迫るために大戦争に発展してしまうのだ。実際過去500年間、16回の覇権の交代期の中で、12回は戦争に至ったとの研究も米国の国際政治学者であるグレアム・アリソンが発表し、トゥキディデスの罠という表現を世界に広めた。

習近平が2015年9月の訪米中、シアトルでの講演の際に南シナ海の緊張に関して「トゥキディデスの罠」の言葉を持ち出し、これに対してオバマも同月のワシントンでの首脳会議で「トゥキディデスの罠」の考えには反対すると応じたために、米中関係も戦争に向かっているのではないかとの見方が広まった。確かに陣取り合戦を超えた原理がぶつかり合う米中関係は、表面的な取引では短期的な安定しかもたらさず、永続的な決着には至らないだろう。

しかし、中国は米国よりも軍事力で明らかに劣るし、中国自身も世界貿易機関（WTO）ルールの活用など自由で開かれた国際秩序に依存して国をさらに発展させようとしていることから、全面的な衝突は避けるだろう。米中経済の相互依存性や核兵器をはじめとする大量破壊兵器の存在は、戦争という選択肢の可能性を限りなく小さくしている。

南シナ海の米中せめぎ合いの焦点はスカボロー礁である。トランプ政権は南シナ海のフィリピン近海にあるスカボロー礁を中国が軍事基地化することを「レッドライン」と位置付けている。スカボロー礁はフィリピンが実効支配を確立していたが、2012年に米国の仲裁団を巻き込んでのにらみ合いの末に中国が実効支配を奪った。中国、フィリピンの双方が同礁近海に出して対峙していた船を引くことで合意し、実際にフィリピン側は従ったが、中国は結局居座った。このため米国からすれば、「中国に騙された」との思いがある。

スカボロー礁に軍事拠点を建設すれば、既に中国が滑走路などをつくっているパラセル（西沙）諸島、一部を中国軍が支配しているスプラトリー（南沙）諸島と合わせて三角形の大きな支配領域ができる。このためスカボロー礁で中国軍が軍事施設をつくることは、米国としては認められない。

しかし、中国人の専門家はスカボロー礁での中国の活動は、せいぜい海洋監視施設の建設程度だろうと言う。大掛かりな軍事基地の建設は米国に真っ向から挑戦する行為とみなされるため、踏み切ることはない、というのが一般的な見方だ。

中国はスカボロー礁で軍事的な冒険主義には出たくないという。これは東シナ海の問題でも同様だろうし、台湾に関しても軍事的な緊張はできるだけ避けたいのが本音に違いない。むしろグローバル化に背を向けるトランプと保護主義を否定する習近平という、これまでの米中両国の首脳とは逆転したキャラクターの二人の距離は縮まっていることに注目したい。トランプは理念や原理原則へのこだわりがなく、習近平の地政学・地経学も狙いが分かりやすいため、現実的な妥協を可能としている。

米中ともにトゥキディデスの罠に陥るほど、愚かではない。

しかし懸念は、そうした軍事衝突を回避するとの了解の下で中国が南シナ海での支配権を徐々に確立していることだ。中国政府は南シナ海では島嶼の工事を着々と進めている。その拡張主義は、軍事的冒険は避けながらも東シナ海にも波及するに違いない。米国は、北朝鮮問題や経済・貿易、テロ対策などさまざまな課題で、中国を米国型のルールに取り込んでいくと言う。中国の海洋進出を止めることはできないものの、米国がそうした他の課題や案件をからめて、中国に平和的な進出を促すようにしたいというわけだ。トランプ流の交渉と取引の腕の見せ所だが、それはそう簡単ではない。

トゥキディデスの罠に陥らないようにと、軍事的な衝突回避を優先することは、じわじわと中国の伸長を認める結果になる。南シナ海という陣取り合戦の土俵で米国は敗北することになる。そうなればグローバル・ガバナンスの守護者としての地位からも間違いなく後退する。「公開」という米国の原理の敗北でもある。南シナ海での中国の覇権確立はあと一歩のところまできた。この流れはやがて中国が望む、米国との太平洋分割統治に道を開くのではないか。

(6) 海のシルクロード——インド洋地域

太平洋や南シナ海とつながり、海洋交易が集中するインド洋は、間違いなく現代の地政学ポイントである。「21世紀の海上シルクロード」の主要路として港湾を押さえる中国の有名な「真珠の首飾り」戦略が展開し、それに対してインドが地域の友好国との関係強化や日本、米国、オーストラリアとの軍事協力を柱とする「ダイアのネックレス」戦略に踏み出している。海洋だけでなくこの地域の陸上部分は、中国が「一帯一路」構想のパートナーにインドの宿敵であるパキスタンを選んだことで、インド対中国・パキスタンの構図が出来上がった。

チョークポイント

海洋交易はチョークポイントをいかに自由に通過するかという点にその成否が懸かっている。チョークポイントとは、直訳すれば窒息地点となるが、海路において極端に狭くなる地点を指す。地政学で言えば、チョークポイントが封鎖されれば、それだけで世界の物流がマヒする要衝だ。インド洋には紅海からアラビア海に抜けるバブエル・マンデブ海峡、ペルシャ湾からアラビア海に入るホルムズ海峡、インド洋と南シナ海を結ぶマラッカ海峡といったチョークポイントがある。経済の中心がアジアにシフトするなかで、世界のコンテナ輸送の半分、石油の70％がインド洋地域を通過している。インド洋の航行の安否が世界経済を左右しているのだから、チョークポイントの安全通過は極めて重要だ。

インド洋はその名前からしてインドの海であり、インドとさらにその東の東南アジア及び中国に利権を築いた英国が長く支配していた。英国が１９７１年に「スエズ運河以東」から撤退した後は、米国が秩序維持の役割を担った。しかし、インド洋のディエゴガルシア島に海・空軍基地を置いたものの、冷戦時代を通して大規模な駐留は避け、むしろ一国の覇権確立を認めないオフショアバランシング戦略をとってきた。オフショアバランシングとは、地域の国々の勢力均衡が維持できるよう大国が遠隔地から監視し、必要がない限り直接介入はしないという戦略だ。直接介入は相当な軍事力が必要な上に地域の勢力から反発を受けるという弱点があるから、オフショアバランシングは言わば安上がりの戦略である。だが、地元の覇権国であるインドも自らの名前を冠した海の割には、その広大な海域を統治するような海軍力は持っていなかった。

しかし、中国の登場がこの平和の海を変えた。「21世紀の海上シルクロード」としてインド洋を重視し、特にチョークポイントの安全航行のために、近接する港湾へのアクセスの確保を狙った動きを強めていることから、急速にインド対中国という競争の構図が出来上がった。沿岸国であるミャンマー、バングラデシュ、パキスタンの港湾拠点を中国が確保する一方、インドはスリランカ、セーシェル、モーリシャスへの支援を強化し、インド洋の秩序の維持者であることを印象付けている。

中国は港湾拠点を押さえるだけでなく、内陸部にも戦略的に進出している。ミャンマーから中国へ天然ガスを輸入するためのパイプラインと、中東からの石油をいったんミャンマーに陸揚げしその後中国に輸送するパイプラインの2系統を建設、稼働させている。また、マレー半島の根元を南シナ海側からインド洋に向けて結ぶ経済回廊の建設もタイ、ミャンマーとともに進めている。

これらはマラッカ海峡というチョークポイントを避ける地政学的な知恵である。マラッカ海峡は幅3キロ。中国、日本、韓国、インドネシアなど世界の成長センターと中東・欧州を結ぶ。紛争や事故などで封鎖されるリスクを中国は何としても避けたい。ミャンマーと中国本土を直接結ぶルートができれば、はるかに南下して混み合うマラッカ海峡を通らずにすむのだ。中国の狙いを良く知るタイ外務省高官のシハサック・プアンゲッゲオは「マラッカ海峡を避けるこの回廊はマラッカ海峡リスクをゼロにするゲームチェンジャーだ」と語っている。

歴史的対立に火

こうした地経学的なゲームチェンジャーとは別に、地政学から見て注目すべきなのは、「一帯一路」がインド洋地域の憎悪を煽る懸念だ。中国は海洋でも陸上でもシルクロード構想の第一のパートナーにパキスタンを挙げている。パキスタンは、インドを「共通の敵」とする関係から中国とは歴史的に友好関係にある。核兵器開発やミサイル開発など軍事面での協力は良く知られるところだ。地理的に中国とアラビア海を結ぶ地点にあるから、中国としてはパキスタンをしっかりと自陣営に取り込めば、東シナ海→南シナ海→マラッカ海峡→インド洋と海路を遠回りすることなく、はるかに短い距離で中東、アフリカ、そして欧州に到達できる。「一帯一路」の財政を担うアジアインフラ投資銀行（AIIB）の最初の融資案件もパキスタンのインフラ事業だった。

中国とパキスタンの良好な関係を象徴するのが、一帯一路プロジェクトの目玉である中国パキスタン経済回廊（CPEC）構想である。中国の援助で2016年11月に開港したパキスタンのグワダル港を起点に、パキスタンを北東に向けて縦断し新疆ウイグル自治区のカシュガルに至る道路と鉄道網である。パキスタンにとって期待が高まるのは、この回廊は3本のルートからなり、アラビア海のグワダルとパキスタンの主要都市をすべて結ぶことになるほか、パキスタンのエネルギー資源開発も目標となっていることだ。中国にとっては新疆ウイグル自治区など遅れている西部開発にも貢献する。

ただ、問題はＣＰＥＣが実現すれば、パキスタン経済を中国と一体化することになり、インドが反発することだ。インドはこれまでも中国―パキスタン同盟を意識して、米国や日本との接近を模索してきたが、今後も中国を牽制する外交を繰り広げるはずだ。中国の大戦略に組み込まれたパキスタンとは緊張をコントロールするのが精いっぱいで、関係の抜本的な改善はますます難しくなるだろう。

そして、本書のテーマである「地政学」と「怒り」の関係で言えば、ＣＰＥＣが、パキスタンとインドが争うカシミールを囲む形で出来上がり、関連事業がこの地域でも多く計画されていることに注目したい。これはカシミールのパキスタン帰属を固める性格を持つため、インドとしては認められない。インドはカシミールの帰属をめぐり、１９４７年、65年、71年と3回パキスタンと戦火を交えており、２００８年11月のムンバイ同時テロのような、カシミールを理由としたイスラム教過激派によるテロの被害も受けている。

パキスタンではインドの情報機関が、ＣＰＥＣの建設妨害を狙ったテロを支援しているとの情報も伝えられており、地政学的な対立と両国民の憎悪の感情、ヒンズー教徒対イスラム教徒という宗教の対立がまざり合った負のスパイラルが始まっている。この回廊の建設ではパキスタン国内で各州同士の利害の対立が発生しており、また計画自体に反発する地元の武装勢力も存在するため、順調に進むとはみられていない。パキスタン陸軍は自らの利権もあって、回廊計画に積極的に関与し、中国が懸念する治安に万全の対策をとると宣言している。何らかの妨害事件が起きた場合には、インド情報機関の関与を追及する声が容易に上がりそうだ。

インドは中国と1962年に大規模な国境紛争を起こしている。2017年6月に中国の道路建設を理由として、インド軍と中国軍が国境地帯で再びにらみ合いを始めた。インドは大敗した1962年の国境紛争を引き合いに出し、「今のインドは1962年の（弱い）インドとは違う」と述べて、経済・軍事力を格段につけたことを強調した。一方の中国も「われわれも変わった」と、こちらもナショナリズム的な大国意識を前面に出した。中国とインドという大国が歴史とナショナリズムを背景ににらみ合う緊張がこの地域の基調と言える。

核のにらみ合い

インド洋地域のインド、中国、パキスタンは核ミサイルで威嚇し合う関係でもある。そしてインドとパキスタンの間にはヒンズー教とイスラム教という宗教対立がその背景にある。宗教的感情と核がからみ合っているのだ。

パキスタンは通常戦力でインドに劣るため、核戦力の増強で現在は世界第5位の核兵器保有国であり、英国より保有量は多い。インドとパキスタンは核兵器を突きつけ合っている関係だ。インドが1974年に核実験を行い、パキスタンは1998年にこれに続いた。その後両国間では戦争が起きていない。第2次大戦後、3回の戦争が両国間で発生したことを考えれば、核兵器は紛争抑止の役割を果たしている、との指摘も聞かれる。しかし、パキスタンは、抑止という考えが通じにくいイスラム過激派を国内に抱えており、核兵器の保管問題は国際社会の最重要課題となっている。

地政学と民族の怒り、そして核を突きつけ合うというインド・パキスタンの重層的な対立の構図は、一帯一路という中国の野心的な構想が加わり、ますます固定化され悪化している。インド洋地域の危険が増していくのは間違いない。

第7章
世界を見る八つの指標

地政学、人々の感情、特に怒りの衝動が世界を動かしている。その実相を第5章までで描き、第6章では地政学と「怒り」が交差する注目地域を見てきた。この章では地域を超えて世界全体の行方を左右する八つの指標について考えてみたい。

(1) Border――国境と国家の行方

トランプの米国第一主義、英国の欧州連合(EU)離脱、欧州の移民受け入れ、「極右」政党の躍進など、国際政治の動きは、国際化、グローバル化の動きに逆行する。別の言い方をすれば、国境の復活、国家主権の復活である。

トランプ政権は目標のトップに「国家主権の確立」を挙げた。グローバル化や国際機関の乱立で国家が弱体化し、個人を世界の激流から守る壁が消滅してしまった、との危機意識が原点にある。「米国を再び偉大に」という選挙スローガンは「強い国家が望ましい」という思想の表れである。国家を超える機関は、人々の状況に鈍感になり、非人道的な政策をとりがちになる。

例えば、EUに代表される国家群は国境を崩し、ヒト、カネ、モノの自由な移動を実現し、それぞれの国の中で勝者と敗者をつくった。敗者は「忘れられた人々」となり絶望の中で怒りをたぎらせている。流入してくるヒトは、東欧や旧ソ連からの経済移民だけでなく、中東・北アフリカからの難民も加わった。ヒトの流入に対する恐怖感とは、職の喪失だけでなく治安の悪化、文化の破壊など裾野が広い。

対メキシコ国境からの不法移民を止めようとして、壁の建設を公約にしたトランプが大統領に当選した米国は、まさに国境を復活させ国家を復権させようとしている。

2016年3月、EUとトルコ政府が一つの合意に達した。トルコから欧州に海路で渡る難民が殺到している事態を受け、難民をトルコに留め置き欧州への流入を抑えるという内容だ。トルコは難民支援金を受け取る。トルコからギリシャ側に到達した難民はその場でトルコに引き戻される。

寛容の精神を基本に据え、移動の自由を原則としてきたEUが、苦境にある人々を強制的に締め出す措置を正式に採用したことは、中東・北アフリカからの難民流入の衝撃の大きさを物語る。これまで難民受け入れに積極的だったドイツ首相アンゲラ・メルケルさえもが、非人道的とも言えるEU・トルコ合意を「持続的な解決に向けた重要な一歩」と高く評価した。

この合意は、国境の復活、国家主権の回復の動きである。人がやすやすと国境を越えられることがグローバル化時代の恵みだった。思い起こせば、冷戦が終わったきっかけは東欧市民が自由を求めて国境を越え、西側に大量に流入したことだった。人々の自由と豊かな生活を求める思いが、ベルリンの壁を倒した。その後EUの域内通行の自由化や、北大西洋条約機構（NATO）とEUの東方拡大で欧州は壁を崩し続けた。

その欧州が、今回の合意で四半世紀ぶりに壁を復活させたことになる。英国のEU離脱も欧州大陸からの東欧系やイスラム移民に対して、ドーバー海峡に壁をつくることが大きな理由だった。国境の復活は人の移動に対してだけではない。トランプの「米国第一主義」は、グローバル化した経済において米国を守る保護主義という壁づくりにほかならない。米国だけでなく、最近になり世界貿易の伸びが鈍化していることは、国際通貨基金（IMF）の統計などで明らかだ。世界各国が世界経済に国境をつくり自国経済を保護しようとしている。

国連の場でも、国境復活の動きが強まっている。シリア問題でロシアが拒否権を発動して国連安全保障理事会が身動きできないのをみると、壁を崩し国際協調で世界の問題を解決しようという冷戦終結直後の意志が消えてしまったかのようだ。ここでも国際組織よりも自国第一主義という国家主権の復活がみられる。

中東の混乱、つまり内戦や「イスラム国」（IS）などの非国家軍事組織、テロ組織の横行、あるいは難民の大量発生はいずれも国家主権の失墜から起きている。行き過ぎたグローバル化の抑制のためには、国境や国家主権の復活はやむを得ないのかも知れない。民主主義がしっかり根付くためには、多数決主義だけでなく、権力の分散、少数派の権利の尊重、法の支配などを保証する健全な国家機構が必要である。国家がなくなり国境がなくなれば、まさに弱肉強食の無秩序の世界が訪れる。

しかし、一方で国家主権を盾にとって国際規範を無視し、国内で反体制派への弾圧を続けるなどすれば、内戦が起きてかえって不安定化する。経済も壁に囲まれて不活発となり成長の機会を失う。何よりも、自由に移動して暮らす、という人間本来の精神を殺すことになる。大国は壁を再建してその中で自立できるが、中小国は壁の中で窒息してしまう。

16~17世紀の主権国家の誕生をもって近代国際社会が始まったとすれば、現代史は、国家という国際社会の主人公に対して、「人」を主人公とする新しい枠組み作りの営みである。非政府組織（NGO）や、多国籍企業の活動などはその代表であろう。国家主権と人の自由意志、「壁」と「壁を乗り越えたい思い」は、どう調整されるべきだろうか。その均衡点を探せれば、世界は安定と成長を取り戻せる。

（2）Democracy ――民主主義は復活するか

2017年4月16日、「世界の政治潮流を示す国」（エコノミスト誌）であるトルコで民主主義のテストケースとなる投票があった。大統領権限の強化を問う憲法改正の国民投票である。建国の英雄ケマル・アタチュルクの「再来」を狙う大統領エルドアンが提案した憲法改正は、大統領権限を飛躍的に強化し任期を延長する内容だ。中東の数少ない民主主義国家トルコを独裁国家に逆戻りさせると反対論が強かったが、賛成51・37％反対48・63％という僅差で大統領権限の強化を国民は選んだ。

トルコは議会制民主主義の国で、大統領は象徴としての存在だった。しかし、首相職は廃止され、大統領は外交、経済など行政、司法を握り、その権力は圧倒的となった。エルドアンが「皇帝」となり、議会は「臣下」になると批判されており、これは民主主義の後退と位置付けられる。

エルドアン勝利の理由は、シリア内戦など地域の緊張、シリア難民の大量流入、過激派やクルド人組織のテロなどの治安問題である。民主主義が政治混乱を生み、経済成長を阻害してきたことから、トルコ国民は大統領権限の強化による「安定」「成長」に希望を託した。

トルコにはブラック・チュルク（黒いトルコ人）、ホワイト・チュルク（白いトルコ人）という分類がある。ブラック・チュルクは地方に住む貧困層で、保守的で宗教心の厚い非エリート層であり、ホワイト・チュルクはイスタンブールなど都市に住む世俗的なエリート層だ。トルコは欧州とアジアの接点にあり東西に長いため、西欧系の肌の白いトルコ人もいれば、アジア系の浅黒い人も多い。エルドアンを支持するのがブラック・チュルク、反対派はホワイト・チュルクとなる。

トルコはイスラム教と民主主義が共存する中東の希望の星である。しかし禁止されていた女性の公共の場でのスカーフ着用を認めるなど、イスラム教色を強めている。これもブラック・チュルクの願望に沿った動きである。大統領権限の強化は、単なる「民主主義」から「独裁」への移行という制度の問題だけでなく、「世俗国家」から「宗教国家」への移行の意味からも注視されている。

人口8000万人、1人当たりの国内総生産は1万ドルを超えるトルコは、主要20カ国・地域（G20）、北大西洋条約機構（NATO）のメンバー国であり、欧州連合（EU）加盟も目指す大国である。そのトルコは権限を圧倒的に強化した大統領の下で、独裁、宗教国家の道を進むのだろうか。世界の分岐点を示すものと言えよう。

2016年夏のクーデター未遂事件では、エルドアンは関与が疑われた多数の軍将校や法曹関係者を職から追放し、多数のメディアを閉鎖した。憲法改正の国民投票も、国際監視団は、反対運動が抑圧され公正さに欠けると指摘しており、「独裁」への流れは強まっている。

民主主義よりも安定を選択したのは、民主化運動「アラブの春」よりも強権や王制の継続を望んだアラブ世界の国々が前例である。「民主主義より安定」は、中国やロシアでは当たり前だ。21世紀に入り、民主主義という価値観は急速に輝きを失っている。

その理由はなぜだろう。タイの例がわかりやすい。民主主義下で政治対立が激化したタイは、2016年の憲法改正で上院を軍の任命制にし、民選の下院の権力を削いだ。民主化がもたらした有権者数の拡大でポピュリズム政党が躍進したため政治が不安定化し、安定維持役としての軍の介入が必要となったというのは皮肉だが、これが新興国の現実である。本来外国からの侵攻を撃退する役割の軍が、国内の統治者として存在意義を高めているのだ。

民主主義の本家である欧米では、特定の利権グループやイデオロギー色の強い組織が影響力を発揮し、政治をマヒさせている。格差是正やグローバル化への対応、多文化主義をどの程度認めるか、といった賛否が割れる政策の遂行が難しくなっている。実現不能と分かっていても自国第一主義的な公約を掲げなければ、選挙で勝てないのが現状である。

本書で何度か紹介したドミニク・モイジが「希望」の地と呼んだアジアでも、北朝鮮の独裁、中国の強権政治だけでなく、韓国、バングラデシュ、モンゴル、フィリピン、タイなどで統治の失敗、政治の分断が起きている。悪性のポピュリズム、弱者を切り捨てる多数派の横暴、安全保障を理由とした権力の集中などの政治の劣化はアジアで共通している。

民主主義社会ではナショナリズムは否定されるべきものと位置づけられてきたが、格差やグローバル化の嵐の中でナショナリズムの興隆もやむを得ないと認める議論も起きている。問題は、少数派差別、宗教差別など悪性のナショナリズムではなく、国家建設に前向きに向かわせるような良性のナショナリズムを育む方法を、誰も提示できていない点だ。

欧米で起きる政治の劣化、民主主義より安定を求める途上国の決断を考えれば、民主主義の将来は明るいとは言えない。そうなると、自由、民主主義、人権など普遍的な価値観を抜きにした国家の地政学的な動きや、人々の「怒り」が露骨に世界を動かす風潮が定着してしまい、世界は一挙に不安定になるに違いない。その兆候は既に世界中で見えている。

民主主義の将来は、文明論的にも重大な意味を持つ。どんな国もやがては民主主義に移行するという単純なモデルが長く信じられてきた。だからこそ「文明の衝突」論は否定された。しかし、民主化モデルは、足踏みし、後退している。一方、アラブ世界や中国では欧米の自由民主主義ではない独自の価値観が根付いている。

これはさまざまな「文明」が少なくともしばらくの間は、民主主義に向かって統合していかないことを予想させる。緊張や対立、衝突も続くと予見すべきなのだ。

(3) Capitalism——資本主義の新しいルール

ニューヨーク特派員をしていた1995年4月、米オクラホマシティーで連邦政府合同庁舎ビルの爆破テロがあった。頑丈なビルの半分が吹き飛ばされ、168人が犠牲になり400人が負傷したすさまじいテロだった。米メディアは偏見を交えてイスラム系組織の犯行の可能性が高いと伝えていたが、捜査の結果、犯行グループは3人の白人米国人男性と分かった。

「教育のない、中低所得の白人」が社会への怒りをためて、突然信じられないような無差別殺人に出たことに驚いた。彼らは、白人至上主義的な思想を持ち少数派優遇策への反感を口にしていたが、経済的にも恵まれず、不満をくすぶらせていた。2016年のトランプ現象を支えた「白人の怒り」は、ここ数年で突発的に発生したものでなく、かなり前から生まれていたのだ。

あれから二十余年がたったが、この「教育のない、中低所得の白人」の問題は解決するどころか、ますます悪化している。競争的な資本主義が続く限り、彼らはどんどん悪のスパイラルに落ち込んでいくだろう。

国際報道をしていると、紛争や宗教の対立など国際危機ばかりに目がいってしまう。だが、その原因を探っていくと、今の経済システムが生みだしてしまう格差、しかも下層から上層への移行の機会が限られる社会の仕組みをどう直すか、という大問題にぶつかる。いわば資本主義に正義をどう回復するかという、ルールの書き換えの問題である。

1980年代のレーガン米政権、サッチャー英政権が牽引したネオリベラリズムの経済政策は、大型減税、規制緩和、福祉政策の縮小を実現し、格差の広がり、中間層の所得減を招いた。続いて冷戦構造の崩壊で1990年代から本格化したグローバル化で、先進国から新興国・途上国への製造業の流出や先進国産業構造のサービス産業化が進み、製造業の担い手であり経済を支えてきた中間層は没落した。

さらに、情報通信技術（IT）のあらゆる産業への導入が進み、単純労働職が消えるか極端に低い賃金に抑え込まれた。教育レベルによる収入の格差も拡大する一方である。こうした多重的な格差要因のほかに、米国や英国を中心に金融やIT産業が国家の経済の中心に座るという、非常にいびつな構造になったことも挙げられる。金融を中心に倫理的にも問題があるビジネスモデルが成長の原動力となっているのである。

米国では上位10％の所得は1960年代には全体の32％程度だったが、現在は5割近くに達している。米国が20世紀初頭に当時の格差社会を是正しようと高額所得者に課した税は、1970年代には70％を超えるまでになったが、減税主義者のレーガンの登場で一挙に28％まで引き下げられた。これでは格差が拡大するはずである。

格差の問題を現代の経済システムが解決できず、今後は人工知能（ＡＩ）の導入によって、人々の雇用状況がさらに悪化する懸念があるとすれば、資本主義ルールの書き換えが必要であろう。もはやアダム・スミスが言う「神の見えざる手」には任せられない。

ノーベル経済学賞受賞者のジョセフ・スティグリッツや米労働長官だったロバート・ライシュ、チェコの若手経済学者のトーマス・セドラチェクら世界中の経済学者が今、この問題に真剣に取り組んでいる。各国政府も新しいアイディアを試している。その一つがフィンランドで２０１７年から試験的に導入されたベーシック・インカム（最低所得保障）制度である。２０００人を対象に2年間、毎月５６０ユーロ（約7万円）を所得として支給する。失業者が対象だが、職を見つけられても支給は打ち切られない。オランダのユトレヒト市も小規模ながら試験的に導入している。

米国でもノーベル賞を受賞した自由主義経済学者のミルトン・フリードマンが１９６０年代からベーシック・インカム的な制度を提唱し、ニクソン、フォード、カーター各政権時代の70年代には3回にわたり議会に法案が提出された。

共産主義は人間の本能に反するし、既に一度失敗したモデルであるから選択肢には入らない。しかし、個々人が自己利益の最大化をはかる競争システムである今の資本主義を前提とした社会を大胆に改革しなければならないのだろう。

ＡＩに代表されるイノベーションによって、旧来の意味の「働く」ことが、今の半分ですむとなれば、そこでは経済成長の前提となる生産性の計算など無意味となる。シェアリングエコノミーやコモンズのような皆が貢献して価値を創造する時代も到来している。

資本主義システムの書き換えには、政治の指導力と国民の総意が必要だ。これは先進国の最大の課題と言えるのだが、やはりドイツを代表とする欧州、そして米国がどんなシステムを導入するかに注目したい。ドイツが予算をつぎ込み、労働者の再教育など、資本主義ルールの書き換えに力を入れているのは良く知られている。日本も国が中規模である点や同じ民族が大多数を占めていることなどドイツとの類似性があり、同じように効果を生む土壌がある。しかし、果たしてそれは「個人の自由」を欠くことのできない原則とし、同時に大量のさまざまな背景を持つ移民を抱える米国でうまくいくのだろうか。

米国はルールの書き換えの後進国である。トランプは「忘れられた人々を救う」と叫んで大統領に当選した。ルールの書き換えを公約としたわけだ。しかし、それをどう実現するのかという政策を示していない。保護主義による労働者保護が看板政策という。しかし一方で法人や富裕層の大型減税も約束しており、これでは格差はさらに拡大する。なによりも労働者再教育がおざなりだ。さまざまな利益団体が存在意義をかけてロビイングしており、経済の新しいルールを描くどころではない。

本来、ブッシュ（息子）、オバマの16年間で行うべきだった資本主義ルールの書き換えをトランプまでもが成し遂げられずに終われば、米国人の怒りは激しくなる一方で、米国はますます国力を失っていく。それは、中国やロシアの一層の進出を促すはずだ。

（4）Energy――安い石油と地球の未来

2011年には1バレル＝120ドルだった石油価格が2016年には40ドル台に下落した。しばらくの間は低価格時代が続くと予想されている。油価の下落はシェール革命やイラク、イランの生産回復で供給量が増えたことが原因だが、長期的な油価の下落は国際政治を大きく変えそうだ。

ロシア、サウジアラビア、イランなど国庫収入の多くを石油や天然ガスの輸出で得ている国々は困窮する。深海油田に国運を賭けるブラジルなど新興国も厳しい。一方でエネルギーが経済成長のアキレス腱であった中国は、油価の下落で一息つける。消費する石油のほぼ100％を輸入している日本にとっても朗報である。

油価下落の勝者は何と言っても米国だ。シェール革命の追い風で原油の価格決定権を握ったことで、ロシアやイランなどの産油国、中国や日本、インドなど消費国を相手にエネルギー地政学のゲームを仕掛けられる。「できるだけエネルギーで自立していた方が良い」というのは、地政学の格言だが、米国はそれを果たして有利に立った。

油価の下落は世界が注目する二つの動きを停滞させる。

一つは北極海開発だ。北極海で今、注目すべきなのは、北極圏の豊富な石油・天然ガスなど資源開発と、アジアと欧州をはるかに短時間で結ぶ北極海航路の出現である。

北極海の石油埋蔵量は900億バレルと推定されている。これは世界の未発見石油埋蔵量の13%に当たる。天然ガスの方は世界の30%である。これだけの量が今後生産されていくとすれば、まさにエネルギー地図を変える潜在性を持つ。これらの油田、ガス田は主に、ロシア、ノルウェー沿岸の大陸棚にあるため、両国が開発の中心となっている。

しかし、問題は開発コストの高さだ。1年のうち半分は結氷や激しい風雪、氷点下の温度という気候条件で費用が膨大にかかる。北極海の資源開発は、1バレルが100ドルでないとコスト割れすると、エネルギー専門家はみている。原油の低価格が続けば、ロシアの国営エネルギー企業も欧米の大手エネルギー企業も手を出せない。北極海の資源は眠ったままで、「エネルギー地図の書き換え」とはならないのだ。

北極海航路はどうだろう。欧州から北東アジアへ向かう航路はこれまで地中海→インド洋→南シナ海というルートだった。だが、北極海を通れば約4割の距離を短縮できる。航行可能期間は結氷していない7月下旬から10月下旬までの3カ月であるが、それでもこの短縮は魅力だ。

しかし、ここでも難題はコストである。北極海は結氷がない時期でも航路が狭く、海底は浅い。このため船は太平洋などを航行する船に比べて小ぶりになる。また砕氷船や水先船の使用料など多額の料金をロシア政府に支払う必要がある。このため、「北極海航路は2割から8割高くつくはずだ」と海運専門家は指摘している。

ロシア・ヤマル半島の液化天然ガス（LNG）などエネルギー資源の生産はプーチン大統領の

肝いりであるからコスト面で有利になるはずだ。大消費地の北東アジアに向けて北極海航路が期待されている。だが、ここでも原油価格が50ドルを切る安さでは、高いコストを払って北極海からエネルギーを輸入する意味がなくなる。

もう一つ注目すべきは、油価と地球温暖化対策の関係である。

再生可能エネルギーへの移行は、今後も着々と進むのは間違いない。石油・天然ガスを燃やし続けることによる二酸化炭素の排出が今のまま続けば、海面の上昇、大洪水、干ばつの多発、巨大ハリケーン、森林の枯死、そして生態系の変化などの気象災害を招く。太陽光発電や風力発電のコストが年々大幅に下がっていることから、こうした再生可能エネルギーの利用が一層活発になり、エネルギー源に占める割合も驚くほど伸びるに違いない。

しかし、再生可能エネルギーのコストがいかに下がっても、石油や天然ガスの価格が低ければ、再生可能エネルギーに移行するとの意志を世界の人々が持ち続けるのは難しくなる。石油・天然ガスは埋蔵量の面でまだまだ心配はない。かつて中東一辺倒だった供給元がシェール革命で拡散したことから、中東での紛争発生など地政学リスクに動じることなく、供給が続くだろう。

そうした時に、国民への痛みの押し付けを嫌う民主主義、短期の利潤を最重視する資本主義の病理は、より長期的な視点、つまり地球温暖化を防ぐためという理由で、ハードルが高い再生可能エネルギーへ移行することを阻むだろう。

先進国、さらには新興国でも、経済規模に比べてエネルギー使用は減っている。省エネや製造業からサービス業への移行などさまざまな理由が挙げられている。このエネルギー効率の上昇は、人口増加や経済成長が頭打ちになることと合わせて、やがて世界全体のエネルギー使用の総量を抑えることになる。需要が減れば、エネルギー価格はさらに下がる。エネルギーを大量に消費しない時代の到来は、産業革命以来250年間続いてきたモデルの変化、新たなパラダイムの始まりを意味する。

(5) Nukes——核兵器を禁止できるか

北朝鮮の核ミサイル危機は、米国と中国がぶつかり合う朝鮮半島の地政学と、朝鮮民族の恨み、怒りが交差するゆえに解決が難しい。それにしても、日本やロシアも含めて世界の大国がなぜこの小さな独裁国家に関与するのか。それは核ミサイルという大量破壊兵器を持っているからにほかならない。シリアへの空爆で明らかなように、大国は大量破壊兵器が関係すれば、軍事攻撃も躊躇しない。大量破壊兵器こそが軍事衝突を呼び込む厄災であるのだ。

大量破壊兵器が戦争で大規模に使われたのは、第1次世界大戦で化学兵器が使われたのが最初だ。第2次大戦では二つの原爆が日本に投下されて決定的な影響をもたらした。戦後は核ミサイル軍拡競争が進んだが、核兵器の実戦での使用はない。破壊力の巨大さ、その非人道性が使用のハードルを上げた。化学兵器はイラン・イラク戦争などでも使われたが、生物兵器禁止条約、化学兵器禁止条約などの国際法体系もできた。

一方で大量破壊兵器の使用・開発阻止を理由とした軍事攻撃は次々と起きている。１９９１年の湾岸戦争は、イラクの大量破壊兵器の開発阻止を理由の一つとしていたし、２００３年のイラク戦争も大量破壊兵器の開発阻止が「大義」とされた。

湾岸戦争ではサウジアラビアの首都リヤドにある米軍司令部を拠点にクウェートやイラク南部を取材したが、当時ＮＢＣ（核〔nuclear〕、生物〔bio〕、化学〔chemical〕）兵器と呼ばれた大量破壊兵器で攻撃された時に備えて重たい防護服を事前にロンドンで購入し、砂漠の中をいつも持ち歩いて回った。イラク軍がしばしば撃ち込んできたスカッドミサイルは化学兵器を装塡していると恐れられていたから、空襲のサイレンがなれば防護服を着用してホテルや政府庁舎の地下の防空壕に汗だくになって逃げ込んだ。大量破壊兵器の脅威はまさに身近だった。

今後の世界を決める分岐点の一つは、核兵器を封じ込める体制をつくれるか否かである。楽観はできない。「核なき世界」は近い将来には実現しない。トランプはオバマ時代の流れを逆行させて核戦力を増強する方針であるし、プーチンも「クリミア併合の際に核の使用を考えた」と発言している。中国も十分な核戦力で、米国、ロシアと対峙する態勢である。北朝鮮の核ミサイル開発を考えれば、核拡散は今後も進む恐れがある。核兵器は冷戦後の流れに逆行して国際政治の現場に復帰した印象である。

北朝鮮も加えれば、核保有国は米、ロシア、英国、フランス、中国、インド、イスラエル、パキスタンの９カ国になった。北朝鮮は米本土に届く大陸間弾道ミサイル（ＩＣＢＭ）の開発や核弾頭の小型化も進めており、「核保有国」として米国と交渉に臨むつもりである。そうなれば、米国も含めてアジア太平洋地域の国々はその核による極めて理不尽な脅しの対象となり、地域の平和・経済の安定は大きく崩れる。そうした事態を回避するためには、ある段階で軍事的な選択肢を真剣に検討せざるを得ない。対話による解決の道はどんどん狭くなっているのだ。

イランも要注意である。イラン核合意は核開発計画の凍結を決めたものの、米国からすれば、イランが再び核開発を進めるのではないかという疑いがあるし、ミサイル開発やテロ支援を対象としていないのは納得できない。一方のイランは核開発を凍結したのに、米国が制裁を科したままであるために、日欧米企業が本格的に進出せず、十分な恩恵を得ていない。

イランが核を持てば、中東の地政学をがらりと変える。サウジアラビア、エジプトなどが核兵器保有に走る核ドミノが現実味を帯びる。合意が崩壊した際には、米国やイスラエルで軍事攻撃の選択肢が浮上する。イランでは対話派の大統領ハッサン・ロウハニが2017年の大統領選挙で6割近い票を得て再選を果たした。対話が米国とイランの今後の基調になると期待したい。

核保有国の中で北朝鮮の次に危険なのはパキスタンだ。パキスタンは、タリバンなど過激派組織の温床である。パキスタンの核兵器は、軍や情報機関の内部に侵入している過激派組織に奪われかねない「ルースニューク」（管理の緩い核兵器）であると警告する米政府内文書もある。米国の安全保障政策の優先課題の一つに、パキスタンの核兵器保管機能の向上がある。米国は緊急事態には軍特殊部隊を展開させ核兵器を確保する作戦もパキスタンに提案している。しかし、パキスタンは核兵器に関する情報を米国に提供すれば、米国が軍事力を使って奪取する恐れがあるとして、門戸を閉ざしている。

2017年7月、核兵器の使用を禁止する条約ができあがった。核保有国や、日本など核の傘で守られている国々が参加していないために、実効性に欠ける。しかし、この条約を契機に、核はますます「使えない兵器」となった。核兵器の性格が変わり、もはや相手の攻撃を抑止する機能だけを持つと言えよう。となると、大量の核兵器保有の意味は薄れる。米ロなど大国の核兵器削減は可能になるし、他の保有国も仮想敵国の中枢を標的とした少数の核兵器以外は不要となる。

微々たる歩みだが、人類の知恵によって核兵器を使えなくする動きは前に進んでいる。北朝鮮が核ミサイルの開発に生き残りをかけるのは、国家の発展に失敗した独裁者の断末魔のあがきである。過激派組織が核の入手を企てるのも同じ絶望感からだろう。北朝鮮の核開発の封じ込めと、過激派からの核の隔離という喫緊の二つの課題をクリアすることができれば、核の悪夢は大きく減る。

国家が核兵器の保有を目指す理由は、安全保障上の脅威への対抗、体制の維持、国家の威信、民族的な誇り、外交交渉手段の獲得などいくつかある。北朝鮮の場合を考えれば、これらの動機がすべて当てはまる。潜在的な核保有国が持つこうした動機を放棄させたり、核でない別のものでこれらの動機を実現させたりすることに国際社会はもっと知恵を絞るべきだ。1960年代に中国の核実験を受けて、日本は核兵器の保有を真剣に検討したが、結局は核ではなく経済の発展で国威の発揚を図る方針に落ち着いた。安全保障面では米国が核の傘を提供すると約束して、日本を思いとどまらせた。あれから半世紀たって振り返ってみるに、日本の選択は正しかったと言える。今、それぞれの潜在的な核保有国が日本に倣って、国威の発揚や安全保障上の脅威に向き合う道を核兵器に頼らずに、他の分野に見つけるよう国際社会は積極的に支援すべきである。北朝鮮の現在の危機は、金正恩に至る歴代国家指導者の特異な思考に原因があるが、体制を維持するために核兵器を選択するという北朝鮮の必死の思いに国際社会が真剣に向き合い、対応してこなかったツケとも言えるのだ。

そして、核兵器の拡散問題の解決には、原子力エネルギーの利用をどこまで認めるか、というより大きな問題が立ちはだかる。日本が非核国でありながら核開発につながりかねないウラン濃縮や核燃料再処理を認められていることは不拡散の努力に水を差す。商業的に見通しが立たない再処理を日本が放棄すれば、核兵器の封じ込めという人類の英知に貢献する。

(6) Civic rules in Cyberspace——サイバー空間のルール

人々の「怒り」をうまく利用して戦争を始めるポピュリズム政治家はかつてもいた。アドルフ・ヒトラーはその典型であろう。だから、「怒り」やポピュリズムの問題点を、われわれは歴史を振り返ることで理解できると思いがちだ。しかし、現代の特徴は、これに加えてSNSなどメッセージを簡単に発信し、会ったことがなくどこにいるかも分からない者同士が結び付き、「怒り」を増幅するサイバー空間があることだ。

米スタンフォード大学の民主主義研究者であるラリー・ダイアモンドは、民主主義の劣化の原因の一つに、「公共財としての言論空間の喪失」を挙げている。かつては伝統的なメディアが、保守もリベラルも参加でき、質が高く虚偽や誇張、中傷を含まない言論空間を提供し、市民社会を育成する番人の役割を務めてきた。

しかし、サイバー空間ではイデオロギーや民族、宗教を核とするグループが、他のグループと交わらない自分たちだけの場をあらゆるところでつくっている。その結果、人々はより先鋭化し、寛容を忘れ、「他者」を否定するようになった。民主主義の成否は、多数派で構成される政府が少数派の意見をいかに尊重し、少数派からの監視・批判をいかに受け入れるかにかかっているわけだが、敵対的な断層社会の中では、「他者」を拒否する姿勢が主流となり、健全な民主主義は成り立たない。

もはやメディアの「民主化」を後戻りさせ、伝統的メディアに言論空間を独占させることはあり得ない。となれば、敵対者であっても、寛容の精神を基盤に対話できる健全なサイバー言論空間をSNSやデジタルメディアでつくっていくことが不可欠となる。

いくつかの案が考えられる。一つは情報の受け手がメディア・リタラシーを通して、サイバー空間における虚偽情報や誇張を見抜く能力を高めることだ。しかし、教育には時間がかかる。

ファクトチェックも一つの手である。既に大手SNS企業は、流布されている情報の真偽を確認するファクトチェックを始めている。だが、これもどの政治家の発言を選ぶか、どこまでを虚偽と認定するか、といった政治的なバイアスからは逃れられず、「公正でない」といった不満の対象となる懸念がある。「虚偽」と認定できても、そのフェイクニュースが既にインパクトを与えてしまえば、後の祭りだ。しかも、サイバー空間に広まる膨大な量の言説や情報の真偽を確かめることなど不可能である。

サイバー・メディア・リタラシーの向上も、ファクトチェックも時間がかかり、しかも効果が不十分となれば、罰則・制裁を科すことで抑止せよとの主張も生まれてくる。例えば、デジタルメディアを人権擁護、ガバナンス、透明性などの観点から点数で評価してそれを公表する。評判が悪いサイトには人は寄り付かないという考えが前提にある。早稲田大学教授の河野勝は、デジタルメディアやSNSに紛争調停を義務付けることを提案している。

その主張は、情報、ニュースに対してもし誇張である、虚偽であるという申し立てがなされた場合に、デジタルメディアやSNSなどそれを掲載しているプラットフォーム側が調停して、間違っている方に制裁・罰則を科すというものだ。政治的に重要であったり、特定の個人・団体を中傷したりするものには当然反論の声が上がる。そうしたインパクトが大きいフェイクニュースを流布すれば、プラットフォーム企業から罰則が科せられる。このため、フェイクニュースが発信しにくくなるという抑止力が期待されている。

もちろん、サイバー空間の規制には反対論も根強い。「表現の自由」という大原則の規制は、保守・リベラルの双方が反発する。特に米国ではその傾向が強い。またITの世界では、「自由な発想こそが革新をもたらし、世界を繁栄させる」という原理が信仰されており、規制をもっとも受け入れない社会である。

さらには、ようやくメディアが「民主化」されて、発信の機会を得た「忘れられた人々」が、こうした規制や制裁を科す動きを、伝統的なメディアによるメディア独占の動きと見なして反発するに違いない。発信機会を奪う「現代の刀狩り」である。サイバー空間の規制派には、法律の専門家や伝統メディア関係者が多いために、「エリート層」対「忘れられた人々」という戦いに発展する懸念も強い。中国や中東では、国家や政府への不満を流布するサイトを、インターネット安全法違反などの罪状で閉鎖し、サイトの運営者や発信者を摘発する例が増えているが、こうした権力側の弾圧に使われる恐れもある。

しかし、何らかのルール作りをせずに、このままサイバー空間内の言説が自由奔放に流布され続ければ、民主主義の基盤はますます弱まる。「表現の自由」という原則にしても、ヘイトスピーチ対策法などの規制は既にある。

問われるのは新たに登場したサイバー空間において、どんな市民ルールが妥当かという問題である。フェイクニュースは、世界に大きな影響を与える選挙のたびに流行する。英国の欧州連合（EU）離脱が決まり、トランプが米大統領に当選した2016年はそうした年だった。次に行われるインパクトのある選挙は、2020年の米大統領選挙である。世界の破局を防ぐために、サイバー空間を規制するルール作りは欠かせない。

（7）Demography and Religion――人口動態と宗教

人口は地政学の重要な要素である。米国は先進国の中では唯一人口が着実に伸びている。21世紀に入ってから平均して年間2％程度の経済成長を記録しているが、その成長の一部は人口増に起因するという。移民や先進国としては高い出生率が国家の成長の原動力となっている。日本を含めて東アジアは劇的な経済成長を実現したが、その原動力に人口増があった。

一方で急激な人口増は、経済成長とうまく連動しないと、職を得られない若者と、その過激化を生む。現在急激な若者の人口増が起きているアフリカや中東で、イスラム教過激派組織が勢力を伸ばす遠因と指摘されている。

１００年前には20億人だった世界人口は現在70億に達し、非常に速いスピードで伸びてきた。今後も驚くような速度で人口が増える国々がアフリカには多く、アフリカの人口は２０５０年には欧州の3倍になる見通しだ。一方で現在上位の国はまもなくピークを迎えて減少に転じる。中国は２０２５年に14億人に達した後に減少し、インドも２０５０年には17億人に到達した後に減少に転ずると予想されている。これは個人の経済環境の好転や女性の社会進出が出生率の低下をもたらすためだ。東アジアは既にその傾向にあるし、イランもそうした段階に入っている。

このため、人口の伸びが著しい中東やアフリカでも出生率の低下が起き、世界全体の人口の伸びも緩やかになりやがて止まる。国連の推計では１００年後に世界の人口は１００億人を超えるところまで行くが、それ以上は伸びないと予想されている。

重要なのは人口の変化、つまり人口動態をそれぞれの国がうまくコントロールし、政策を適合させ紛争につなげないことだ。人口増の国同士が水など限られた資源を奪い合う事態となれば、軍事衝突につながりかねない。

人口が増加している中東とアフリカの国々は分岐点に立っている。かつての東アジアのように経済成長につなげられるかどうかが、ポイントだ。大量の労働力を提供できるから、製造業誘致などで飛躍が期待される。しかし、サウジアラビアなどは石油や天然ガスで豊富な資源収入を得ながら、産業育成に活用していない。職をつくりだせていないわけだ。むしろ資源収入があるだけ、補助金のばらまきで国民を満足させる「資源の呪い」に陥っている。

また、ＡＩの導入で、非熟練労働の職が減ると予想されるため、若者が働き中間層として経済を支えて成長を実現した、東アジアモデルの再来は難しそうだ。先進国で保護主義の潮流が強まれば、製造業の途上国移転のスピードも落ちるだろう。

東アジアは経済成長と同時に政治の民主化も進んだ。アフリカや中東もその道をたどるだろうか。「アラブの春」の失敗を見れば、楽観できない。過激思想が猛威を振るう事態も想定される。

人口の変化で大きな負担を抱えるのが、出生率の低下による人口減と高齢化社会が同時に進む、日本、韓国、中国、欧州である。今のままでは扶養者と被扶養者の割合が均衡点を超える。移民の大規模な受け入れなど抜本的な経済・社会システムの変更が必要なのだが、それを受容する力があるとは考えづらい。世代間闘争を引き起こし、若者の「怒り」をさらに悪化させることが予想できる。

世界の人々の宗教心を測る調査は実に難しい。世論調査で自分の宗教意識を正確に語らない人は多いし、そもそも宗教とは縁遠い日常生活を営みながら、葬儀や結婚の時には特定の宗教に従い、あるいは苦境の時に宗教に活路を見出そうとする、といった場合に、宗教心があると呼べるのか、明確な答えはでてこない。それでも定期的に祈りをささげる、宗教施設に通う、などの行為を基に、宗教心を探るさまざまな調査が世界で行われている。

そうした調査が示す世界の宗教地図の特徴は、まず無宗教であると答えたり、特定の宗教を信じているがその意識が徐々に希薄になっているという、世俗化の進行である。第二の特徴は、キリスト教とイスラム教が二大宗教勢力として並び立っていることだ。世界には宗教が約1万あると言われているが、その中でキリスト教徒は世界人口の30％以上を占め、2番目のイスラム教徒は25％近くに達している。

そしてイスラム教徒は人口が増えている中東・北アフリカ・東南アジア地域を地盤としているから、教徒数の伸びが突出している。簡単に描けば、キリスト教徒が優位な地位を占めているが教徒の数は横ばいであり、それをイスラム教が猛然と追い上げ、無宗教者も増えている、という図になる。ここに、欧米の白人キリスト教徒がイスラム教に抱く、恐れの一因があるのかもしれない。

経済発展を遂げ政治的にも民主主義に移行すれば、世俗化が進み人口の伸びが鈍化するというのが一般的な常識だ。貧困国では富裕国より宗教意識が高く、また宗教意識が高い国は人口増加率も高いことが統計で明らかになっている。これは中東・北アフリカ諸国に敬虔なイスラム教徒が多いことを見れば、納得できる。これらの地域は経済発展がまだ途上であって、そして人口は増え続けている。先進国の米国でキリスト教の影響力が強いことは「世俗化していない例外国」という説もあるが、実は米国でも世俗化は進んでおり、それに対する危機感から政治へ影響力を行使し世俗化を逆転させようとしている、という実像が浮かび上がる。

イスラム教はもっとも政治に影響力を持つ。イランのようにイスラム教聖職者による国家統治を実現している国もあるし、サウジアラビアなどイスラム教を国家の基本に据えている国は多い。祈り、断食、巡礼など宗教の定めを忠実に守る人の数は、イスラム教徒がもっとも多い。また、イスラム教の教えを掲げてテロを行う組織も多数ある。

こうしたイスラム教の教徒の増加、政治的影響力、人々の生活を律する力などが、欧米のキリスト教徒、世俗化する先進国の人々からすれば、理解し難く、脅威に映っている。「文明の衝突論」の底流には、イスラム教徒を「異質」ととらえる見方が間違いなくある。

フランスの人口学者のエマニュエル・トッドは、イスラム圏は着実に近代化し、女性の識字率が上がり世俗化が進むと、出生率が下がると予想している。性生活に選択の自由が出現すれば、それはやがて政治における選択の自由へ発展すると言う。現在のイスラム圏の暴力は伝統的な多産で宗教色の濃い社会から近代的な世俗社会への移行期に起きる危機に過ぎず、いずれ沈静化すると予測している。確かにイランのように出生率が大幅に低下している国をみると、職を奪い合う競争はなくなり、怒りが静まるだろうと予測できる。過激なテロに参加する若者の数も少なくなっていくだろう。欧米の出生率の低下、近代化は、政治・社会におけるキリスト教勢力の弱体化を伴った。イスラム教の場合も出生率の低下が、宗教勢力の衰えをもたらすはずだ。

(8) Chokepoints――地政学リスクの克服

マッキンダーが言うように人間が地理の奴隷から解放されれば、紛争や衝突を減らし平和で豊かな未来をつくっていける。マッキンダーの時代には考えられなかった解放の試みは今、世界中で進んでいる。その一つが海洋を分断する地政学リスク、チョークポイントの克服である。ここでアラブ首長国連邦(UAE)最東部にある首長国フジャイラを紹介したい。

静かな浅い海が広がるペルシャ湾ホルムズ海峡。エネルギーのチョークポイントである。地図を凝視すると、なるほどこの地域は、世界の命運を握っているな、と理解できる。

その幅は最狭部分で約30キロ。大型タンカーが通過できる深さの航路は約7キロの幅しかない。ホルムズ海峡から西のペルシャ湾岸にはサウジアラビア、UAE、クウェート、イラク、そしてイランと世界の石油の過半を握る国が並ぶ。ペルシャ湾からの原油は日本の総輸入量の8割を超す。天然ガスもカタール、イランなど世界の埋蔵量の5割が海峡の内側にあるのだ。

特定地域の混乱が世界経済に悪影響を及ぼすことを地政学リスクと呼ぶ。イラン・イラク戦争時にタンカーを攻撃した「タンカー戦争」、湾岸戦争やイラク戦争、さらにはイランの核疑惑で語られた「ホルムズ海峡封鎖」の悪夢のシナリオはその筆頭だ。

今ホルムズ海峡に大きな変化が訪れている。

海峡のアラビア半島側にあるムサンダム半島からアラビア海を左に見ながら南下すると、巨大なタンク群が目に飛び込んでくる。国際エネルギー企業のロゴが入った直径50メートルはある石油貯蔵タンクが数百も並んでいる。UAEのフジャイラ首長国である。

タンクの総貯蔵量の伸びがすごい。過去30年間で約200倍だ。原油の積み降ろしができる停泊所の長さは30年で8倍に増えた。フジャイラ市には高層ビルが立ち並び、フジャイラ港は今やロッテルダム、シンガポールと並ぶ石油扱い港となった。

「フジャイラ」とは「湧水の地」を意味するが、半世紀前には土塀の家しかなく、石材やセメントの生産と漁業が主産業の質素な町だった。大きな変化が訪れたのは地政学に理由がある。

金融・貿易センターのドバイ、大油田を持つアブダビなどUAEの中心はホルムズ海峡の内側に位置し、チョークポイントがもたらす地政学リスクに悩まされてきた。知恵を絞った末にできたのが、2013年4月に操業を開始したアブダビ原油パイプラインである。アブダビの主要油田群の原油をホルムズ海峡の外側にあるフジャイラまで陸地をショートカットして運び出荷する。これでUAEは戦争があろうとも地中のパイプラインでホルムズ海峡の外側に虎の子の石油を運び出せる。ホルムズ海峡封鎖の悪夢から解放された、との思いだろう。

ホルムズ海峡の混雑を避けることで航海日数が短縮でき、保険料も減らせる。シェールオイルの参入や再生可能エネルギーの普及で原油価格の高騰は望めないから、石油輸出入に関するコストは低ければそれだけ良い。

フジャイラでは石油貯蔵タンクだけでなく、製油所、液化天然ガス（ＬＮＧ）輸出入基地などエネルギー複合基地をつくる壮大な計画が着々と進んでいる。地政学とはその国の地理的特性を生かして、最大限の政治・経済上の目的を達成する国家戦略と定義するならば、フジャイラの実験は、まさに地政学の実践そのものである。

フジャイラまでパイプラインを敷いて原油を積み出す計画は、サウジアラビアやクウェートも関心を示している。２０１５年10月にフジャイラを訪れた私に、ハマド・シャルキ・フジャイラ港湾理事会長は「フジャイラは欧州、アジア、アフリカを結ぶ世界のエネルギーの結節点になる」と胸を張った。

ホルムズ海峡というチョークポイントを回避しようと狙うのはイランも同じだ。生産量が増える天然ガスを海底パイプラインで海峡の外側にあるオマーンまで輸送し、そこから東アジアに輸出する計画を進めている。

ホルムズ海峡と並ぶ世界のチョークポイントと言えば、マラッカ海峡だ。中国、日本、韓国、インドネシアなど世界の成長センターと中東・欧州を結ぶだけに、マラッカ海峡が封鎖されれば、世界の輸送船舶の半分が別のルートを取らなければならない。

この地政学リスクを乗り越える試みも進んでいる。タイとミャンマーの輸送路建設だ。バンコク近郊の深海港とミャンマーのインド洋沿岸の深海港ダウェイを鉄道や高速道で結べば、混み合うマラッカ海峡を通らずとも、南シナ海からインド洋に簡単に抜ける回廊ができる。ベトナムからカンボジア、タイを通ってミャンマーに抜ける「南部経済回廊」構想も前進しており、インドシナ半島を東西に横切って太平洋とインド洋を直接結べるようになる。中国の一帯一路の目的の一つもマラッカ海峡の回避である。

2016年夏には太平洋と大西洋を結ぶチョークポイントのパナマ運河の拡張工事が完了し、新たな航路が開通した。1914年に開通したパナマ運河は、大西洋と太平洋を結ぶ画期的な事業だった。新航路の開通でこれまで通れなかった大型船の9割以上が通航可能になり、世界の海運の流れを変える。地政学を超えた最初の大事業である1869年開通のスエズ運河も、2015年には一部で複線化する新スエズ運河が完成し、2・5倍の通航量を実現した。

地政学を超克する知恵と言えば、「人の交流」も挙げなければならない。地政学が生まれた19世紀末には想像もできなかったほどの、計り知れない量の人と人の交流が日々うまれている。そうした交流が対立を乗り越える知恵を生むのも確かである。人の移動と交流は、地政学が基盤とする地理を乗り越えるし、「文明の衝突」を超克する相互理解の助けになるだろう。

アイフォンが使われ、エスニックレストランがどこでも人気を集めるといった表面的なグローバル化だけでなく、留学、外国人の採用、国際ビジネス、そして国際結婚など、文化の奥深くまで、人の交流は進んでいる。こうした交流を通して、少しずつわれわれは生活様式、考え方、価値観を変えてきている。多文化主義がもたらす摩擦は今、限界点に達している。しかし、摩擦の一方で多文化との接触を通して得るものは、深く人の思考を変える。考えるべきは多文化主義の行き過ぎを管理し、摩擦を抑える統治であろう。

フジャイラのような都市を訪れると、地政学を乗り越える知恵が詰まっていることが分かる。インド洋に面して外界との交易が盛んだった地点であるために、他文化を積極的に受け入れてきた。フジャイラを支えるのは石油・天然ガス、あるいは海運業の外国企業である。そこには欧米だけでなくインド、中国、韓国が加わっている。フジャイラを取材すると、「文明の衝突」でなく、「文明の溶融」が、この都市の基調であると感じるのだ。

しかし「文明の溶融」がこうした都市を超えて世界に広がる基調になるとは断言できない。むしろその可能性は小さいのが現実である。ホルムズ海峡という地政学的な要衝と、石油という世界が欲しがる莫大な富があるからこそ、フジャイラでは「溶融」が可能なのだ。富は磁石のように人を集め、そして人々の「怒り」も「文明の衝突」への衝動も消し去ってしまう。明日の世界は今日よりも素晴らしいものになるはずだという「希望」に浸れる。その「希望」は、東南アジアを横串にする「南部経済回廊」の沿線でも感じられる。

だが、残念ながらそうした恵まれた環境にある国・地域は限られている。煮えたぎる「怒り」を抱く人々は世界中にいる。自らの生き残りのためにあらゆるパワーを使って生存空間を広げようとする独裁者がまだまだいる。マッキンダーではないが、知恵を絞らなければ、世界は「地政学」と「怒り」の負のスパイラルで奈落の底に落ちてしまう。

あとがき

――三つのグローバリズムと日本

この複雑さを増す世界で日本はどう将来の道を描いていけばよいのだろうか。大国の地政学や地経学がうごめく世界では、中規模国や小国は往々にして、存在感が薄れてしまう。「忘れられた人々」ではなく、「忘れられた国」である。その現実を冷静に分析した上で、日本の戦略を考えてみたい。

まず、日本はかなり不利な条件の中にあることを認めなければならない。

日本は米国、中国、ロシアの地政学がぶつかり合う北東アジアに位置している。だが、日本は地政学パワーにはなり得ない。何と言ってもこれらの大国に伍していくだけの、核を筆頭とする軍事力、資源力、そして巨大な国土がない。少子高齢化で人口減少の宿命にある。人口が減少するだけでなく、経済も縮小する。こうした要件を抱える日本は必然的に、米中ロという三大国の意向に振り回されることになる。例えばトランプが対中和解、対ロ融和、そして北朝鮮との軍事衝突、あるいはその核保有容認に踏み出した途端に、日本は激震に見舞われ、政策の見直しを余儀なくされる。

2番目に、日本が位置する北東アジア地域は、世界でもっとも劇的にパワーバランスが変化し、安全保障環境が簡単に暗転する場所である。中国が南シナ海を自らの内海に変えた後には東シナ海でもその試みを強化するはずだし、やがてアジアから米国の存在感は薄れていくはずだ。覇権が米国から中国にシフトする歴史的な転換点に北東アジアはあるのだ。現代の世界において大国同士が全面的にぶつかりあう戦争は考えにくい。また北東アジアにおいては民族間の衝突や宗教を掲げての対立も想定しづらい。だから、覇権の交代は決定的な衝突を経ずに、むしろ静かな動きの積み重ねの結果起きるだろう。

米中が静かに覇権の交代を進める一方で、突然の安全保障環境の暗転は北朝鮮の核ミサイル問題がもたらす危惧が大きい。核の非保有国が保有国に転じる際には軍事衝突が起きやすい。北朝鮮の核ミサイル計画に対しては、米国が軍事攻撃を選択肢の一つに挙げている。そうなれば、日本にも甚大な影響が出ると考えられる。

3番目に、北東アジアはナショナリズムが渦巻いている。この本のテーマである「怒り」と地政学が交差する地域である。大国としての「正当な」敬意を得られていないという中国人の屈辱と国内のさまざまな矛盾への反発が「怒り」として爆発しやすい。中国共産党もナショナリズムカードを切る。経済格差からくる閉塞感に覆われる韓国は、「恨」の思いから時に他国が驚くほどの「怒り」を噴出させる。そして日本は中国、韓国、そして北朝鮮からの経済、軍事、社会的圧力を感じ、合理的な思考力を曇らせがちな環境にある。

こうした不利な環境の中では、冷徹な観察眼と細心の外交戦略が求められる。

冷徹な観察眼で世界と北東アジア地域を見れば、今後数十年は、米国と中国という二大国が率いる二つのグローバリズムが並び立つことが想像できる。日本はその中で生きて行かなければならない。

＊　＊　＊

一つ目のグローバリズムは、米国が築いてきたグローバリズムである。トランプの米国は保護主義的な政策を次々ととり、移民規制や少数派への差別ともとれる言動を慎まないなど、自由、民主主義、人権など普遍的な価値観を軽視している。トランプは自由で開かれた国際秩序の担い手ではない。むしろ破壊者である。またポスト・トランプを予想しても、米国が抱える経済格差や文化間の衝突を考えれば、次の大統領が国際主義に転じて普遍的価値観の絶対的な擁護者になるとは考えにくい。トランプの亜流、あるいはトランプを超えたさらなる保護主義者が登場するだろう。

しかし、そうは言っても米国がつくった自由で開かれた国際秩序は生き続けるであろうし、世界の大多数の国がその秩序を受け入れ、受益者であり続けるはずだ。中国やロシアは米国が君臨する国際秩序への「挑戦者」と位置付けられているが、結局は自由貿易や公正な金融システム、米軍の存在がもたらす安定など米国がつくったシステムを利用して国力を増しているのである。

トランプは環太平洋連携協定（ＴＰＰ）やパリ協定からの離脱という派手な反国際主義政策をとり、世界との関係を断ち切っているように見える。だが、ホワイトハウスの主が国際社会に背を向ける思想を持っていたとしても、米国は世界に揺るぎない基盤を持ち、そのグローバルな影響力は簡単には衰えない。それは短時間で世界のどこででも大規模な武力行使を始められる軍事力、貿易の決済や金融の要となる通貨ドル、世界最大の生産国として価格決定権を握ったエネルギー資源力、さらにはＩＴなど今後の産業の牽引役であるテクノロジー、そして英語や英米法、さらには音楽・映画などソフトパワーである。トランプは軽視するが、自由・民主主義という普遍的価値観も依然世界の多くの国で受け入れられ大切に守られている。トランプがどんな対外政策をとろうとも、米国の覇権を支える柱は崩れない。むしろ金融、エネルギー、テクノロジー、英語などのソフトパワーでは、米国の世界への影響力は強まっている現実がある。米国製グローバリズムは酸素のように世界に広まり、それなしには世界は窒息してしまう。

さて、中国の習近平国家主席はトランプの登場にあわせるがごとく、グローバリストの顔をアピールしている。２０１7年1月のダボス世界経済フォーラムでは「保護主義への反対」を説いて欧米の出席者から喝采を浴びたし、5月に北京で開かれた「一帯一路」構想の国際フォーラムでは、地球温暖化防止のパリ協定の意義を称賛し、持続可能な成長や世界の格差解消、貧困撲滅への中国の協力を約束した。多国間主義を唱える習とそれを忌み嫌うトランプを見れば、グローバル化においてはあたかも、米国の大統領と中国の国家主席とでその役割が逆転したかに見える。

実際、2017年に入ってからの国際的な世論調査では、米国よりも中国の方が世界経済を牽引していると答える人々が増えている。英国、ドイツ、イタリア、スペインなど米国と政治や軍事、さらには価値観で結び付きが強い西欧の国でその傾向が明らかであるのは中国の時代到来を印象付ける。何と、同じ北米大陸の隣国カナダも多数派が中国こそ世界経済の牽引者であると答えているのだ。それほどトランプは世界を失望させている。

中国のグローバリズムは、本書でも説明した「一帯一路」で明確だ。それは、道路、鉄道、港湾、空港、送電網、エネルギーパイプラインなど「インフラ建設を通じて直接結び付き合う」グローバリズムである。より地域的、地政学的な狙いを持つ。軍事力、金融・通貨、エネルギー、テクノロジー、そしてソフトパワーなど、米国のグローバルな力の源泉であるこれらの分野でも増強の努力を続けているが、まだまだ足りない。「グローバル」ではなく東南アジアや西アジアなど中国と隣接する「地域」に始まり、アフリカ、東欧、中欧、そして西欧まで、まずユーラシア大陸をしっかりと制し、その上で海洋パワーが位置する世界に目を向けるという、古典的な地政学戦略とも言える。

この中国の地政学的グローバリズムの長所は、何と言ってもインフラ建設がもたらす地域の発展だ。アジアや中東、アフリカが成長するためにインフラ建設が必要なことは言うまでもない。これを中国がアジアインフラ投資銀行などを通して集めた資金で建設するのは、そうしたインフラが建設される国や地域にとってまずは歓迎すべき話である。マラッカ海峡を回避する経済回廊の建設などチョークポイント（隘路）を乗り越える試みにも中国は果敢に挑戦しており、世界への貢献は大きい。もちろん中国が経済的にも政治的にも最大の受益者となるのは間違いないのだ。一帯一路はいろいろな意味での配当を各国に付与すると期待できる。

一方で中国のグローバリズムは短所もいくつか挙げられる。まず、中国と関係地域の経済成長に目標が限定されている点だ。米国のグローバリズムと比べるために、有名なジョン・F・ケネディの就任演説（1961年）をここで挙げてみたい。ケネディは大国間の勢力均衡でなく、「強国が正義を持って行動し、弱小国が安全を保障され、そして平和が維持される、法に基づく世界」を追求すると語った。そして独裁、貧困、疾病、戦争という人類共通の敵に対して、「いかなる犠牲も払い、いかなる重荷を背負ってでも戦う」と宣言した。実際の米国の行動とは大分ズレがあるのは間違いないが、それでもこれは米国の理想であり、多くの国が好感し米国が世界の盟主であることを歓迎してきた。

習も中国は人類共通の敵との戦いを牽引すると言う。その戦いとは経済の繁栄であり、環境保護であり、そして貧困の撲滅である。しかし、習は独裁への戦い、すなわち人間の自由、あるいは法に基づく世界の実現について言及しない。あくまでも経済繁栄とそれに付随する分野のみで、政治や価値観が含まれない。ここから、一帯一路で経済的に地域の人々は受益するかもしれないが、中国はそこに住む人々の人権、政治的自由の欠如には無頓着であり、むしろ独裁強権国家をくみしやすいとして歓迎するのではないか、という懸念が生まれる。また一帯一路は運営ルールが明確でなく、中国と仲が良くない国家や共産党支配を批判する勢力などが排除されるという恣意的な運営の懸念がある。ルールや価値観が欠如し、成長至上主義の一帯一路は、環境や貧困対策でもマイノリティーの権利をなおざりにするだろう、という予想を生じさせる。

長所と短所がともにある米中二つのグローバリズムの両方に日本は加わっていかなければならない。

＊　＊　＊

米国が築いた自由で開かれた国際秩序はトランプの出現で相当損なわれたものの、今後も支配的なシステムとして世界に影響を与えるのは間違いない。日本は敗戦を機に生まれた米国との強い関係を基に、軍事面で日米両国の一体化が進み、二国間貿易は拡大し続け、ドル経済圏に属している。政治面でも多国間協議の場で日本はほとんどの場合に米国と共同歩調をとっている。エネルギー面では2017年から米国産シェールガスの輸入が始まり、テクノロジーでもAIなどの技術導入やサプライチェーン、バリューチェーンの連結など、米国のグローバリズムにしっかりと組み込まれている。米国の属国との指摘はまさに当たっている。

一方で自由や民主主義的な価値観を共有する米国に日本が惹かれるのも、また自然であろう。イスラム圏からの移民制限をトランプが表明した時に、大きな影響を受けるわけではない日本でもほとんどのメディアが非難の声を上げた。大方の知識人もそうだった。自由な国際秩序、多様性と寛容が柱となる国内秩序、つまり米国が築いたグローバリズムや価値観を日本人が好んでいることの証左であろう。同じ海洋国家として日本と米国は、地域的な閉鎖性を持たずに域外国も関与できるという点で、共通する利益を得ている。この米国製グローバリズムは自由化と規制緩和の末に格差を広げ、時に社会をむしばむという欠点がある。だが、日本はそうした欠点を補う役割を担うべきではあるが、背を向けるわけにはいかない。

特に中国の軍事的拡張主義や北朝鮮の核ミサイル開発に直面する日本は、ホワイトハウスの主がどんなに内向きの米国第一主義者であっても関係を維持すべきである。

中国の地政学的グローバリズムに日本はどう対応すべきだろうか。2017年6月に来日した気鋭の国際政治学者であるパラグ・カンナは、その著書『「接続性」の地政学』（原題：Connectography、2016年、原書房）で、もはや地理ではなくて、交通インフラからエネルギーパイプライン、高速インターネットまで、接続しているかどうかが、現代の世界では国家の運命を決めるとの論を展開した。来日を機に日本にとっての「接続性の地政学」の意味を聞いてみると、アジアに接続すれば日本は圧倒的な利を得られるはずだ、という結論だった。

カンナの分析はこうだ。世界は過去数千年にわたり交通、エネルギー、そしてコミュニケーションの接続が進んだことで国家の力関係が変化してきた。だから、日本もどこと接続するかで国の将来が決まる。アジアは世界の成長の原動力だが、そのアジアでも最も重要な40～50の大都市圏が雇用や富を生んでいる。だから、アジアの成長の原動力である中国と東南アジアのこれらの大都市圏との接続を強める方が良い。欧州はまさに中国・東南アジアとの接続を強化しており、米国との貿易高よりアジアとのそれが勝っているほどだ。一帯一路は欧州、中東、アフリカをアジアへさらに引き付ける役割を果たすだろう。

中国や東南アジアは今後も成長を続けるために、付加価値の高い産業を求めている。今の世界で付加価値の高い製品を作れているのは、日本、韓国、ドイツ、米国などごく限られた国々である。経済特区をつくり、できるだけこうした付加価値の高い技術を持つ企業を誘致して自国の価値創造パワーを高めたい、というのが本音だろう。中国がドイツの企業を猛烈な勢いで買収しているのはその一例である。

日本はこのアジアに参入し、中国のグローバリズムの中で生きて行くという道も積極的に進むべきだ。歴史を振り返れば、貿易は投資を生み、やがて政治的な同盟へと発展していく。中国の一帯一路もそうした狙いを持ち、その通りに発展していく公算は大きい。日本が一帯一路に加わった場合には、中国との政治的な関係の強化を経たうえで、中国の体制に変化を促すという政治面の効果も見込める。中国は外国の反応を見ながら、それを取り込んで少しずつ変化してきている。中国が拡大するのは間違いないが、問題はいかに平和的な拡大を実現させるかである。日本がそれを促進するには、中国製グローバリズムの中に入って影響力を行使せねばならない。

問題は日本が影響力を行使するつもりが、中国にのみ込まれてしまうという懸念である。日本の2・5倍の経済規模や25倍の国土、10倍の人口、核戦力をはじめとする軍事力、領土拡張主義、そして歴史カードなど、日本が押される材料は事欠かない。その中で日本が決定的に中国で優位に立てるのはテクノロジーだけであろう。中国はいまだに世界中に知られるような製品もシステムもつくれていない。ドイツや米国、日本の最先端技術が喉から手がでるほど欲しい。一帯一路はインフラグローバリズムであるが、日本の大手建設企業ほど高度で総合的な技術を中国企業は持っていない。こうした分野で日本が優位を保っている限りは、中国の地政学的拡張に対抗できるはずだ。日本にとっては絶え間ない技術革新（イノベーション）が鍵となる。

＊　＊　＊

さて、三つ目のグローバリズムは本書のテーマである「怒り」に関するものである。「怒り」や「屈辱」の感情が北東アジアを覆うのはあっと言う間だ。靖国神社参拝問題に端を発した中国における2005年の反日デモや2012年の尖閣諸島国有化をめぐる反日感情の高まり、それらに呼応した日本側の反中感情など、「怒り」の火種は常にある。底流にはそれぞれの国の政治や経済問題がもたらす閉塞感があるのは繰り返すまでもない。日本は北東アジアの中ではもっとも成熟した民主主義国家であり、国民感情も比較的穏健とみられている。しかし、そうした成熟国家日本でも急激な「怒り」の噴出が、国家の対外政策を誤らせることは想定すべきだ。「怒り」への処方箋探しは難しい。しかし、世論調査は相手国とビジネスの関係があったり、友人がいたり、あるいは訪問歴がある場合は、相手国に対する好感情が増す傾向があることが分かっている。つまり「爆買い」や観光で日本を訪れる中国人は、日本へのネガティブな感情をあらためる機会を得る。その前向きな日本観をＳＮＳなどで拡散し、中国人の対日感情の改善に貢献している。また中国に行くと、若者たちは反日感情を煽る官製の抗日戦ドラマよりも、Ｊポップなど日本の若者文化により引きつけられているのが分かる。

私が考える第三のグローバリズムとは、こうした対外関係で「怒り」を鎮静化させる効果を持つと期待される人の移動・交流である。特に人の流れの終着点が大都市であり、グローバルな性格を持つ大都市は、アイデンティティーの多様化が進み、市民精神とも呼ぶべき意識が育まれる機会が生まれうる。そこでは狭隘なナショナリズムに代わるグローバルな社会秩序が生まれる。大都市には多様な人が住むだけでなく、多国籍民間企業や国家を超えた非政府組織（NGO）、グローバルに活動する知識人たちが拠点を置き、国境を越えたネットワークをつくっている。

現在70億人の世界の人口は100億人で頭打ちになると言われる。そのうち3分の2が住む世界の約50の大都市圏は、今後100年間は世界を牽引する力を持ち続ける。こうしたグローバルな大都市が生む人の接触・交流が、少なくとも民族間の相互理解を促すと期待できる。

日本でも中国、韓国からのクルーズ船に乗った観光客が年を追うごとに飛躍的に増えている福岡市は、釜山や上海との距離の近さもあって接続性を生かした、国境を越えた新たな経済圏に発展するポテンシャルを秘めている。観光やショッピングだけでなく、行政が後押しする外国人への起業支援、国際会議の招致などで深まる人の交流は、狭隘なナショナリズムを抑制すると期待したい。

一方で欧州では1年間に100万人もの中東・北アフリカからの移民・難民が押し寄せ、その結果、雇用の喪失や治安の悪化を招き、さらに欧州の伝統が損なわれるとの懸念から、極右政党が躍進したといわれる。グローバル化の成功例とされた英国の当時の首相のデビッド・キャメロンが、英国は誇り高い「キリスト教国」であるべきだと、ナショナリズム色の強い発言をしたように、人の移動は時に衝撃的なほどその国の性格を変えることがある。

学ぶべきは、そうした大都市で起きる文化的な衝突、経済のパイの奪い合いをどう管理するかの行政技術である。例えば、欧州での教訓を汲んで移民・難民の短期間での大量の受け入れをすべきでないのは明らかである。ただビザの発給など受け入れ態勢の迅速化といった、よりコントロールされた形での受け入れ規模の拡大は進めなければならない。そうすることで、経済の起爆剤だけでなく、相手を知り「怒り」を少しでも抑える知恵の獲得が期待できる。

地政学の束縛を絶対視していては、日本は必然的に「忘れられた国」になってしまう。だからと言ってそうした束縛を無視して「日本は素晴らしい国だから道が開けるはずだ」とナショナリズムに駆られて虚勢を張っても、過去の失敗を繰り返すだけだ。「怒り」が充満する北東アジアにおいては、地政学的に不利な条件にナショナリズムという感情の負の循環が加わり、まさに日本はチョークポイント（隘路）に向かってしまう。北東アジアが持つ地政学とナショナリズムの落とし穴にはまったのが、戦前の日本である。

しかし、ここで書いてきたように三つのグローバリズムが同時に進む複雑な世界において、それぞれの受益者となるよう努力することで、マッキンダーが語った「地理の単なる奴隷」から解放されるのではないか。

あらためて言うと、日本の処方箋は、米国が築いた自由で開かれた国際秩序の受益者としてその維持・強化を図る、中国がアジアから欧州までのユーラシア大陸で進めるインフラグローバリズムに参加しテクノロジーの強みで影響力を行使する、アジアとの人の交流を増して「怒り」

「屈辱」などネガティブな感情の奔出を抑制する——ということになる。

これらの努力は長く続く「不安定な時代」の羅針盤になるはずだ。地政学と「怒り」の時代の勝者になれるかどうかは、われわれの知恵にかかっている。

＊　＊　＊

自宅の小さな書斎に不釣り合いなほど大きな地球儀が置いてある。山脈や低地を精密に反映させて地表面がゴツゴツとした薄茶色のこの地球儀には、世界の偉大な発見者であるコロンブス、マゼラン、バスコ・ダ・ガマの3人の航跡が描かれている。500年前に知恵と気概をもって地政学の束縛、つまり海洋という移動の壁を破り、はるか遠隔の地に到達する航海術を発見し、人類史上初のグローバルな海洋パワーの出現に道を開いた偉人たちである。私はこの地球儀を眺め、自分が暮らし、あるいは取材で訪れた国を順番に見てみる時がある。中東、北アフリカ、欧州、旧ソ連、アジア、豪州、そして北米と訪ねた国の数はそれなりに多く、会った人も多様ではあるが、南半球は足を踏み入れた国はわずかだし、北半球でさえも実はそれぞれの国の表面をなでただけというのが正直なところである。500年前の偉大な冒険家のそれとは比べようもない。だから、地政学と人々の感情を交差させて世界を描くということこの本の試みに見合う識見が自分にはあるのかと、自問しながら筆を進めてきた。だが執筆枚数を重ねるうちに、不思議なものでいったん地政学的な分析と人間の「怒り」の枠組みを使うことができれば、現在起きている現象やニユースを読み解き、その将来予想を論理的に進められることに気付いた。

予想不能と言われるトランプの対外政策にしても、「米国第一主義」という揺らぐことないドクトリンがあるのだから、北朝鮮のＩＣＢＭの射程圏が米国本土に及べば、軍事力行使も辞さないであろう。ここに日本や韓国の被害に対する考慮を期待するべきではない。さらに北朝鮮が米国に歩み寄れば、日韓が標的となる短距離ミサイルは見逃される事態もありえる。トランプが退任しさえすれば、次の大統領から米国は国際協調主義に回帰するとの楽観も、米国の社会・経済状況や人々の「怒り」を知れば、成り立ちづらい。このためトランプ後の時代も、中国やロシア、イラン、そして北朝鮮など地政学志向の国々が、隙をみつけては拡張を繰り返すに違いない。

先進国の内向き志向は２０１７年春のフランス大統領選挙で、欧州連合（ＥＵ）主義者のエマニュエル・マクロンが当選し、この年秋のドイツ総選挙ではアンゲラ・メルケル首相の続投が決まり、いったん終息したと言われる。しかしフランスは自らが創設したＥＵの枠を使って今後も国益を実現していくという自国第一主義の選択をしただけだし、ドイツのそれはもっとあからさまだと言える。むしろフランス大統領選で政治経験の浅いマクロンが「共和国前進」という新党を結成して勝利したことや、ドイツ総選挙で保守と左派の二大既成政党が得票率を大幅に減らし新興右派の「ドイツのための選択肢（ＡｆＤ）」が第３党に躍進したことは既成の政治、政党、支配層に対する反発の強さを物語る。「怒り」のうねりが続く欧州は今後も寛容な価値観を軽んじていくのではないか。

2017年7月、トランプが訪問したワルシャワで初の欧州向けの演説を行った。政権発足から半年がたち、外交が成熟したかと思われたが、その期待は裏切られた。ワルシャワ演説は「邪悪な敵」からの「西欧文明の防衛」を繰り返し唱えるオルト・ライトが好む時代錯誤的な内容で、21世紀のグローバリズムを牽引する指導者の資質はうかがえない。西欧のキリスト教文明に属さない世界中のアジア人やイスラム教徒への配慮など微塵も感じられない。

米国という自由で開かれた国際秩序の中枢がこうして日々変質しているのだから、自国第一主義という志向が世界の潮流として続くと結論を出さざるを得ない。その中で日本も戦略を描く必要がある。トランプ的なわがままな指導者が大手を振って歩く混乱の世界で、我々は生きて行かなければならない。崇高な理念に基づく国際政治は長い後退の時期に入ったのである。

この本は内向きの米国、対外拡張の中国、ロシアを地政学というキーワードで描くという着想で生まれた。途中から英国のEU離脱、トランプ当選、そして中東・北アフリカからの大量の移民・難民の脱出という驚くべき事態が次々と起き、地政学による分析だけでは描けない世界の現実があらわになった。先進国の「忘れられた人々」や「戦渦の人々」が抱く「怒り」の行動が国際政治を変えて行くプロセスが無視できなくなったのである。気がつけば最初の着想から2年が経過した。

この間、私の床屋談義のような世界観察に辛抱強く付き合い、折々のアドバイスで助けてくれた新潮社の竹中宏氏がいなければ、この本は世に出なかった。ジャーナリズムの使命とは何かを教え続けてくれる共同通信社の先輩、同僚、後輩には格別の恩義を感じる。
そして日々、私に生きる意味を与えてくれる妻の麻由美にありがとうと言いたい。

新潮選書

「ポスト・グローバル時代《じだい》」の地政学《ちせいがく》

著　者………………杉田弘毅《すぎたひろき》

発　行………………2017年11月25日

発行者………………佐藤隆信
発行所………………株式会社新潮社
〒162-8711　東京都新宿区矢来町71
電話　編集部 03-3266-5411
　　　読者係 03-3266-5111
http://www.shinchosha.co.jp
印刷所………………株式会社光邦
製本所………………株式会社大進堂

乱丁・落丁本は、ご面倒ですが小社読者係宛お送り下さい。送料小社負担にてお取替えいたします。価格はカバーに表示してあります。

ISBN978-4-10-603819-8 C0331